政协委员履职风采

国家治理能力现代化建言与思考

郑军 著

中国文史出版社

图书在版编目（CIP）数据

国家治理能力现代化建言与思考 / 郑军著. —北京：中国文史出版社，2022.7
（政协委员履职风采；1）
ISBN 978-7-5205-3589-2

Ⅰ. ①国… Ⅱ. ①郑… Ⅲ. ①中国人民政治协商会议–参政议政–文集 Ⅳ. ①D627-53

中国版本图书馆 CIP 数据核字（2022）第 124420 号

责任编辑：梁　洁　　　　装帧设计：杨飞羊　王　琳

出版发行：中国文史出版社
社　　址：北京市海淀区西八里庄路 69 号　　邮编：100142
电　　话：010 – 81136601　81136698　81136648（联络部）
　　　　　010 – 81136606　81136602　81136603（发行部）
传　　真：010 – 81136677　81136655
印　　装：廊坊市海涛印刷有限公司
经　　销：全国新华书店
开　　本：787mm × 1092mm　1/16
印　　张：27.5
字　　数：432 千字
版　　次：2022 年 8 月北京第 1 版
印　　次：2022 年 8 月第 1 次印刷
定　　价：78.00 元

前　言

继党的十八届三中全会通过的《中共中央关于全面深化改革若干重大问题的决定》确立全面深化改革总目标，明确提出“完善和发展中国特色社会主义制度，推进国家治理体系和治理能力现代化”之后，党的十九大报告再一次强调指出，必须坚持和完善中国特色社会主义制度，不断推进国家治理体系和治理能力现代化。按报告所明确的乘势而上开启全面建设社会主义现代化国家新征程，向第二个百年奋斗目标进军，从 2020 年到本世纪中叶可以分两个阶段来安排。在 2020 年到 2035 年的第一个阶段，在全面建成小康社会的基础上，基本实现社会主义现代化，要求国家治理体系和治理能力现代化基本实现；在 2035 年到本世纪中叶的第二个阶段，在基本实现现代化的基础上，把我国建成富强民主文明和谐美丽的社会主义现代化强国，要求实现国家治理体系和治理能力现代化。关于国家治理体系和治理能力现代化分步骤分阶段确定的“基本实现”与“实现”时间节点，为两个阶段性目标夯实制度基础，也明确了实现国家治理体系和治理能力现代化进程。

国家治理体系和治理能力现代化，涉及治理体系和治理能力两个概念。习近平总书记指出，国家治理体系是在党领导下管理国家的制度体系，包括经济、政治、文化、社会、生态文明和党的建设等各领域体制、法律法规安排，也就是整套紧密相连、相互协调的国家制度。党的十九大报告提出的加强和创新社会治理、统筹山水林田湖草系统治理、健全乡村治理体系、全面依法治国、建立网络综合治理体系、加强社区治理体系建设、构建环境治理体系以及推进全球治理体系等，实质上体现了分类治理和有机融合体系理念。国家治理体系是一项系统工程，只有国家制度体系更加完备、更加成熟、更加定型，在制度体系下，制度执行能够更加有效、更加透明、更加公平。没有制度，制度不健全，体系不完备，也就达不到提升治理效能的效果。所以，国家治理的关键还体现在治理能力现代化上。习近平总书记指出，国家治理体系和治理能力是一个国家的制度和制度执行能力的集中体现，两者相辅相成。关于治理能力现代化的要求，2014 年 2 月，习近平在省部级主要领导干部学习贯彻十八届三中全会精神全面深化改革专题研讨班开班式上发表重要讲话时明确指出，必须适应国家现代化总进程，提高党科学执政、民主执政、依法执政水平，提高国家机构履职能力，提高人民群众依法管理国家事务、经济社会文化事务、自身事务的能力，实现党、国家、社会各项事务治理制度化、规范化、程序化，不断提高运用中国特色社会主义制度有效治理国家的能力。

人民政协是国家治理体系的重要组成部分，是具有中国特色的制度安排。党的十八大以来，中共中央高度重视人民政协工作，并作出一系列重大部署。从十八大报告、习近平总书记在庆祝政协成立 65 周年大会的讲话、十八届三中全会《决定》、十九大报告、新修订的《中国人民政治协商会议章程》，到习近平总书记在中央政协工作会议暨庆祝中国人民政治协商会议成立 70 周年大会上的讲话精神，均明确提出人民政协是国家治理体系的重要组成部分。习近平总书记反复强调，有事好商量，众人的事情由众人商量，是人民民主的真谛。人民政协作为社会主义协商民主的重要渠道，具有代表性强、联系面广、包容性大的优势，能够最大限度调动一切积极因素、团结一切可以团结的人，有效协调关系、化解矛盾、凝聚人心，政协能够发挥协商民主的作用从而推进国家治理体系和治理能力现代化。

政协作为人民民主的重要形式和专门协商机构，是实现党的领导的重要途径和方法。坚持党的领导是我国国家治理体系的最本质特点，也是发挥政协在国家治理体系中地位和作用的根本要求。根据政协章程，政协的主要职能是政治协商、民主监督、参政议政。无论是针对国家大政方针和地方重要举措以及经济建设、政治建设、文化建设、社会建设、生态文明建设中重要问题的政治协商，针对国家宪法、法律和法规实施，重大方针政策、重大改革举措、重要决策部署贯彻执行情况，涉及人民群众切身利益的实际问题解决落实情况，国家机关及其工作人员的工作等方面的民主监督，还是针对政治、经济、文化、社会生活和生态环境等方面重要问题以及人民群众普遍关心问题的参政议政，均需要在政协各界别中有代表性、有社会影响和参政议政能力的政协委员来参与。人民政协为人民，政协就是要通过政协委员把不断满足人民对美好生活的需要、促进民生改善作为重要着力点，解决好发展不平衡不充分的问题，倾听群众呼声，反映群众愿望，协助党和政府增进人民福祉。习近平总书记指出，“政协委员代表各界群众参与国是、履行职责。这是荣誉，更是责任。广大政协委员要坚持为国履职、为民尽责的情怀，把事业放在心上，把责任扛在肩上，认真履行委员职责。”政协委员如何履行好职责，一是要在中国特色社会主义道路上努力做担当者而非旁观者、践行者而非清谈者，团结在中国共产党周围，汇聚到共襄复兴伟业的历史进程之中；二是要提高政治协商、民主监督、参政议政水平，更好凝聚共识，这本身也是委员参与实现国家治理体系及治理能力现代化的有效手段，彰显全过程人民民主的价值理念，体现专门协商机构的制度效能。具体而言，面临当前世界百年未有之大变局加速演进，当代中国正经历人类历史上最为宏大而独特的实践创新，改革发展稳定任务之重、矛盾风险挑战之多、治国理政考验之大前所未有，委员既要心怀“国之大者”，也要注重“民之关切”，地方委员还应关注“省之要事”，切实履行新时代赋予人民政协的职责使命，发挥政协委员在国家治理中的优势和作用。

“治理”原本是一个社会科学的术语，自十八届三中全会将推进国家治理体系和治理能力现代化作为全面深化改革总目标之后，国家治理便成了中国政治的热门话语，国家治理体系和治理能力现代化成为全新的政治理念。长期以来，我因专业所学，研究方向之一是公司治理，浅知一些治理理论，也潜移默化地将治理理念嵌入到了工作、生活和研究之中。我在担任十二届全国政协委员履职的第一年，国家治理体系和治理能力现代化正好在当年的十八届三中全会提出，作为政协委员，基于履职担当、专业所长和公民责任，自然将参政议政的重点侧重在国家治理方面。这既体现了人民政协是国家治理体系重要组成部分的中国特色制度安排，政协委员发挥实现国家治理体系和治理能力现代化的履职要求，也是体现我专注于以国家治理为参政议政重点的专业特点。担任十二届全国政协委员的五年期间，以治理理论与理念为基础，从治理类型视角切入，对国家治理进行结构性解析，提交多件涉及国家治理体系和治理能力现代化的提案、社情民意信息和政协大会发言材料，涉及《关于完善国家治理架构设立国家监察委员会的建议》等国家治理架构方面提案，《完善综合行政执法改革　促进社会治理现代化》等政府治理方面提案，《市域社会治理的基本特征及对地方经济发展的影响》等市域治理方面材料，《增强微观市场主体活力的制约因素及对策建议》等市场治理材料，《加强法治建设　助推国家治理》等法治治理方面提案，《促进中介机构规范健康发展完善第三方治理》等第三方治理方面提案，《关于加强行业性社会组织规范治理的建议》等社会组织治理方面提案，以《关于完善长江经济带数据信息共享机制促进区域合作发展的建议》等区域治理方面提案，《创新城乡社区治理　夯实国家治理根基》等社区治理方面提案，《关于提高农民法律意识加强依法治村的建议》等乡村治理方面提案，《长江经济带“共抓大保护”应多在“共”上下功夫》等环境治理方面提案，以《关于加快组织教育治理体系顶层设计的建议》等教育治理方面提案，《协同创新科技配套机制，促进科技成果转化》等科技治理方面提案，《关于深化国有企业改革促进混合所有制经济发展的若干建议》等公司治理方面提案，各类治理方面的提案信息形成了国家治理分类模式的参政议政风格，汇集成册，已于 2017 年 12 月由中国文史出版社出版，计 31.8 万字。

党的十八大期间，在党的正确领导下，中国特色社会主义制度更加完善，国家治理体系和治理能力现代化水平明显提高，全社会发展活力和创新活力明显增强；推进全面依法治国，党的领导、人民当家作主、依法治国有机统一的制度建设全面加强，法治国家、法治政府、法治社会建设相互促进，中国特色社会主义法治体系日益完善，全社会法治观念明显增强；社会治理体系更加完善，生态环境治理明显加强。这些成就是党中央确定全面深化改革总目标的实践结果。十九大报告提出，我国社会矛盾和问题交织叠加，全面依法治国任务依然繁重，国家治理体系和治理能力有待加强，必须坚持和完善中国特色社会主义制度，不断推进国家治理体系和治理能力现代化，构建系统完备、科学规范、运行有效的制度体系，充分发挥我国社会主义制度优越性；加强和创新社会治理，维护社会和谐稳定；统筹山水林田湖草系统治理，实行最严格的生态环境保护制度；加强农村基层基础工作，健全自治、法治、德治相结合的乡村治理体系；全面依法治国是国家治理的一场深刻革命，必须坚持厉行法治，推进科学立法、严格执法、公正司法、全民守法；不断促进社会公平正义，形成有效的社会治理、良好的社会秩序；打造共建共治共享的社会治理格局；加强社区治理体系建设，发挥社会组织作用，实现政府治理和社会调节、居民自治良性互动；构建政府为主导、企业为主体、社会组织和公众共同参与的环境治理体系；中国秉持共商共建共享的全球治理观，积极参与全球治理体系改革和建设。按十九大报告的部署，到 2035 年基本实现社会主义现代化时，法治国家、法治政府、法治社会基本建成，各方面制度更加完善，国家治理体系和治理能力现代化基本实现，现代社会治理格局基本形成，社会充满活力又和谐有序；到本世纪中叶把我国建成富强民主文明和谐美丽的社会主义现代化强国时，实现国家治理体系和治理能力现代化。

按照党的十九大精神，结合国家治理体系和治理能力现代化进程，我在担任十三届全国政协委员的五年期间，持续以国家治理体系建设特别是治理能力现代化为重点，坚持调查研究，坚持从实际出发，“身入”基层，“心到”基层，形成了国家治理、政府治理、区域治理、城市治理、教育治理、社会治理、生态治理、第三方治理、科技治理、乡村治理、公司治理以及以疫情防控为重点的社会治理等方面的参政议政成果，也即本书的内容。

2022 年 6 月

目录

媒体报道

提案与信息

TI'AN YU XINXI

发挥人民政协制度优势　推进国家治理体系建设

党的十八大以来，中共中央高度重视人民政协工作，并作出一系列重大部署。从十八大报告、习近平总书记在庆祝政协成立65周年大会上的讲话、十八届三中全会《决定》、十九大报告、新修订的《中国人民政治协商会议章程》，到习近平总书记在中央政协工作会议暨庆祝中国人民政治协商会议成立70周年大会上的讲话精神，均明确提出人民政协是国家治理体系的重要组成部分，是具有中国特色的制度安排。十九届四中全会《中共中央关于坚持和完善中国特色社会主义制度，推进国家治理体系和治理能力现代化若干重大问题的决定》（以下简称《决定》）指出，要坚持和完善中国共产党领导的多党合作和政治协商制度。中国特色社会主义进入新时代，习近平总书记从党和国家事业全局出发，阐明新时代人民政协的新方位新使命新要求，形成了习近平总书记关于加强和改进人民政协工作的重要思想，对党的人民政协理论发展作出了原创性贡献。

当前，我国正处于实现中华民族伟大复兴的关键时期，国内外形势正在发生复杂深刻的变化，高质量发展遇到诸多挑战，对全面深化改革提出新的更高要求，政协应发挥人民政协专门协商机构作用，加强政协自身建设，建立和完善政协制度体系助推国家治理，创新协商民主方式，加强思想政治引领、广泛凝聚共识，把思想和行动统一到中共中央对当前形势的科学判断和对重大工作的决策部署上来；完善协商机制，发挥建言资政作用，实施党中央对人民政协工作要求，贯彻落实党和国家重要决策，推动各方面制度更加成熟更加定型的要求落到实处。

一、充分发挥人民政协在国家治理中的重要作用

坚持和完善中国特色社会主义制度，推进国家治理体系和治理能力现代

化，要求坚持党的领导、人民当家作主、依法治国有机统一。人民当家作主，就是坚持人民主体地位，最广泛地动员和组织人民依法管理国家事务和经济社会事务。习近平总书记反复强调，有事好商量，众人的事情由众人商量，是人民民主的真谛。人民政协作为社会主义协商民主的重要渠道和专门协商机构，具有代表性强、联系面广、包容性大的优势，能够最大限度调动一切积极因素、团结一切可以团结的人，有效协调关系、化解矛盾、凝聚人心，在推进国家治理体系和治理能力的现代化进程中能发挥重要作用。

（一）加强思想政治引领，广泛凝聚共识

中国特色社会主义制度的最大优势是中国共产党领导。党政军民学，东西南北中，一切都受党的领导，政协作为多党合作和政治协商机构也不例外。党的领导是我国国家治理体系的最本质特点，是发挥政协在国家治理体系中地位和作用的根本要求，政协作为人民民主的重要形式，也是实现党的领导的重要途径和方法。在政协进行民主协商，既有对党和政府科学决策议政建言的重要作用，也有在协商中进行思想政治引领、凝聚共识，落实党的大政方针和决策部署的重要作用。

政协应进一步增强学懂弄通做实习近平总书记关于加强和改进人民政协工作的重要思想和新时代中央关于人民政协工作的精神，搭建各族各界群众在日常政治生活中广泛持续深入参与平台，健全在民主协商中广泛凝聚共识的政治整合机制，将凝聚共识体现在政协履职各方面、全过程，凝聚起全社会的共识，将多元化诉求表达纳入理性化程序化轨道，坚持把政协制度自信与不断改革创新结合起来，为推进国家治理体系和治理能力现代化发挥积极作用。

（二）强化政协制度执行力，增强国家治理效能

国家治理体系和治理能力是中国特色社会主义制度及其执行能力的集中体现。十九届四中全会《决定》要求在建党一百年时，在各方面制度更加成熟更加定型上取得明显成效；要求人民政协展现我国新型政党制度优势，发挥政治组织和民主形式的效能，提高政治协商、民主监督、参政议政水平，更好凝聚共识。目前，人民政协制度在中央层面已有顶层设计，在全国政协层面已形成制度框架，政协在制度上也有许多创新之举。

政协应该进一步按习近平总书记所强调的“要强化制度执行力，加强制度

执行的监督，切实把我国制度优势转化为治理效能。”政协工作改革创新、逐步完善制度设计时，把中央对人民政协工作的要求执行好、落实好，丰富协商形式，健全协商规则，实现建言资政和凝聚共识双向发力，切实把好的政协制度提升为治理效能。

（三）建立健全完善协商机制，提高建言资政水平

协商民主是我国社会主义民主政治的特有形式和独特优势。政协作为协商民主的重要渠道和专门协商机构，是构建程序合理、环节完整的协商民主体系的重要组成部分，是形成人民群众广泛参与各层次管理和治理的重要制度平台。政协要发挥好作为人民民主重要形式在国家治理中的作用，必须把协商民主贯穿履行职能全过程，不断提高政协协商制度化、规范化、程序化水平，更好实现政协系统与政权系统的良性互动，充分发挥各项政治制度在国家治理中的综合效能。

政协应该进一步完善将政协协商纳入党委、政府决策的程序，完善协商于决策之前和决策实施之中的落实机制，健全协商成果采纳、反馈和跟踪制度。实行政协协商与其他协商方式衔接机制、与基层协商联动机制、与政府部门的互动机制，更好地了解民情、回应社会关切的问题，推动各方面协调行动、增强合力，提质增效，增强治理能力现代化。

二、完善政协制度体系　助推国家治理

党的十八大以来，习近平总书记在重大会议上发表的重要讲话精神，形成了习近平总书记关于加强和改进人民政协工作的重要思想，加强了中央对人民政协工作的顶层设计。中共中央发布的《关于加强人民政协协商民主建设的实施意见》《关于加强和改进人民政协民主监督工作的意见》《关于加强新时代人民政协党的建设工作的若干意见》等系列文件，修订《中国人民政治协商会议章程》，政协全国委员会提案委员会出台的《关于提高提案质量的意见》等，构建了“四梁八柱”人民政协制度体系。《决定》要求，到二〇三五年，在基本实现社会主义现代化时，要求基本实现国家治理体系和治理能力现代化；到新中国成立一百年，把我国建成富强民主文明和谐美丽的社会主义现代化强国时，要求全面实现国家治理体系和治理能力现代化。可见，政协制度作为国家

治理体系的重要组成部分，还存在不断丰富完善的过程，政协制度体系建设将为实现社会主义现代化目标夯实制度基础。

（一）建立健全政协制度体系，适应全面深化改革

推动人民政协制度更加成熟更加定型，必须建立人民政协在国家治理体系和治理能力中发挥作用的体制机制。人民政协制度体系的建立必须以宪法、政协章程和相关政策为依据，以中国共产党领导的多党合作和政治协商制度为保障，围绕政治协商、民主监督、参政议政、凝聚共识等职能，畅通社会主义协商民主的重要渠道，通过政协制度的有效运行和民主程序，把党的主张转化为社会各界的共识，把党中央决策部署和对政协工作的要求落实下去，把人民的智慧和群众的力量凝聚起来。

政协应该进一步围绕新时代对人民政协工作的要求，全面梳理现有制度，搭建符合国家治理体系和治理能力现代化的制度框架，建立包括党组织建设制度、协商民主制度、民主监督制度、政协内部管理制度等在内的分类制度体系，推进协商民主广泛多层制度化发展。完善政协党组加强对机关党组和专委会分党组领导的制度机制，完善人民政协专门协商机构制度，建言资政和凝聚共识双向发力的程序机制，建立常务委员会、专委会议事规则，建立推进履职能力建设制度、重点协商议题持续跟踪制度、推进效果考核评价制度，完善政协委员责任担当制度、调查研究工作制度等。

（二）创新协商民主方式，形成政协制度优势

目前，在推进国家治理体系和治理能力现代化中，我国正处在制度更加成熟更加定型的关键时期，政协制度也有待进一步改革发展。制度问题因带有根本性、全局性、稳定性和长期性，在设计上需要谋定而后动。习近平总书记指出：“要坚持以实践基础上的理论创新推动制度创新。”政协系统，四级政协不断探索，积累了不少改革经验和亮点。

政协应该进一步将行之有效的经验做法固定下来，提炼上升为制度规定，形成可以推广复制的制度，实行上级统一要求、全面推广的政策与地方自主探索、运行有效的经验并存，形成政协制度优势。比如，可以将政协委员履职与精准脱贫结合起来，实行扶“智”扶“志”；在最基层宣传党和国家政策，凝聚共识；收集基层问题，化解矛盾，加强基层社会治理；同时为委员撰写提案

开辟调研渠道。

（三）建立健全政协工作机制，优化协商环境

人民政协为人民。政协就是要发挥人民政协专门协商机构作用，把不断满足人民对美好生活的需要、促进民生改善作为重要着力点，解决好发展不平衡不充分的问题，倾听群众呼声，反映群众愿望，协助党和政府增进人民福祉。除了政协制度建设之外，健全政协工作机制既是完善国家治理体系的重要方面，也是提升治理效能的重要体现。健全政协工作机制，加强委员队伍建设，加强培训提升委员履职能力，畅通信息收集，打通广开言路渠道，优化协商环境，形成良好协商氛围，提质增效，能够更好地发挥政协职能作用。

政协应该进一步创新创建协商平台，建立与政府相关部门的通报和沟通机制、与社会各方面力量协调机制，拓宽与其他社会智库的联动，为委员提升提案质量、多出议政成果提供便利和条件；根据重大事件和重要工作部署，凝练部分调研选题或指南，帮助委员知情明政，聚焦问题，凝聚共识，传递议政建言好声音；建立委员联合调研机制，有助于委员跨区域互动、跨行业联动，加强提案源头治理，把好提案质量关，保障建言能够落实见效；建立提案数据信息平台，让委员掌握历年提案信息，避免无效重复，便于运用大数据实施提案质量评价，还为提案工作全过程网上运行建立数据基础。

2019

建立国家治理体系评价指标　开展治理能力现代化目标考核

国家治理体系和治理能力是中国特色社会主义制度及其执行能力的集中体现。党的十八届三中全会提出，全面深化改革的总目标是完善和发展中国特色社会主义制度，推进国家治理体系和治理能力现代化。党的十九大报告指出，到2035年，基本实现社会主义现代化时国家治理体系和治理能力现代化基本实现；到本世纪中叶，我国建成富强民主文明和谐美丽的社会主义现代化强国时实现国家治理体系和治理能力现代化。党的十九届四中全会通过《中共中央关于坚持和完善中国特色社会主义制度、推进国家治理体系和治理能力现代化若干重大问题的决定》，要求全党全国各族人民要更加紧密地团结在以习近平同志为核心的党中央周围，坚定信心，保持定力，锐意进取，开拓创新，为坚持和完善中国特色社会主义制度、推进国家治理体系和治理能力现代化，实现“两个一百年”奋斗目标、实现中华民族伟大复兴的中国梦而努力奋斗！

目前，随着我国全面深化改革逐步推进，我国国家治理体系逐步健全，各项制度优势已转化为国家治理效能，国家治理现代化水平明显提高。但是，我们正面临着世界百年未有之大变局加速演进，当代中国正经历人类历史上最为宏大而独特的实践创新，改革发展稳定任务之重、矛盾风险挑战之多、治国理政考验之大前所未有，因此，必须在坚持和完善中国特色社会主义制度、推进国家治理体系和治理能力现代化上下更大功夫。

为贯彻落实十八大以来党中央关于推进国家治理体系和治理能力现代化的要求，科学评价国家治理体系的健全程度和治理能力现代化建设成效，建议建立科学合理的国家治理体系评价指标，开展治理能力现代化目标考核。

建议制定《国家治理体系及治理能力现代化评价指标体系》，出台评价考核办法。指标体系可由有关国家部委自行组织或委托科研院校、高端智库研究设计，构建治理能力现代化评价模型，发布治理能力现代化综合指数，测评国家治理体系完整性、系统性、科学性和协调性，检验国家治理能力现代化水平，评价国家治理的效能，对省市县乡村及社区治理、行业领域治理进行目标考核评价并形成考核报告，并注重评价考核结果运用。

由于国家治理体系是一个庞大系统，纵向到底、横向到边，涉及经济社会发展的每个领域，构成“四梁八柱”全覆盖的国家治理体系。对治理能力现代化评价考核，既应按国家治理、省域治理、市域治理、县域治理、社区治理和乡村治理等进行分层分级治理评价，同时又按十九届四中全会《决定》提出的坚持和完善的党的领导制度体系、人民当家作主制度体系、中国特色社会主义法治体系、中国特色社会主义行政体制、社会主义基本经济制度、繁荣发展社会主义先进文化的制度、统筹城乡的民生保障制度、共建共治共享的社会治理制度、生态文明制度体系、党对人民军队的绝对领导制度、“一国两制”制度体系、独立自主的和平外交政策、党和国家监督体系等进行分类分别考核，还应该进行分行业分领域考核，如教育治理、科技治理、数字治理、生态治理等。全覆盖评价考核制度必将进一步推进国家治理体系健全完整、提升国家治理现代化能力，为实现中华民族伟大复兴贡献制度优势。

2021

关于落实统一规划体系意见　完善规划治理的提案

2018年，中共中央国务院《关于统一规划体系更好发挥国家发展规划战略导向作用的意见》（中发〔2018〕44号）（以下简称《意见》），要求加快统一规划体系建设，建立以国家发展规划为统领，以空间规划为基础，以专项规划、区域规划为支撑，由国家、省、市县规划共同组成的国家规划体系。目前，国家发展规划、区域规划、专项规划、空间规划的编制和管理分别执行的是《关于加强国民经济和社会发展规划编制工作的若干意见》（国发〔2005〕33号）（以下简称《若干意见》）、《国家级区域规划管理暂行办法》（发改地区〔2015〕1521号）、《国家级专项规划管理暂行办法》（发改规划〔2007〕794号）、《关于建立国土空间规划体系并监督实施的若干意见》（中发〔2019〕18号）。结合上述文件精神，目前规划工作还存在有待完善之处。主要体现在：

一是发展规划的指导性不够。根据现行《宪法》和《意见》，以及《城乡规划法》《土地管理法》，发展规划是规划体系的龙头，各级城市总体规划和土地利用规划等依据发展规划编制。问题：（1）在法律地位上，发展规划编制依据的《若干意见》由国务院颁发，其权威性不如国土规划领域《土地管理法》和城市规划《城乡规划法》等法律。（2）在法律效力上，发展规划由各级政府编制并由同级人大审查批准，土地利用规划和城市总体规划则是由各级政府编制并报省级以上政府审批，直辖市、省会城市规划须报国务院审批，上级政府或国务院批准的城市规划，要以地方同级人大批准的发展规划为依据，存在逻辑问题。（3）在时间跨度上，城市规划和土地利用规划的规划期限一般为20年和15年，发展规划的规划期限只有5年。

二是基层发展规划编制缺乏规范。《意见》只规定国家级发展规划，对省、市县规划没有作规范。而规划编制的问题主要在基层，特别是市县。规划编制队伍力量不强，经验不足、专业性不强，缺乏对基层的了解，第三方机构极不健全；规划编制不严肃，随意性强，编制流程不规范，缺乏社会实质性参与。

三是发展规划批准时序不协调。按中央文件，省级规划、市县级规划依据国家发展规划制定，但县、市、省、全国人大会议依次先后召开，审议并批准各级当年发展规划，意味着上级人大召开之前下一级发展规划已被地方人大审查通过，难以保证上级规划对地方规划的指导性。

四是《若干意见》出台背景发生变化。目前，十八届三中全会提出推进国家治理和治理能力现代化目标，我国已进入中国特色社会主义新时代，开启全面建设社会主义现代化国家新征程，2005 年颁发的《若干意见》显然不符合新时代要求。

建议：

一、加强规划立法工作

国家应制定专门规范国民经济和社会发展规划治理工作的法律，或由国务院出台“规划治理条例”，对国家、省、市、县四级发展规划予以规范，将调研编制、审议批准、实施执行、评估调整、监督考核等各个环节纳入法治轨道，对区域规划、专项规划、空间规划以及主体功能区规划等相关规划文件内容进行梳理。

二、积极发挥第三方在规划治理中的作用

在规划前调研、规划编制、评估、监督考核过程中充分利用社会力量的优势，培育发展与规划相关的第三方机构，解决目前基层规划编制不规范行为，尽量避免规划编制主体和实施主体同一。

三、尽快发布规划编制目录清单

除了按《意见》规定建立健全规划编制目录清单管理制度之外，指导各地各行业建立规划编制目录清单，解决各级专项规划、区域规划林立、相互交叉，规划内容重复、规划空间重叠，解决规划内容之间缺乏衔接、相互矛盾、彼此冲突等问题。同时，对规划动态监测过程中发现的需要调整规划并需要上报同级人大批准的情形列出清单。

关于制定城市社会治理现代化规划（2021—2035 年）的建议

城市社会治理是国家治理的重要基石，在国家治理体系中具有承上启下的枢纽作用。推进城市社会治理现代化，是党的十九届四中全会作出的重大决策部署。党的十八大以来，城市社会治理体系不断完善，治理能力不断提升，城市社会治理创新已经取得阶段性成果。同时要看到，城镇化作为现代化的必由之路，尽管我国在统筹城乡发展、推进新型城镇化方面取得了显著进展，我国城镇化已从高速发展进入高质量发展阶段，但在城镇化进程中，随着农村人口逐步向城镇转移，人口集聚、生活方式的变革，社会分工的细化，产业结构的调整，社会发展的不平衡不充分，对城镇功能的完善、公共服务的水平、城乡融合方式的改革等提出新要求，对城市社会治理水平和能力提出新挑战。为推进新时代城市社会治理现代化、建设平安中国，提升城镇化社会治理水平，全面提高新型城镇化质量，根据党的十九大、十九届四中全会精神，中央城镇化工作会议、中央城市工作会议精神对推进城市治理工作的明确部署，以及中共中央国务院《关于建立健全城乡融合发展体制机制和政策体系的意见》、国务院《关于深入推进新型城镇化建设的若干意见》等，建议制定城市社会治理现代化规划，规划期为 2021—2035 年。

一、总体要求

（一）治理环境

城镇化是伴随工业化发展，非农产业在城镇集聚、农村人口向城镇集中的自然历史过程，是国家现代化的重要标志。城镇化承载着工业化和信息化发展空间，为城镇经济发展提供持续动力，增强城镇创新活力，推动人口经济布局更加合理，促进区域发展更加协调，同时通过以工促农、以城带乡能力，推进城乡融合发展，加快现代化进程。伴随城镇化进程不断加快，人、地、物等社会要素加速流动，道路交通、寄递物流等领域安全隐患增大，公共安全风险多样化，网络安全风险凸显化，新旧社会矛盾风险交织化，以及社会不同阶层的分化、民众价值观念多元化、个体参与社会治理的表达渠道多样化，造成政府部门传统社会管理和公共服务不能适应国家新型城镇化的发展形势，导致各种社会矛盾与问题交织叠加，给城市社会治理乃至国家治理带来新问题。

截至 2019 年底，我国已经拥有 8.48 亿城镇常住人口，6.2 亿城镇户籍人口，常住人口城镇化率和户籍人口城镇化率分别达到 60.6%、44.4%。预计到 2035 年，我国城镇化率将有 10%—20% 的发展空间，常住人口和户籍人口的存量转移和落户定居、预期增量扩容，意味着城市治理是社会治理的重点和关键，既需要通过城市社会治理解决目前城镇化带来的现实问题，更需要针对城镇化高质量发展而实施城市社会治理创新，拓宽城镇化的社会治理路径，提升城镇化的社会治理水平。因此，加强城市社会治理，既是贯彻落实国家新型城镇化规划的战略举措和关键抓手，其治理水平和能力现代化也是新型城镇化的核心内容和重要标准。加强城市社会治理，有利于健全城市健康发展体制机制，释放城镇化发展潜力，聚焦激发市场活力；有利于提升中心城市和城市群综合承载能力，增强资源优化配置能力，提升城市可持续发展水平；有利于实施以促进人的城镇化为核心、提高质量为导向的新型城镇化战略。作为国家治理的重要支柱，加强和创新城市社会治理，将在保障国家新型城镇化战略有效实施的同时，促进国家治理体系和治理能力现代化，也是实现中华民族伟大复兴中国梦的必然要求。

（二）指导思想

以习近平新时代中国特色社会主义思想为指导，全面贯彻党的十九大和十九届二中、三中、四中全会精神，全面落实党中央、国务院各项决策部署，紧扣我国社会主要矛盾变化，按照高质量发展要求，紧紧围绕统筹推进“五位一体”总体布局和协调推进“四个全面”战略布局，坚持和加强党的全面领导，坚持以问题为导向和以人民为中心的发展思想，坚持稳中求进工作总基调，坚持新发展理念，坚持促进国家新型城镇化高质量发展，坚持推进国家治理体系和治理能力现代化。不断创新城市社会治理理念、思路、模式和机制，拓宽城市社会治理新路径，构建共建共治共享的城市社会治理新格局，积极探索具有中国特色、时代特征、城市特点的社会治理新模式，完善党委领导、政府负责、民主协商、社会协同、公众参与、法治保障、科技支撑的城市社会治理体系，建设人人有责、人人尽责、人人享有的城市社会治理共同体，提高城市社会治理社会化、法治化、智能化、专业化水平，提高城市社会治理效能，推进城市社会治理体系和治理能力现代化，确保城市居民安居乐业、社会安定有序，建设更高水平的平安中国，为完善和发展中国特色社会主义制度、推进国家治理体系和治理能力现代化作出贡献。

（三）基本原则

统筹安排、协调推进。深入推进城市社会治理现代化，必须按照贯彻新发展理念，更好地统筹加强和创新城市社会治理与建设现代化经济体系、发展社会主义民主政治、推动社会主义文化繁荣兴盛、加快生态文明体制改革等协同推进，牢固树立城市社会治理现代化建设的整体观、系统观、协同观，统筹谋划、科学设计和有效推进，开展“跨领域”“跨部门”“跨层级”的协同合作。

纵横联动、协同治理。完善党委领导、政府负责、民主协商、社会协同、公众参与、法治保障、科技支撑的城市社会治理体系，建设人人有责、人人尽责、人人享有的城市社会治理共同体，增强城市社会治理聚合力；实施顶层设计与分层对接，理顺省市县乡村在社会治理中的关系，发挥城市社会治理的枢纽作用，完善权责明晰、上下贯通、层层推进的纵向治理体系，增强城市社会治理统筹力。

健全制度、转换效能。坚定制度自信，强化制度意识，制定国家治理体系和治理能力现代化急需的城市社会治理基础性制度、围绕国家新型城镇化改革的城市社会治理保障性制度、满足城市居民对美好生活新期待的城市社会治理必备性制度。通过城市社会治理体制创新、机制完善、制度建设，构建系统完备、科学规范、运行有效的城市社会制度体系。严格执行制度、坚决维护制度，加强系统治理、依法治理、综合治理、源头治理，把制度优势更好转化为治理效能，为推进国家治理体系和治理能力现代化奠定基础。

因地制宜、循序渐进。充分考虑不同区域、不同城市规模、不同城市战略发展规划，以及城市不同发展阶段和功能定位、资源禀赋等方面的差异，充分发挥地方积极性，支持各地开展城市社会治理试点，因地制宜、因城施策，试点先行、久久为功，探索立足基本国情、符合地方实际、特色鲜明的城市社会治理改革新路径新模式，形成可推广复制的典型城市社会治理经验，带动和引领全国城市社会治理现代化实现。

遵循规律、重点突破。结合新的时代条件和实践要求，遵循社会主义建设规律、人类社会发展规律，坚持新发展理念，坚持以人民为中心的根本宗旨，紧紧围绕基本实现社会主义现代化、建成社会主义现代化强国两阶段新征程目标，稳妥把握城市社会治理改革的时序、节奏和步骤，稳步建设国家治理体系和治理能力现代化。在有序推进城市社会治理的进程中，结合国家战略、突发事件等进行专项治理，总结经验、重点突破，围绕国家新型城镇化战略关于促进中心城市和城市群、大中小城市和小城镇协调发展的要求，探索不同规模城市差异化创新性治理机制；针对重大突发公共事件，探索城市社会治理联防联控应急管理机制。力争在重点领域和关键环节取得突破，形成全国城市社会治理创新体制机制。

方案精准、实施精细。按照目标导向、政治导向、民本导向、问题导向、效果导向，精准把握城市社会治理边界、治理对象、内容体系，以及所需解决的突出问题，运用先进理念、专业方法、精准举措，准确设计有针对性的城市社会治理模式，增强城市社会治理效能、提升治理科学化水平、实现治理现代化的路径。实行城市社会治理“全周期管理”和分段式目标化管理，实行责任化考核。在处理新形势下人民内部矛盾有效机制、完善社会治安防控体系、健全公共安全体制机制、构建基层社会治理新格局、完善国家安全体系等方面，在治理理念、治理过程、治理效果等环节，按照横向多元治理格局、纵向联动治理体制，坚持和发展新时代“枫桥经验”，创新治理思维，树立服务观念，下移治理重心，运用现代科技手段推进城市社会治理精细化水平。

（四）主要目标

到 2025 年，推进城市社会治理现代化第一阶段目标（2021—2025）：实施《城市社会治理现代化“十四五”规划》，力争通过五年努力，城市社会治理各方面制度基本完善；城市社会治理政策创新、城市社会治理法律法规完善取得新突破，城市社会治理基础性制度基本形成，城市社会治理制度化、规范化、科学化迈上新台阶；党领导下维护国家安全和社会安定的统一意志进一步强化，对城市社会治理主体、工作力量、各方资源的战略统筹能力明显增强；党委领导治理能力、政府负责治理能力、群团组织助推治理能力、社会组织协同治理能力、城乡社区居民自治能力明显提升；法治社会建设稳步推进，现代科技在城市社会治理领域得到普遍应用；社会矛盾风险有效化解，社会政治生态得到优化，平安中国建设取得较大进展，为基本实现城市社会治理现代化打下坚实基础。

到 2035 年，推进城市社会治理现代化第二阶段目标（2026—2035）：建立与基本实现现代化相适应的城市社会治理新机制；共建共治共享的现代城市社会治理格局基本形成，社会充满活力又和谐有序；城市社会治理制度系统完备、科学规范、运行有效，更加成熟定型；完善党委领导、政府负责、民主协商、社会协同、公众参与、法治保障、科技支撑的城市社会治理体系不断健全，人人有责、人人尽责、人人享有的城市社会治理共同体基本形成；政治、法治、德治、自治、智治的城市社会治理方式基本完善；城市社会治理能力现代化水平大幅提升，更高水平的平安中国目标基本实现，人民获得感、幸福感、安全感更加充实、更有保障、更可持续；基本实现城市社会治理体系和治理能力现代化。

到 21 世纪中叶，推进城市社会治理现代化第三阶段目标（2036—21 世纪中叶）：建立与全面建成社会主义现代化强国相适应的城市社会治理新机制，中国特色社会主义城市社会治理制度更加巩固、优越性充分展现，城市社会治理现代化体系健全完备，城市社会治理能力现代化水平居于世界前列，率先实现社会主义现代化，全面建成高水平的平安中国，为把我国建成社会主义现代化强国提供有力保障。

二、主要任务

（一）打造城市社会治理新格局，构建城市社会治理共同体

适应推进国家治理体系和治理能力现代化的新要求、国家新型城镇化发展关于城市管理的新形势，创新城市社会治理的新思想新理念，加强城市社会治理制度建设，完善党委领导、政府负责、民主协商、社会协同、公众参与、法

治保障、科技支撑的社会治理体系，改进社会治理方式，提高社会治理水平，努力建设人人有责、人人尽责、人人享有的社会治理共同体，推动平安中国建设迈上新台阶。

（二）完善城市社会治理制度体系，提升制度转换治理效能

建立新时代城市社会治理的基础制度体系，形成系统设计、相互联系的制度框架。坚持因城施策，构筑各制度下推进城市社会治理体系和治理能力现代化的实施策略和措施，形成整体推进、上下协调、同频共振的制度格局。建立制度执行、监督督办、效果评估等制度，形成促进制度转换效能的保障机制。

（三）增强城市社会治理能力体系，提升城市治理整体水平

围绕国家治理体系和治理能力现代化，结合城市社会治理体制架构的整体性、治理目标的多重性、治理主体的多元性、治理方式的协同性、制度保障的完整性等基本特征，提升城市社会治理能力。围绕国家新型城镇化发展，提高城市可持续发展能力。针对重大突发事件，提高城市应急管理能力。优化社会治理结构，提高社会治理社会化、法治化、智能化、专业化水平。

（四）基本实现城市社会治理现代化，夯实国家治理体系根基

以目标导向、政治导向、为民导向、问题导向、效果导向为主线，实现城市社会治理理念现代化；以政治为引领，法治为保障、德治为根本、自治为基础、智治为支撑，实现城市社会治理体系现代化；以法治思维、法治方式调处社会矛盾，以经济、行政、道德等多种手段规范社会行为，以大数据、人工智能等新技术防控社会风险，提高统筹谋划能力、群众工作能力、政法改革能力、创新驱动能力、破解难题能力、依法打击能力、舆论导控能力，实现城市社会治理能力现代化；坚持系统治理、依法治理、综合治理、源头治理，加快推进城市社会治理方式现代化；运用党建、法律、道德、心理、科技、民规民约等社会规制手段开展社会行动，实现城市社会治理手段现代化；按照目标协同、主体协同、执行协同、平台协同和政策协同等要素协同，实现城市社会治理要素现代化。

三、工作重点

（一）建立城市治理纵向联动体制，健全横向多元治理格局

1. 建立城市社会治理组织架构。正确处理顶层设计与分层对接的关系，理顺省市县乡村在城市社会治理中的定位和协调关系，完善权责明晰、上下贯通、层层推进的纵向治理架构，形成市级统筹协调、县区组织实施、乡镇（街道）具体落实、社区强基固本的城市社会治理链条，增强城市社会治理统筹力。

2. 完善城市社会治理多元共建机制。完善党委领导体制、政府负责体制、民主协商体制、社会力量协同体制、公众参与机制、科技支撑机制等城市社会治理综合体制，明确城市范围内党委、政府、群团组织、经济组织、社会组织、自治组织、公民等多元行动主体的职责，促使多元主体有效协同，通过体制创新、机制完善、制度建设，有效配置资源，调动各主体的主动性。

（二）防范化解城市社会矛盾风险，建设高水平的平安中国

1. 建立城市社会矛盾排查预警机制。完善社会稳定风险评估机制，实施社会矛盾纠纷源头预防、排查预警，运用大数据技术、信息化手段，早发现、早预防、早处置，及时发现社会矛盾，及时掌控城市社会苗头性、趋势性问题，从源头上预防和减少矛盾，打造新时代“枫桥经验”城市版，确保重大矛盾风险在城市解决，不上行、不外溢，守紧矛盾风险源头关、监测关、管控关，提高预测预警预防能力。

2. 健全城市社会矛盾化解机制体系。从事前、事中、事后的整体视角进行防范，从源头、传导、转化的关键环节进行化解。健全完善人民调解、行政调解、司法调解等有机衔接、相互协调的矛盾纠纷多元化解体系。深化行业性专业性调解机制建设，建成资源配置合理、主体职责明确、衔接机制顺畅、服务保障有力的人民调解机制，实行行业性专业性调解组织之间协作，实现信息资源共享、专业调解人才资源共用，形成化解矛盾工作合力，有效化解各领域内的矛盾纠纷。

3. 建立城市社会矛盾信息沟通机制。设立社会矛盾集中反映平台，保证社会信息快速畅通、反应灵敏、高效集中，以及信息处置高效、督办反馈及时。深化信访积案化解机制建设，综合运用法律、政策、经济、行政等手段，

积极开展信访突出问题专项治理。深化联合接访和下访机制建设，深化和完善领导下访接待群众机制，发挥信访工作在密切联系群众、维护群众利益、防控化解矛盾中的源头性基础性作用。强化危机沟通，加强舆论治理。

（三）加强数字化综治中心建设，提高信息化规范化水平

1. 规范基层综治中心标准化建设。加强党委政法委对同级综治中心的工作统筹、政策指导，建立社会治安稳定形势研判分析制度，完善首问负责、情况报告、应急联动、考核评价等工作机制，完善“综治中心 + 网格化 + 信息化”工作机制，发挥基层综治中心在基层社会治理中的枢纽平台作用。

2. 全面推进综治中心实体化建设。完善高效联动、上下贯通的指挥体制，建立基层综治中心平台，加强网格力量配备，协调推进基层社会治安等治理体系建设，推动开展基层平安创建活动。

3. 创新完善立体化数字化综合治理体系。形成党委领导、政府管理、社会协同、民众参与等多主体参与的综合治网格局，实行全社会的数据互通、数字化的全面协同、跨部门的流程再造。提高网络综合治理能力，指导协调推动“雪亮工程”等社会综合治理信息化建设，以数据驱动提高公共服务和社会治理水平，建设“平战结合、高效协同、相互支撑、按需开放”的数字化综合治理体系。

4. 建立健全城市治理数据资源共享体系。优化城市治理数据中心布局，推进跨业务、跨系统、跨部门、跨领域、跨层级的数据共享和业务协同，加强政务信息资源整合和基础数据共享服务，统筹规划建设云计算、大数据、物联网、人工智能等信息技术平台，优化服务流程，保障政府科学决策、高效监管、精准治理。

（四）构筑联防联控共建共享机制，提升应急管理水平

1. 健全城市应急管理制度体系。构建统一指挥、专常兼备、反应灵敏、联防联控的应急管理体制，建立应对城市重大公共事件能力的集中统一高效的领导指挥体系，建立健全集应急管理指挥、决策、执行、调度、反馈、舆情引导等于一体的应急治理体系和权责体系，制定整体应急管理方案和流程，运用现代信息技术和管理方式构建跨部门政策协同、高效动员社会力量的应急决策组织模式。

2. 建立城市应急管理统筹协调机制。协调合作机制，促进不同部门之间信息、技术、资源的整合、互补、共享，加强不同层级、不同区域政府间的沟通和联动，形成公共事件治理网络，提升重大公共事件的应对处置效率。建立健全分级响应、区域协作、部门联动等机制，明确职责任务，细化处置流程，提高应急处置的及时性和实效性。建立联动应急处置机制，健全属地党委领导、政府负责，有关部门和地区各负其责、协同处置的群体性事件应急处置体系。

3. 完善重大公共事件应急预警机制。定期调整完善城市应对公共事件的标准和规则，利用现代网络技术建立层次更少更快捷的数据预警体系，建立专业人士发布信息的评估机制和涉及公共信息传播的新闻评估机制，精准对接实践需求，因地制宜，从预防、准备、应对和恢复发展等方面建立应急管理风险评估监测和预案机制。

4. 增强要素应急配置能力。适应应急物资生产调配和应急管理需要，强化应对突发公共事件的物资及其生产能力保障，建立对相关生产要素的紧急调拨、采购等制度，构建标准统一、环节简化、多渠道供需对接的物资储备、转运和分配体系，提升物资保障效能，提高应急状态下要素高效协同配置能力。

5. 建立应急事件常态管理机制。把握突发公共事件规律，将突发公共事件或危机事件的应对与处置作为社会常态管理的措施，科学认识突发公共事件的发展阶段，积累处置经验，合理分配处置资源，提高处置效率。同时，结合突发事件复杂多变特征，根据事件不同特点和出现的新问题，积极、灵活地调整策略，动态化地应对和处置危机。

6. 健全公共事件信息披露机制。建立应急信息资源的跨部门、跨层级、跨区域互通和协同共享，建立健全应急信息直通汇报制度，强化公共事件交叉信息传导和共享，推进快速响应预警和多元交叉传导的披露机制。推动应急管理信息平台建设，充分运用“互联网+”、大数据、区块链等技术，建立具有“高度通信保障、高度信息收集以及智能优化处理”的应急指挥决策综合信息系统。建立公开透明的舆情信息管理机制和规范有序的舆论环境。

（五）深化城市公共服务体系改革，提升公共服务与安全治理水平

1. 完善城市公共服务体制机制。聚焦国家新型城镇化流动人口有序融入，

优化基本公共服务体系，推动城市公共服务均等化；聚焦政府“放管服”改革，推动城市公共服务便捷化；因城施策，聚焦个性化服务，推动城市公共服务精准化。完善城镇化健康发展体制，推进城市公共资源均衡配置，增强公共服务和资源环境对人口的承载能力，提高城市管理运行效率，增强城市公共服务供给能力。加强公共法律服务实体平台，为社会治理提供更加优质高效的公共法律服务。加强突发公共事件应急管理处置，提高突发公共事件处置效率。

2. 健全城市公共安全体制机制。建立公共安全风险评估、化解和管控机制，健全公共安全隐患排查和安全预防控制体系。建立健全安全生产责任体系，健全预警应急机制，加大监管执法力度，及时排查化解安全隐患。加快社会治安防控体系建设，完善立体化社会治安防控体系，提高维护公共安全的能力和水平。坚定实施食品安全战略，确保人民群众“舌尖上的安全”。完善公共安全风险滚动排查、监测预警、应急处置机制，健全道路交通等领域防范管理机制，加强对寄递物流、危爆物品等行业监管，以完善的制度机制守住公共安全底线，推动建设更高水平的平安中国。推进社会治安综合治理，创新完善立体化信息化社会治安防控体系，增强人民群众安全感。构建公共事件实战化、扁平化、合成化应急处置模式，提高应急管理能力。

（六）加强城市社区治理体系建设，建立社会力量协同参与机制

1. 培育城市社区治理多元主体。创新加强新时代城市基层组织建设，构建现代城市社区组织体系。在城市社区治理、基层公共事务和公益事业中实行群众自我管理、自我服务、自我教育、自我监督。组织社区干部、“下沉”干部、楼长、居民骨干、物业职工、社区志愿者等力量联防联控、群防群治，实行常态化管理，形成多元主体参与城市社区治理的共建共治共享格局。

2. 健全城市社区管理和服务机制。推进社区网格化服务管理，积极贯彻落实、探索实践网格化精准服务管理新模式，推动社会治理和服务重心向基层下移下沉，提供精准化、精细化服务。加快基层社会治理智能化建设，建立社区公共服务综合信息平台，发挥互联网、大数据、人工智能、区块链的乘数效应，提升基层社会“智治”水平。

3. 加大社会组织培育力度。重点培育和优先发展行业协会商会类、科技类、公益慈善类、城乡社区服务类社会组织，加大对社会组织发展的引导和支

持力度，提高社会组织的规范性、活跃度。充分发挥社会组织公益性、中立性、自愿性、服务型功能，不断提高社会组织参与城市社会治理的能力和水平，实现政府治理和社会调节、居民自治良性互动。

4. 健全应急状态社会力量动员协调机制。制定和完善相关法律法规，将社会工作服务纳入突发事件应对体系，确保社会力量参与应对重大突发事件时有法可依、有章可循。加强社会组织参与应对重大突发事件的信息化支撑，提升社会组织参与应对重大突发事件的信息化技能。

（七）加快城市社会信用体系建设，提升城市社会治理效率

1. 建立城市社会信用体制。充分发挥政府在城市社会信用体制中的组织、引导、推动和示范作用，培育和监管信用服务市场，鼓励和调动社会力量，共同推进，形成社会信用体系建设合力。加强公民道德诚信建设，以良法促进社会建设，保障社会善治。重点突破，选择重点领域和典型地区开展信用建设示范。促进信用信息互联互通、协同共享，健全社会信用奖惩联动机制，营造诚实、自律、守信、互信的社会信用环境。建立溯源体系，建立主体之间信任机制，加强区块链可信社会建设。

2. 加强城市社会信用体系建设。针对社会信用体系建设的长期性、系统性和复杂性，强化顶层设计，立足当前，着眼长远，统筹全局，系统规划，有计划、分步骤地组织实施。建立城市社会信用基础性法律法规和标准体系，建立以信用信息资源共享为基础的覆盖全社会的征信系统，建立城市社会信用危机评估制度、完善的慈善捐赠管理系统。建立健全城市社会信用监管体制，完善城市社会信用服务市场体系，完善失信行为认定、失信联合惩戒、信用修复、守信激励等机制。

（八）建立城市社会治理法治体系，保障治理模式方法有效实施

1. 健全城市社会治理法规规章体系。构建科学完备的法治规则保障体系、严格公正的法治实施保障体系、崇法向善的法治文化保障体系、优质高效的法治服务保障体系、强劲有力的法治推进保障体系、城市社会治理监督考核机制，推动形成有效的社会治理、良好的社会秩序。

2. 推动应急管理法治体系建设。完善应急防控相关立法，加强配套制度建设，构建系统完备、科学规范、运行有效的重大公共事件应急防控法律体

系，制定自然灾害、事故灾难、公共卫生事件、公共社会安全事件等突发公共事件的救助条例，建立多维度救助制度和多层次救助标准体系，推动我国应急管理法治体系的建设，提升应急治理能力。

（九）建立健全社会风险评估机制，提高城市风险治理水平

1. 建立健全社会风险评估预测机制。按照政府主导、专业评估、公众参与的思路，加强城市风险隐患排查，完善城市重大风险源辨识、申报、登记、监管制度，对重点场所、重要设施、大型活动等可能面临的风险进行全面辨识评估，摸清风险存量。建立城市风险信息管理平台，绘制城市“风险地图”，对城市风险进行动态跟踪。完善城市风险监测预警和应急处置机制，对各类重大风险源加强跟踪监控，围绕突发疫情、自然灾害、暴恐袭击等传统风险和非传统风险优化细化应急预案。加强社会稳定风险评估规范化、制度化、信息化建设，完善专业机构、社会组织第三方评估机制，拓宽公众有序参与渠道。

2. 加强防范化解社会风险顶层设计。将城市风险治理纳入城市经济社会发展总体规划，根据不同城市的风险结构特点，科学制定城市风险治理专项规划，着力防控和化解社会矛盾扩散升级的风险、经济纠纷集聚爆发的风险、心理创伤锐化的风险、社会戾气积聚的风险，以及公共安全压力反弹的风险。完善相关法律法规，确保城市风险治理在法治轨道上进行。坚持风险治理“一盘棋”，明确综合部门、专业部门权责，加强分工协调，推进城市风险治理综合执法，形成职能优化、协同高效、权责明确、运转灵活的城市风险治理体制。进一步以防风险为前提优化居民区、商业区、产业园区以及其他城市功能区的空间布局。

3. 推进城市风险治理体系建设。把握城市风险系统性、基础性、全局性的结构特点，把预防化解风险的要求落实到城市工作和城市发展各个环节各个领域，切实履行风险治理职能，建立评估考核制度。对城市风险实行精细化分类治理，探索建立社会稳定指数信息系统，实现对重大风险的精准化防控。培养专业精、作风硬的城市风险治理人才队伍。加强风险意识教育，鼓励各类主体通过多种方式参与城市风险治理。构建多部门、多主体有效协调的城市风险防控联动体系。发挥科技的支撑作用，建立和完善大数据风险监测预警平台，对城市信息分析研判，加强城市风险筛查、风险识别，形成最优治理方案。建

立重大风险问题清单制度和防范化解责任分担机制，落实属地责任、部门责任、源头责任。

（十）建立城市社会治理效能评价制度，考核推进新型城镇化能力

1. 制定城市社会治理现代化考评办法。统筹城市社会治理现代化试点工作和综治工作、平安中国建设考评。围绕推进国家治理体系和治理能力现代化、国家新型城镇化战略，建立城市社会治理效能评价制度，明确城市社会治理评价导向和原则规则，明确评价主体，选用科学评价方法，规范评价程序，引入第三方评估机制。

2. 建立城市社会治理评价指标体系。从城市社会治理过程、治理效果两个维度，以人民为中心的获得感、幸福感、安全感为目标构建包括社会保障治理、社会安全治理、公共服务治理和社会参与治理在内的社会治理绩效评价指标体系，完善正确处理新形势下人民内部矛盾有效机制、完善社会治安防控体系、健全公共安全体制机制、构建基层社会治理新格局、完善国家安全体系、应急管理体系等内容体系，从政务公开、问责监督、行政执法、行政决策、营商环境、社会满意度等层面评估城市治理能力。

3. 建立城市社会治理信息发布机制。根据城市社会治理不同视角的指标体系，构建综合评价标准，形成城市社会治理指数或平安中国建设指数，定期发布评估报告，以此指导督促城市社会治理现代化建设，着力固根基、扬优势、补短板、强弱项，构建系统完备、科学规范、运行有效的城市社会治理体系。

（十一）加强城市群区域协同治理，促进优化城镇化空间格局

针对城市群区域内要素一体化和人口集聚流动的特点，加强城市群中心城市、城镇之间的协同治理机制，推动城市群、都市圈内城市建立联防联控机制、信息共享机制，加强城市群的合作共治能力建设，明确城市治理的主管责任与属地责任的关系，提高中心城市和城市群的承载力，加强公共服务能力建设，在中国城镇化进程中发挥更重要的作用。

（十二）实施城市社会全周期管理，解决大城市治理系统性问题

1. 建立城市全周期管理体制机制。实行城市管理体制、城市管理机制、城市管理执法等管理科学化。从立项、规划、设计、施工、调试到运行、维护

等环节的管理过程，涉及的政府、市民、城市设计者、供应商、城市维护人员等利益相关者，以及城市社会治理的各个系统，坚持系统思维，将管理维度与各种要素有机结合，建立科学化、程序化、制度化的全周期管理体制机制。

2. 树立城市全周期管理意识。坚持系统治理，把握社会治理的整体关联性，强化全要素协作配合，重视各方面任务的整合贯通，形成覆盖全面、触角灵敏、上下联动、各方协同的治理体系。坚持全程治理，完善事前事中事后全程治理机制，形成从源头到末梢的完整治理链条。坚持常态治理，着眼战时、立足平时，建立平战转换机制，常态做好应对风险准备，增强社会治理韧性。坚持源头治理，树立上游思维，及早发现问题，及时采取有效对策。对城市全周期管理实施精细化、智能化，进一步提升城市管理水平，提高城市治理能力。

（十三）发挥现代科技支撑作用，实行城市社会治理精准化精细化

1. 建立完善城市管理和服务的制度。转换政府职能，重塑执政理念，把管理和服务渗透到城市治理的所有角落和空间，覆盖到所有不同类型的人群。政府面对新形势，改进工作作风，针对各种不同的利益群体细致开展工作，真正地体现人民当家做主的管理和服务理念，塑造祥和、稳定、宜居的发展环境。坚持多元化的立场，强调社会主体的广泛参与，整合多种社会资源和社会力量。通过精细化提高公共治理的适应性、精准性、有效性和效益性，推进国家治理能力现代化。

2. 利用现代科技手段推动治理精准化。充分应用互联网、物联网、大数据以及云计算等现代信息技术，对社会事实进行科学的分类和编码，提供精细化治理的信息系统和数据库，强化科技在城市治理中的应用和实践，实现服务对象精准化、服务水平精细化。

四、保障措施

（一）坚持党的领导

把加强和完善党的领导贯穿于城市社会治理的全领域、全过程、全环节、全周期，以彻底的自我革命精神不断增强党的政治领导力、思想引领力、群众组织力和社会号召力，确保党在推动城市社会治理现代化进程中始终总揽全

局、协调各方，充分发挥基层党组织的战斗堡垒作用，为实现城市社会治理现代化、全面推进平安中国建设提供坚强政治保障。

（二）加强组织领导

各级各有关部门充分认识推进城市治理体系和治理能力现代化工作的重要性和紧迫性，将其纳入重要议事日程，摆上突出位置。各城市成立城市社会治理协调指挥领导小组，政法委根据党委统一部署负责统筹协调，相关牵头部门分别负责组建相应的工作领导小组，强力组织推进，健全完善相应的组织领导体系。成立城市社会治理运营管理机构，形成一体化的城市治理网络与运行体系。

（三）加强工作保障

各级各有关部门根据城市社会治理规划的总体要求，结合自身工作实际，抓紧研究制定相应的工作实施方案，把有关任务分解为可量化、可评价的阶段性目标，制定时间表、路线图，有计划、有步骤地加快推进，确保各项任务目标落实到位。建立统一城市社会治理信息平台，形成城市社会治理指挥中枢，确保多网融合、集中指挥，实现城市社会治理支撑技术数字化、系统化、集成化、智能化，为城市社会治理共同体建设提供技术保障。

（四）强化分工协作

中央政法委牵头建立城市社会治理工作协同推进机制，加强统筹协调和跟踪督导。各级各有关部门牢固树立“一盘棋”思想，牵头单位充分发挥指导协调、督促检查作用，参与单位充分发挥具体业务工作职能，按建立共建共治共享的城市社会治理共同体的要求，积极构建部门协作、区域联动、齐抓共管的工作格局，推动城市社会治理工作向纵深发展，切实提高平安中国建设水平。

（五）加强督导考核

各牵头单位按照城市社会治理现代化建设要求，配套制定考核办法，列入重点工作督查范围，建立督导检查机制，做到职责法定、任务法定、行动法定、惩处法定，保证城市社会治理效果，保障城市社会治理现代化如期完成目标。

（六）推动稳步实施

开展城市社会治理试点工作，选择有一定基础的不同规模城市、城市群设立城市社会治理改革试验区，支持制度改革和政策安排率先落地，先行先试、观照全局，及时总结提炼可复制可推广的典型经验。

（七）加强宣传引导

各级各有关部门高度重视新闻宣传和舆论引导工作，充分利用传统媒体和新媒体，全方位、多角度宣传推进城市社会治理体系和治理能力现代化的重要意义和先进经验做法，积极组织开展各类典型示范创建活动，动员发动社会各界和广大群众共同参与城市社会治理。

2020

完善综合行政执法改革　促进社会治理现代化

行政执法能力的提高和监管体系的完善是建设法治政府的重要内容，更是行政执法体制改革重要的试金石。随着综合行政执法体制改革在全国不少地区试点工作的顺利进行并取得了一定成效，全面推行综合行政执法将成为实现依法行政、建设法治国家的重要途径。因此，应在全国范围内、更加宽广的领域、更加复杂的行政执法中进一步探索，建立更多的综合执法部门，实现综合执法的大面积覆盖，促进国家治理的现代化。

然而，试点和现实制度的完善推广之间仍存差距，如何解决在试点过程中遇到的问题以及进行更加富有成效的方法创新才是接下来工作的重点。因此，围绕行政综合执法的完善及其中的监管问题，通过调研并针对问题提出相关建议。

一、综合行政执法现状及问题分析

（一）综合行政执法效果显著

1. 有效缓解多头执法、重复执法问题。综合执法有效地回避了不同部门分别执法引发的相互推诿、扯皮问题，使得政府机关各司其职，积极作为。

2. 强化对执法行为的制约。改变了行政执法机关既当运动员又当裁判员的局面，实现了审批许可管理与行政处罚、行政强制、行政检查权分离，使得行政管理和行政执法职能相分离，制约行政执法权，防止权力的滥用。

3. 实现行政执法的权责统一。综合执法权使得权力范围更加明晰，责任主体更加明确，综合执法机关在高效行使权力的同时，规范了执法程序。

4. 提高行政效率。综合执法机关的执法专业性和专门性，减少了不同部门协调的环节，增加了行政决策的执行力，对于相关政策的落实起到了推动作用，缩短了从决策到执行的时间。

（二）综合执法改革的有限性

1. 区域有限。综合行政执法改革虽然在全国较多城市展开，但是主要集中在中东部城市，特别是从直辖市率先展开，省会城市、大城市改革实践较多，对于西部地区、贫困地区没有进行大范围的改革。

2. 部门有限。综合执法虽然涉及不同地区的城市管理、文化卫生、食品药品监管、交通、农业等领域，但是改革纵深不够，没有更多涉及教育问题、涉外问题、宗教问题、银行金融等其他众多涉及人民切身利益的问题。

3. 程度有限。各地多对执法权责清楚、问题简单、易改的内容进行改革，对于敏感复杂的问题没有进行探索和创新，对于改革阻力大的执法问题不敢迈出第一步。

4. 方法有限。虽然各地均根据不同地区的情况进行相应综合行政执法改革，但是方法大同小异，相互学习借鉴的多，进行创新发展的少，难以突破现有模式进行更多的创新。

（三）综合执法存在的具体问题

1. 法律法规的缺位与冲突。首先，综合执法部门法律地位不明确，各地对于综合执法机构的行政级别、权限、组织领导规定千差万别，没有法律或者部门规章给予准确定位。其次，法律、法规、规范性文件互相冲突。行政执法中法律、法规、规范性文件存在衔接上的缺陷，执法中存在法律适用混乱，甚至相互矛盾或者冲突，影响了执法的公正性、效率性、权威性。最后，缺乏统一具体的执法程序和标准。各地的执法标准各异，对于执法中自由裁量权的使用没有具体界限。对于各种联合执法和互派人员协助执法缺乏具体的程序要求。

2. 对综合执法部门的监管不全。一是综合行政执法机关在垂直监管上没有统一的上级部门，上级政府的多个部门分别对相应执法具有监管权，造成监管的分散和不力。二是在横向监管中，综合执法机关由于执法范围和权限的特殊性，同级监察监督乏力。

3. 综合执法改革执行混乱。一些地方为了改革而改革，综合执法机关的设置不科学不合理，浪费人力物力。

4. 执法队伍建设问题突出。执法力量不足，综合执法的事权明显增加，但执法专业人员相对增幅偏低；执法队伍编制不统一，在编和编外人员的混合，执法辅助人员和执法者混同，使得行政相对人难以辨别。

二、完善综合行政执法，促进社会治理现代化的建议

（一）全面建立层级分明的综合行政执法体系

综合执法机关的体系化和规范化是提升国家治理能力的先决条件。建议将原有的行政执法机关和有关行政单位内设的监督部门进行再整合，按大部制或板块设置综合执法监督机构，如教科文卫综合监督、市场综合监督、农业农村监督、财经综合监督、金融综合监督等等。在省级及以上进行对应，也分别设立分类事务的综合执法监管机关，对下级综合行政执法进行对应的监管。也可以借鉴全国人大专门委员会的办事机构设置，做到行政执法行为的全覆盖和针对性，机构更加精简灵活。在横向上避免出现交叉重合，纵向上集中对综合执法机关的行为进行对应监督管理，真正实现权责统一，有权力必有监管。将过去试点过程中的杂乱综合进行系统化地规整，形成科学完备的综合执法体系。

（二）及时进行法律法规的清理和编纂

法律法规是依法行政、有效监管的依据。一是要做好法律法规的清理工作，各级政府应该将本辖区内关于综合行政执法的相关文件进行汇总审查，对于互相矛盾和与上位法、上级部门相关规定违背的地方规章统一进行清理和整改，使得各个综合行政执法机构能依据统一有效规定开展执法工作。二是应该从宏观角度制定统一的综合行政执法条例或者基本法律，将综合行政执法的相关制度以法律的形式加以规定，规范综合行政执法机关的执法程序，进而保障对综合行政执法及其监管有法可依。

（三）实现执法队伍的专业化和综合执法机关的专门化

首先，实现人员的专业化和协调性。综合行政执法是贴近执法一线的技术性行政行为，因此应该挑选专业性强的人员，成立综合执法机构及其监管机关时可以从原本具有执法权和监管权的机关进行人员和设备的抽调，加强综合行政执法机关和原来具有执法权力机关的联系，既节约成本，也使得综合执法及其监管行为能够有序开展。其次，明确和巩固综合行政执法机关的行政地位，

与行政审批及管理部门划清界限，除了要求出具行政执法机关的权力清单之外，还要要求每一个执法行为和权力清单进行一一对应并公示，以此倒逼执法机关将执法权限具体化、明朗化，也能防止其他行政机关对行政执法行为横加干涉，使得权力清单不仅是当事人的有力武器，也成为执法机关防止其他机关干预执法的依据。

（四）强化对综合执法机关的监督

综合执法机关权力大，事务多，对群众的生活影响比一般机关更加直接，应该受到更加严格的监管。首先，在建立综合执法监管部门的同时，还应该专门派出监管人员到各个综合执法机构常驻，随机跟随执法人员外出执法（但是监管人员不得干预执法人员的执法工作），做到全程监督，及时将执法一线的情况如实反映到上级监管部门。其次，监管机构应该高频率、不定期进行监管执法调研考察，积极了解执法情况，给出相应的监管意见，以便执法机关进行整改，将执法中存在的问题报告给执法机关的主管政府部门进行处理。最后，应该建立执法评价系统，定期通过执法影像汇总，由监管部门专门进行效率、文明、合法性审查和评价。

（五）充分利用“互联网＋”技术，形成高效信息公开共享体系

执法信息是执法机关执法和裁量的依据之一，同时也是执法机关对群众进行现实法律普及的一种手段。一方面，应该建立内部信息公开系统，利用高速共享的互联网技术，将原本执法机关有权获取但是需要经过特定程序的信息储存在网络中，赋予有权机关相关资质权限，直接获取信息，免去实体交涉的烦琐程序，从而提高效率。另一方面，利用互联网实现执法过程的外部公开。将执法方法、执法过程、执法依据在网络公开，将不涉密、不涉及隐私的执法影像资料在互联网公开，通过互联网实现教育大众、加强群众社会监督的目的。

2018

关于建立统一的应急采购管理体系和采购管理制度的提案

新冠肺炎疫情暴发期，疫情防控应急采购主要表现出紧急与短缺特点，导致疫情防控采购颠覆了普通采购以市场竞争为基础配置资源的经济学机理，通常的采购方式和采购程序无法满足应急采购的相关要求。为支持打赢疫情防控攻坚战，财政部及时出台《财政部办公厅关于疫情防控采购便利化的通知》（财办库〔2020〕23号），为疫情防控采购开辟了“绿色通道”。目前，我国区域经济发展不平衡、不协调，东部地区和中西部地区发展差距较大，各地区优势产业不同，而在面对重大灾害进行紧急采购时，往往涉及多省市、自治区之间的资源调配，给应急采购管理带来一定难度。因此，应尽快建立与国家应急管理体制配套的应急采购管理体系和采购管理制度，大大提升我国应急采购能力，让应急采购有法可依，有章可循。具体建议如下：

一、建立全国统一的应急采购制度

目前我国《政府采购法》适用于社会正常有序运行情况下的采购行为，而不包含重大灾害紧急情况的采购。应该坚持运用法治思维和法治方式开展应急采购和疫情防控工作，在处置重大突发事件中推进法治政府建设，提高依法执政、依法行政水平，应急采购要做到有法可依，应完善相关法律依据和规章制度。

二、建立统一的应急采购电子化平台

为应对新型冠状病毒肺炎疫情，保障医疗物资供应，国家应及时建立重点医疗物资保障调度平台，对重要物资供应保障进行调控调度。在发挥政府作用同时，应注重市场化机制和信息化手段的使用，可以借助信息化技术在国家层面构建统一的应急采购电子化平台。结合可能的应急保障采购需求，建立应急采购品目库，以公开招标方式确定一批定点采购和协议供货入围供应商，定期更新，优胜劣汰，形成稳定可靠的应急供应商体系，既满足各级采购人日常所需，又能保证紧急状态下能够及时寻找到合适的供应商，满足紧急需要。

三、明确应急采购启动的条件

政府实施灾害时期紧急采购不能随意决定，而是应由中央、地方政府对灾情进行综合评估，依据相关制度规定宣告是否启动紧急状态采购。根据我国《突发事件应对法》，按照社会危害程度、影响范围等因素，将自然灾害、事故灾难、公共卫生事件分为特别重大、重大、较大和一般等四级。政府采购制度层面可以结合风险级别和紧迫程度，确定相应应急采购级别，不同的级别可适用不同的采购方式和流程，简化审批程序，缩短招标期限，兼顾采购效率和竞争性，当出现相应的风险事件时即可触发紧急采购机制，授权相关采购人实施相应等级的紧急采购，减少决策时滞，为应急处理赢得时间，同时避免出现过度使用紧急采购的行为。

四、明确责任主体的权利与责任

国家层面责任主体负责全国应急采购统筹协调与管理；各级地方政府责任主体负责当地应急采购综合协调与管理；地方各级应急采购或征用部门负责当地应急采购或征用的具体事务；地方各级应急物流部门负责当地应急采购物资供应链管理；地方各级应急调配与分发部门负责统筹协调应急采购需求与具体分配管理；各级政府应急采购资金的筹集与分配部门负责各类应急采购资金的筹集、统计、资金分配与拨付管理；各级政府应急采购中的安全保障部门负责应急采购中的运输安全、传播谣言等违规违法安全保障管理；各级政府应急采购监督部门负责应急市场监督、相关部门或人员监督管理。

五、建立容错机制

为控制疫情而出现的一些失误应区别对待。把干部在推进改革中因缺乏经验、先行先试出现的失误和错误，同明知故犯的违纪违法行为区分开来；把上级尚无明确限制的探索性试验中的失误和错误，同上级明令禁止后依然我行我素的违纪违法行为区分开来；把为推动发展的无意过失，同为谋取私利的违纪违法行为区分开来。

2020

关于克服政府购买服务泛化倾向的提案

推广政府购买服务是党中央、国务院确定的一项重要改革任务，对于加快转变政府职能、创新公共服务提供方式、更好发挥市场在资源配置中的决定性作用具有重要意义。早在2012年，民政部、财政部就发布《关于政府购买社会工作服务的指导意见》（民发〔2012〕196号）。党的十八届三中全会召开之后，国务院和有关部委相继出台了一系列政府购买服务的政策及指导意见，提高了公共服务质量和效率，政府购买服务改革工作取得了阶段性进展和成效。伴随着政府职能深入改革，政府购买服务在实际执行中仍存在一些问题，突出的是存在泛化倾向。

一、政府购买服务泛化的表现

政府购买服务的内容为属于政府职责范围、适合采取市场化方式提供的服务事项，包括直接受益对象为社会公众的公共服务、直接受益对象为政府自身的履职所需辅助性服务。针对政府购买服务行为中出现的以政府购买服务名义违法违规举债融资加剧财政金融风险的泛化问题，财政部曾印发《关于坚决制止地方以政府购买服务名义违法违规融资的通知》（财预〔2017〕87号）予以规范，提出适时完善分级分部门政府购买服务指导性目录实行正面清单，同时明确负面清单作了禁止性规定，坚持问题导向，依法依规对政府购买服务行为作出规范。但还存在着：

一是购买劳务用工的泛化。作为直接受益对象为政府自身的履职所需辅助性服务的用工，许多地方广泛存在着将人员聘用、劳务派遣列入政府购买服务，甚至越来越严重，加剧人事管理风险。政府各级行政机关作为政府购买服务主体，聘用人员或通过劳务派遣增加服务人员本无可厚非，但不能通过政府购买服务途径规避人事或机构编制管理。据统计，某县截至2019年9月，财政供养总人数4964人（含公务员、参公管理人员、事业编制人员、工勤编制人员），而同期县各级购买服务人员共1741人，占该县财政供养总人数的35%，近五年来购买服务聘用人员数量逐年上升，增长近3.5倍。

二是购买服务事项的泛化。有些地方购买服务事项种类繁多，某县2019年有购买服务“项目类”单位共16个，涉及的预算项目种类共25种，有购买服务单位共51个，涉及的预算项目有101种。事项繁多体现在政府有些部门不作为，将必须由政府履职事项通过政府购买服务委托某机构办理，扩大了政府购买服务的范围。

三是购买服务主体的泛化。新修订的《政府购买服务管理办法》规定的购买主体为各级行政机关。党的机关、人大机关、政协机关、监察机关、审判机关、检察机关、民主党派机关、承担行政职能的事业单位、纳入行政编制管理的群团组织机关，参照有关规定执行。同时明确，按事业单位分类改革的政策规定划为公益二类的事业单位或从事生产经营活动的事业单位，可以作为承接政府购买服务的主体。但现实中许多地方将公益二类事业单位、未进行事业单位改革的单位等不符合政府购买服务主体资格的单位作为了政府购买服务的主体。

二、泛化的成因及其危害

一是既养人又养事，导致懒政怠政。政府购买服务管理办法规定了不得作为政府购买服务的内容并列入指导性目录的事项，其中包括应当由政府直接履职的行政管理性事项；购买主体的人员聘用，属于《劳务派遣暂行规定》规范的以劳务派遣方式用工，以及设置公益性岗位等事项；由政府提供的效率效益明显高于通过市场提供的服务事项等。而有的单位通过购买服务的方式，将本职责范围的履职事项通过政府购买服务外包由社会力量代其履职，有些单位将本应自己办理的事情而花钱聘请人员，有些还存在着不花钱而采取向下级或权力范围内的业务单位借调人员。这些单位本身就有财政预算拨款经费，但却因为有些工作人员不作为、不想为或因能力不足而不能为，出工不出力，导致财政拨款养人办事，又花钱购买服务，助长懒政怠政行为。

二是服务支出费用高，财政负担重。某县 2019 年全县政府购买服务“项目类”总预算金额 2053 万元，购买服务“人员工资类”总预算金额却达 5192 万元。据统计，2015 年至 2019 年 8 月，该县政府购买服务支出近 2 亿元，占地方财政一般公共预算支出的 1.51%，近五年的政府购买服务比重整体上有逐年上升趋势，政府购买服务给财政带来的负担越来越重。

三是购买服务随意性大，规避编制人事管理。机关单位改革之后编制职数是科学设置的，足以满足日常事务处理的需要。但有些单位通过购买服务聘请工作人员数量超出县政府批准范围。如某县政府 2019 年审批同意拨付 30 万元给下面某镇政府用于支付 55 名乡村保洁员的工资，而该镇又从工作经费中使用 10 万元额外聘请 24 名保洁员。有的单位未经县委县政府批准，通过购买服务聘请工作人员，使用综合工作、综治管理工作等经费聘用临聘人员。有的单位通过列表发放或开支劳务费发票的方式购买服务。这种打着政府购买服务旗号的不正常行为，影响了机关事业单位改革的进程。

四是管理不规范，影响机关改革发展。政府购买服务的内容泛化、主体客体的泛化，因为缺乏有针对性的配套措施，容易形成管理上的空白，可能会带来一些负面影响。如外聘人员过多，看到本职员工的懒政不作为而感到不平衡，导致人浮于事，又缺乏考核机制；有的聘用人员廉政意识不强，容易利用行政部门委托其行使的职责向服务管理对象收取好处费，如某辅警屡次违规放行超载拉砂车辆并收受好处费。这些代为行使执法权的人员一旦没有管理好，极易出现基层“微腐败”问题，损害老百姓切身利益。

三、建议

（一）加强监督管理，保证政策层层落实到部门到基层

政府职能改革的方向是正确的，改革进展是顺利的，但越是到了基层，越是感觉人手不够，有的人员被同级权力部门或上级业务部门抽调借走。建议建立健全政府购买服务监督管理机制，一方面对政府购买服务的全过程监管，一方面对监督过程暴露出来的类似于借调现象等问题进行跟踪监督检查。形成人大对财政预算的监督，财政对政府购买服务主体的监督，购买主体对承接主体的监督，结合审计监督、第三方监督、社会监督和舆论监督等形成综合监督体

系与机制。

（二）地方人大对政府购买服务行为监督全覆盖

政府和社会资本合作（PPP）模式是政府购买服务的最好表现，PPP 模式既有不突破 10% 的一般公共预算支出的限制，又有地方人大对实施方案议案的批复，以及地方人大对 PPP 政府支出责任的中长期预算安排的批复，有着严格的操作流程和多层监管。建议地方人大借鉴 PPP 管理模式，每年在批复政府预算时，将政府购买服务费作为单项批复列入清单，听取上年政府购买服务费支出情况及下年度预算安排计划的汇报。

（三）地方财政预算管理部门从源头上严格把关

地方财政部门在布置年度预算编制工作时，应对政府购买服务支出提出明细清单，对管理工作提出精细化要求，按先有预算后购买服务的原则，防止有些单位以政府购买服务为名规避审批流程和财政预算支出限制，克服政府购买服务随意性较大，防止增加政府隐性负债，使地方政府面临财务风险。

（四）加强对购买服务岗位聘用人员的考核

现实中考核往往流于形式，甚至有的地方或岗位就没有考核，不利于政府购买服务人员的管理。建议实施绩效管理，制定绩效指标设计、执行监控、绩效评价、结果运用等便于落实的细则，做实聘用人员考核工作，提高聘用人员队伍素质和服务质量。同时应加强对政府部门人员的工作考核，克服机关人员自己不办由外聘人员来干的懒政行为。

（五）设立政府购买服务岗位编制管理办公室

建议各级政府成立政府购买服务岗位编制管理办公室，借鉴政府对公务员及事业单位人员采用编制管理的办法，也可以和各级编办合署办公。

2020

关于湖北率先开展营商环境民主监督工作的建议

优化营商环境是党中央、国务院在新形势下作出的重大决策部署，是促进高质量发展的重要举措。习近平总书记强调，要营造稳定公平透明、可预期的营商环境，加强建设开放型经济新体制，推动我国经济持续健康发展，要以优化营商环境为基础，全面深化改革。李克强总理也多次作出指示，要加快补齐“软环境”建设这块短板，努力打造国际一流营商环境。国家“十四五”规划明确提出“持续优化市场化法治化国际化营商环境”。国务院及有关部委、各省省委省政府及有关厅局出台了一系列营商环境的改革创新措施，以优化制度供给持续推进营商环境革命。

湖北省委省政府将优化营商环境工作列为“一号工程”高位推进，但与京沪等营商环境一流地区相比，与企业、群众的期盼相比，我省营商环境在健全法治保障、深化放管服改革、提升政务水平、打造“数字政府”、加强社会信用体系建设、人才队伍建设、完善考核评价体系和持续开展营商环境监督等方面还存在一定差距，影响了市场主体的活力、创造力及经济社会发展动力。

为持续优化营商环境，增强市场主体活力，回答习近平总书记提出的营造国际一流营商环境这一时代命题，不断解放和发展社会生产力，充分发挥我国新型政党制度赋予民主党派和无党派民主监督职能作用，发挥其特色优势，充分利用专项民主监督的政治监督属性，寓监督于优化之中，寓优化于监督之中，促进各级党委、政府以及有关部门改进工作、提高效率，建议：我省率先开展营商环境民主监督工作试点，为优化营商环境提供创新思路，为加快建成支点走在前列谱写新篇提供坚强政治保证，为全国开展营商环境监督工作创造经验和智慧。

开展营商环境民主监督工作，建议由省委统一领导，成立由省委主要领导同志挂帅的领导小组，省委统战部与省发展改革委、市场监督管理局共同牵头具体组织开展工作。领导小组下设监督调研组、专家顾问组、工作小组。领导小组负责对全省营商环境民主监督工作进行组织领导和总体部署。监督调研组负责汇集各党派骨干力量，对口 17 个市州，组建 8 个监督调研组，负责执行年度工作计划；结合地方实际情况，在对口市州针对营商环境开展考察调研、政策宣讲、经常性监督，在工作中发现问题、研究对策、提出建议，通过调研报告将工作情况和监督成果及时反馈工作小组；与对口市州党委政府建立日常联系、信息通报、意见反馈等工作机制，协调优势资源，助力对口地区做好营商环境工作。专家顾问组负责为民主监督工作提供智力支持，根据工作需要参加相关调研，提出专业意见建议，对监督工作报告进行审议。工作小组负责与政府相关部门、金融机构、税务部门以及地市州县保持工作联系，建立信息通报、沟通协调、意见反馈等工作机制，组织起草年度工作计划，协调和参与各监督调研组根据年度工作计划开展的调研准备工作，收集汇总各监督调研组调研成果及各方意见建议，起草半年度监督报告、年度监督报告、重点问题和重要意见建议专报专送，完成领导小组安排的其他工作。

2021

关于加快制定出台《户籍法》等户政管理法律法规的建议

1958 年 1 月 9 日起施行的《户口登记条例》，形成于计划经济时期，其立法理念、管理制度、措施已不能很好地适应当前市场经济发展的要求，条文不细，内容不全，存在断层，无法有效地实施户籍管理。为此建议：

加快制定出台《户籍法》《姓名登记条例》《户政管理处罚条例》等法律法规，规范户籍管理的基本框架和功能，对户口登记的法律地位、管理范围、民事行为、权利义务等进行界定，在管理系统上形成全国统一的基本条件和标准，为符合条件的公民在国内平等迁移创造条件。

2019

关于加强借调工作规范治理的建议

作为干部人事制度改革主要方式，挂职锻炼在优化干部队伍结构、提升干部综合素质以及服务于特定区域或重大工程等方面发挥着重要作用。对比有组织有计划按程序进行的挂职锻炼交流，许多行政事业单位采取了变通的“借调”方式。据调研，借调方式历年已久，负面影响较大，虽经过近年来巡视整改后有所改变，但这一现象仍然普遍存在，值得进一步关注与规范。

一、借调存在的问题

借调作为一种特殊的机关工作人员流动方式，固然能在一定程度上起到让被借调人员开阔视野、锻炼能力、提高素质，促进上下级单位的交流沟通，解决借调单位人手不足或专业性人才缺乏问题等作用，但现实中仍然存在着借调过于频繁、随意性大，时间越来越长，形式多种多样，变相违规借调等现象。

（一）层层借调，形成系统内“借调链”

借调主要是行政机关在本系统内上级单位向下级单位借调，机关向事业单位借调。由于编制紧缺或人员外借等原因，大多数单位感到工作量大，人员调配不足，尤其是基层单位。从中央到地方，从地方到基层，层层借调，形成系统内“借调链”，借调时间从几个月到几年不等，导致最基层单位的工作人员数量难以支撑实际工作需求，基层“失血”严重，无法开展工作，有苦难言。

（二）缺乏统一规范的管理办法

近年来，在巡视整改和主题教育整改工作中，许多地方就借调问题整改进行“专项清理”，并发了“红头文件”，要求整改借调手续不到位、频繁借调、借调时间过长、教育管理保障缺失、借调人数过多等问题。通知、行动、督察都有，但有些单位变通处理，如整改后让借调需要组织部门审批，组织部门考虑某些部门干部被借走导致人手明显不够的实际而“放行”，实质上变成一种形式；如整改后借调单位自行规定借调时间不能超过 3 个月，实质可以从不同地方的下级单位借人，让短期借调变成长期；如把借调工作变换为抽调跟班学习的说法，等等。借调现象依然大量存在，究其根本原因是没有关于借调管理的统一规范性文件。

（三）加大了被借调单位的负担

上级借调下级职员，除了因重大项目、重大工程、重大任务和专项行动需要借调之外，被借调单位非常困惑纠结：在收到上级单位“通知”时，一是因上级的特权而主动积极配合，“朝中有人好办事”，上级的信息更丰富，资源可优先利用，甚至对有项目、有资金的上级部门，无需上级主动开口要人，而是下级单位争着抢着主动“送人”。积极主动的原因还在于可让本单位职工的工作能力得到锻炼，个人素质得以提高。二是下级机关单位因编制有限不想借但又不得不配合，“一个萝卜一个坑”，人员被借调，工作无法开展，还要负担工资福利待遇。特别是被调的一般是年富力强、德才兼优的骨干，压力很大。下级单位不想或不能抗拒时，只能依此向再下级单位借调，到了最基层单位没有可借之人时，只能通过聘用人员维持正常运转，或采取政府购买服务方式，以钱养事，增加了被借单位的财政负担，或挤占了正常办公经费。

（四）影响了借调单位的工作作风

从源头借调单位来看，精简编制后人员是固定的，某些岗位人员因年龄、身体原因，有些是因庸懒散思想作祟，从下级借调人员担任辅助性虚职或不具体安排岗位，包揽单位急事、杂事、难事、辛苦事，个别在编人员无所事事，造成单位人浮于事，滋生基层“失血”、上级“懒政”。借调干部“自带干粮替人打工”，借调白干活，工作满负荷，工资、福利、编制都在原单位，借调单位当作“免费午餐”，造成下级机关分摊人力成本的不正之风。归其原因是上级借调机关“官本位”思想与官僚主义作风，权力的“任性”导致政府部门职能转变不到位。

（五）不利于干部队伍建设

借调人员长期在外单位工作，岗位分工不明确，压力大，难以形成事业的归属感。同时，借调干部对原单位的工作和同事会越来越生疏，原单位的年度考核、评优评先、晋升职级、享受福利待遇等受到影响，甚至还存在因借调工作属于要求整改的问题，借出单位对此不宜公开，让借调干部“离岗不脱编”被误解为“吃空饷”，对自己造成负面影响。这种现象不利于人力资源的管理和开发，妨碍了人事制度改革。

二、加强借调管理与监督的建议

（一）深入推进干部人事制度改革

科学设计机构职能、岗位职责，根据机关单位的“职能清单”、干部年龄结构、工作强度和岗位要求等，优化编制和职能划分，强化岗位责任、细化部门职责，科学确定编制数量，以事设岗，以岗定人，根据机构编制管理科学化、规范化和法制化要求，进行人员编制的层次结构、种类结构、职能结构的适度调整，建立政府部门编制的动态管理机制。同时，加快机构改革、简政放权的步伐，大力培育与发展社会组织，科学合理地向社会组织转移部分职能，通过完善政府向社会组织购买公共服务的方式解决。

（二）严格制定和完善干部借调的制度法规

确定借调的例外原则，明确需要完成某项紧急任务或重大专项活动临时性、突发性工作可以按制度合理借调，制定借调或抽调事项清单，制定人员保障方案，其他按定编定岗相关规定不能借调。在允许借调范围内的，对人员选定、角色定位、岗位职责、工作指导、跟踪监管、工作考核等作出科学明晰规定，让制度规定允许借调的工作在阳光下透明，遏制借调乱象。

（三）加强借调工作监督管理

治理借调乱象，重点抓好源头治理，上级单位应带头抓，各级政府应出台具有刚性约束力的措施，对于非必要情况而长期占用基层借调人员的，应予以清查，防止违规借调问题反弹回潮。建立问责机制，切实加强对借调工作的管理，对因工作不负责随意滥借，造成工作人员人浮于事，或因疏忽管理造成不良影响和后果的，纳入主要领导经济责任审计范围。

2019

深化自贸区综合改革促进湖北开放型经济高质量发展

开放，是五大发展理念之一。2014 年，湖北省委省政府提出努力构建全方位对外开放新格局的目标，2016 年湖北省自由贸易试验区获批，为湖北开放型经济高质量发展增强了改革活力。湖北省自贸区的获批既是湖北机遇，也面临着挑战。湖北应该借助现有的科技人才优势、区位和交通优势、“一主两副”龙头带动优势、成长性良好的主产业优势，以及已建立起来的制度创新优势，加快克服出口贸易有待优化、外商投资规模偏小、对外合作有待拓宽与深入、创新能力有待提高等短板，分析导致这些短板的深层次原因，优化湖北开放型经济发展路径，进一步深化自贸区综合改革。具体建议：

一、以提高市场效率为目标，加快政府职能转变

加快行政审批制度改革，推进政府管理注重事中事后监管；创新行政监管模式；完善信息网络平台，构建长江中游城市群政务服务信息互通互认网络体系，提高行政透明度，实现部门协同管理，提高行政管理效能。依法规定自贸试验区经济管理权限。自贸区内工作部门依法公开管理权限和流程，建立各部门权责清单制度，建立健全行政审批管理目录制度。

二、创新投资管理体制，扩大投资领域对外开放的力度

推进投资便利化，探索对外商投资试行准入前国民待遇和负面清单管理模式，优化商事登记流程，提高境外投资便利化程度。对负面清单之外的领域，将外商投资项目由核准制改为备案制，备案后按国家有关规定办理相关手续；完善国家安全审查制度，在试验区内试点开展涉及外资的国家安全审查，构建安全高效的开放型经济体系。

三、加快贸易转型升级，推进贸易便利化

积极培育贸易新型业态和功能，形成以技术、品牌、质量、服务为核心的

外贸竞争新优势。鼓励跨国公司建立总部与营运中心。深化国际贸易结算中心试点，拓展服务贸易跨境收付和融资功能。支持试验区内企业发展离岸业务。鼓励企业统筹开展国际国内贸易。设立国际大宗商品交易中心。加快培育跨境电子商务服务功能，试点建立与之相适应的支撑系统。加快建立大通关电子口岸信息平台，推进电子口岸互联互通和资源共享。完善口岸综合服务体系和口岸联络协调机制，推动口岸管理相关部门信息互换、监管互认、执法互助和“单一窗口”建设。推动沿江通关协作，实现区域通关一体化。

四、以科技金融创新为主线，深化金融领域开放创新

以科技金融创新为主线，加快形成多元化、多层次、多渠道的科技投融资体系。探索面向国际的外汇管理改革试点，建立与自贸区相适应的外汇管理体制，实现跨境融资自由化。鼓励金融市场产品创新。支持股权托管交易机构在试验区内建立综合金融服务平台。积极推动金融服务一体化，提升长江中游城市群金融合作水平与科技金融协同发展度，共同打造内陆开放合作示范区。

五、加快国际物流枢纽建设，构筑对外开放平台和通道

以阳逻港、武汉空港、全国高铁分拨中心为重点，增开国际客货运航班，发展江海联运，以及铁水、铁海、铁铁等多式联运，打造外向型经济物流大通道。打通长江中游城市群对外经济的走廊，并打造综合保税区、临空临港经济区、产业政策先导区等各具特色开放平台。

六、建立城市群合作联动机制，探索开放合作新模式

完善长江经济带数据信息共享机制促进区域合作发展，优化数据信息资源管理体制，加强长江经济带信息化基础设施一体化建设，通过信息资源增值服务形成信息资源共享利益补偿机制，建立长江经济带信息收集和数据管理平台；建立长江三大城市群合作联动机制，加快实现其交通一体化；加快产业互补，通过与东部沿海地区及西部沿边地区的对接，构建起对东西部地区及海外市场开放的桥梁。促进区域政策的协调统筹，在招商引资、争取中央开放政策及贯彻执行过程中做到步调一致。加快三大群要素市场、产业布局、创新体系等一体化发展进程，努力拓展长江中游城市群对内对外开放新空间。

七、以生产性服务业为突破口，推进服务业开放及改革

大力发展现代物流、金融保险、网络通信、工业设计和品牌营销等生产性

服务业，鼓励企业加大研发力度，完善有利于知识产权保护和技术创新的制度软环境建设。依托湖北的人力资源基础及武汉服务外包示范城市的政策优势，借鉴国外服务外包先进经验，扶植龙头企业，加大对服务外包产业的投融资支持力度。

八、践行生态优先绿色发展理念，实行对外开放的高质量发展

创新生态环境监管体制机制，建立全省“生态云”大数据平台，健全生态环境监测网络和预警机制，积极推广产业正面清单、负面清单制度，建立健全以改善环境质量为核心的环境保护管理制度，实施生态环境公益诉讼，健全跨区域环境联合执法协作机制；完善促进绿色产业发展的制度体系，以绿色科技创新引领绿色产业发展，倡导简约适度、绿色低碳的生活方式；实施生态保护绿色发展的绩效考核和责任追究制度，突出生态保护、绿色发展指标的导向作用；完善环境治理和绿色发展的市场体系，加快培育环境治理和生态保护市场主体，建立自然资源资产有偿使用制度，健全绿色金融服务体系，探索创新绿色金融推动绿色经济发展的有效机制。

2018

关于发挥财政职能作用推进长江经济带发展战略实施的提案

推动长江经济带发展是以习近平同志为核心的党中央作出的重大决策。2018年4月26日，习近平总书记在武汉召开的第二次长江经济带发展座谈会上明确指出，推动长江经济带发展是关系国家发展全局的重大战略；2018年11月，中共中央、国务院明确要求充分发挥长江经济带横跨东中西三大板块的区位优势，以共抓大保护、不搞大开发为导向，以生态优先、绿色发展为引领，依托长江黄金水道，推动长江上中下游地区协调发展和沿江地区高质量发展。长江经济带发展战略实施离不开财政的支持。通过调研发现，现有财政在支持长江经济带发展战略实施方面，其拥有的资源配置、通过转移支付与税收等实现收入分配、促进经济稳定和发展等职能没有得到充分发挥。因此，深入开展长江经济带财政体制改革，充分发挥财政的职能和作用，对加快推进长江经济带发展战略实施具有十分重要的现实意义。

一、财政支持长江经济带发展战略实施的必要性

在我国经济进入新常态时期，为了适应社会主义市场经济发展及现代国家治理的需要，财政坚持问题导向与目标导向相结合，其职能逐渐覆盖国家治理活动的全过程和各领域，财政成为国家治理的牢固基础和坚实支柱，也是推进事关国家发展全局重大战略实施的有效工具。具体到长江经济带发展战略，如何推进长江经济带生态优先、绿色发展，如何加快长江经济带综合立体交通走廊建设，如何促进长江经济带区域协调发展等都离不开财政的支持。然而，在长江经济带领域，财政适应和匹配长江经济带战略实施的能力有待进一步提高，如长江全流域污染防治的稳定投入机制、财政支持长江经济带综合立体交通走廊的体制机制有待进一步完善，长江经济带各省市财政事权与支出责任划

分有待进一步改革，财政如何与发改委等部门协同，研究区域协同发展规划，做好政策引导、服务还需要进一步加强，财政引导社会资源积极参与长江经济带发展战略实施作用有待进一步增强。因此，加快推进长江经济带发展战略的实施必须加快长江经济带领域财政体制改革，充分发挥财政职能，加大对长江经济带发展战略实施的支持力度。

二、加快财政支持长江经济带发展战略实施的意义

（一）有利于促进长江经济带区域平衡发展

习近平总书记提出要“实施区域协调发展战略”。从长江经济带实际情况看，存在严重的上中下游区域发展不平衡问题，解决这一问题，通过市场机制是难以解决的，必须依靠财政支持。

（二）有利于促进长江经济带产业结构调整、优化

通过对长江经济带沿岸产业的调研了解到，长江经济带由于缺乏财政的有力引导，沿线积累了大量的传统落后产能，转型动能疲软，沿袭传统发展模式和路径的惯性巨大，对长江经济带生态环境破坏性大，影响长江经济带绿色发展。针对这一问题，习总书记指出：“推动长江经济带高质量发展要以壮士断腕、刮骨疗伤的决心，积极稳妥腾退化解旧动能，破除无效供给，彻底摒弃以投资和要素投入为主导的老路，为新动能发展创造条件、留出空间，进而致力于培育发展先进产能，增加有效供给，加快形成新的产业集群，孕育更多吃得少、产蛋多、飞得远的好‘鸟’，实现腾笼换鸟、凤凰涅槃。”为此，必须加大长江经济带领域财政体制机制改革力度，加快财政支持长江经济带发展战略实施的步伐。

（三）有利于促进长江经济带生态保护、绿色发展

加大财政对长江经济带战略实施的支持，在长江经济带生态保护、绿色发展方面，有利于通过统筹整合资金，实现生态环境协同保护，有利于通过税制改革，建立稳定的全流域污染防治投入机制，有利于通过财政引导社会资源积极参与长江经济带生态环境保护建设，有利于加大长江禁捕和渔民安置等工作。

（四）有利于促进长江经济带综合立体交通走廊建设

长江经济带综合立体交通走廊建设属于基础设施建设项目，必须由政府统

筹，财政支持。加大财政对长江经济带综合立体交通走廊建设，有利于促进长江航道整治和建设，有利于优化长江沿岸港口功能，有利于尽快实现长江经济带江海铁水联运，通过促进长江经济带综合立体交通走廊建设也有利于促进长江经济带区域协同发展。

三、加快财政支持长江经济带发展战略实施的具体建议

（一）开展财政支持长江经济带发展战略实施现状调研

建议由财政部牵头，综合水利部、交通部、生态环境部、发改委、市场监管总局、国家税务总局、自然资源部、农业农村部、文化和旅游部、工业和信息化部、长江经济带 11 省市政府等各部门、各地方的力量，围绕长江经济带生态保护、绿色发展，长江经济带综合立体交通走廊建设、区域协调发展等重大问题开展实地调研，了解各地区财政支持长江经济带发展战略实施情况。

（二）深入推进长江经济带领域财政预算管理制度改革

深入推进长江经济带领域财政预算管理制度改革是财政支持长江经济带发展战略顺利实施的突破口。建议长江经济带各职能部门根据国家战略，由中央统筹，对支出项目做出规划。打破传统预算编制以一年为期限的局限，强化中长期预算管理，为政府全面掌握长江经济带财政未来的走势提供依据；以促进长江经济带协调发展为目标，全面实施财政支持长江经济带发展绩效管理，优化长江经济带财政资源配置。完善财政绩效指标体系，建立健全重点民生政策和重大专项财政支出绩效评价机制。推进财政绩效信息公开，选择社会关注度高、与民生领域密切相关的重大项目财政支出进行公开。加强财政绩效评价结果应用，研究建立健全财政绩效问责机制。扎实推进预算公开。逐步规范公开方式、内容、口径，解决长江经济带各地区、各部门预算公开口径不统一、内容不一致、不利社会监督的问题。进一步扩大公开范围，细化公开内容；建立完善预决算公开考核和责任追究制度，强化主要负责人主体责任，认真做好本级政府、本部门预决算公开工作，依法依规公开本级政府和本部门预决算；尽快出台 2015 年 1 月 1 日已实施的新《预算法》的《实施条例》，强化预算即法的理念，增强新《预算法》的实施效果。

（三）建立健全长江经济带财政事权与支出责任匹配制度

以财政事权和支出责任为核心，进一步完善中央政府与长江经济带各省市政府间的财政关系，形成激励相容的分工机制，是提升财政支持长江经济带发展战略实施效率的重点。建议进一步推进长江经济带基本公共服务领域政府间财政事权和支出责任的清单制划分。改革完善中央政府与长江经济带各省市政府间财政转移支付制度。建立长江经济带专项转移支付的评估、清理和退出机制。改革长江经济带专项转移支付管理模式，在保障资金规模不变的情况下，归并整合部门转移支付项目，引入整块拨款管理模式。对转移支付进行全过程监督和管理，将检查结果作为绩效因子和财务管理因子列入分配因素，推进转移支付的公开。

（四）创新长江经济带减税降费政策

深化长江经济带税制改革，为企业发展营造更加良好的环境，促进长江经济带产业结构优化升级。深化长江经济带增值税改革，确保减税降费落实到位。尽快将长江经济带制造业等行业现行 16% 的税率降至 13%，将交通运输业、建筑业等行业现行 10% 的税率降至 9%。提高长江经济带领域企业开发新技术、新产品、新工艺发生的研究开发费用在计算应纳企业所得税所得额时加计扣除的比例；对技术开发等领域免征增值税；对一些高端服务业可以设定 5—7 年免征企业所得税。明确规定长江经济带中小企业在税收抵扣、延缓纳税等方面的优惠待遇；明显降低企业特别是小微企业社保缴费负担。继续同步开展资源税与环境税改革，强化对长江经济带二氧化硫、氮氧化物、二氧化碳、工业三废等主要污染物的环境税征收力度，促进低碳经济与循环经济的发展。加大长江经济带领域消费税改革力度，将长江经济带高能耗、高污染产品纳入消费税的征收范围，提高长江经济带高污染化工产品、汞镉电池、非降解塑料袋、高档奢侈品、动物皮草制品、香烟、高档白酒、珠宝首饰等产品的税率，以促使人们对这些产品减少使用，更好地保护环境，从而有利于长江经济带高质量发展。

2019

关于成立长江经济带发展银行的提案

推动长江经济带发展是关系国家发展全局的重大战略。长江经济带发展离不开金融支持。据调研，现有金融体系服务长江经济带发展存在缺陷。设立政策性银行——长江经济带发展银行，显得十分必要。

一、设立长江经济带发展银行的必要性

政策性银行是政府实施产业政策、应对体制缺陷，弥补市场失灵的有效手段。具体到长江经济带战略，围绕“修复长江生态环境”“探索出一条生态优先、绿色发展的新路子”，市场资金受限于缺乏引导、期限错配、风险难以量化分析等原因，难以大规模聚集投入，金融体系服务长江经济带建设，存在结构不合理、体系不完善、金融供给不足等问题，需要区域性政策银行引导和带动。

二、设立长江经济带发展银行的作用

（一）区域平衡发展的需要

十九大报告提出要实施区域协调发展战略。从银行业总部经济情况看，存在严重的区域不平衡问题，1 家开发性金融机构、2 家政策性银行、6 家国有大型商业银行和 12 家全国性股份行总部全部位于东部沿海发达地区，中西部地区尚未获批 1 家全国性银行。全国性商业银行总行的集权程度相对较高，省市分支机构对信贷资源的调配权相对较弱，中西部地区地方经济发展的支持力度受到商业银行总行的较大制约。

（二）促进长江经济带产业结构合理化

通过调研，长江经济带沿线完善综合立体交通体系、建立产业转型升级支

撑带、企业搬迁、环保改造的资金压力很大。由于回报期长、风险难以锁定等原因，商业金融机构支持不足，部分项目因资金原因迟迟难以启动。设立长江经济带发展银行，可以有效弥补市场机制的缺失，帮助那些通过自身努力，难以获得商业性金融机构信贷支持的产业升级项目，使其能够正常发展。

（三）改善投资环境，引导市场资金的合理投向

设立长江经济带发展银行，利用政策性金融的政策性手段，优化落后区域投资环境，加强长江经济带区域合作，进而吸引商业性资金的流入。同时，通过长江经济带发展银行的资金导向和资源配置功能，支持对不同产业、行业、企业的并购重组，吸引民间投资的投入聚集，引导市场资金优先配置在长江经济带“生态发展、绿色发展”领域。

（四）弥补现有政策性银行的不足

我国现有 3 家开发性和政策性银行虽然成立 20 多年，在各自领域内发挥了不可替代的作用，但在服务长江经济带发展领域中，由于制度、环境等各方面因素限制，难以满足需要。除了农业发展银行已经形成总行到省、市、县分支行完整机构设置外，其余两家银行的部分业务，仍然需要商业银行代理。目前，农业发展银行、进出口银行业务范围受限，国家开发银行分支机构有限，难以做到聚焦服务长江经济带建设。因此，按照经济区域和发展目标设立新的政策性金融机构，可以节约资源、提升效率，更好满足长江经济带发展的需求。

三、设立长江经济带发展银行的具体构想

（一）前期规划

建议由推动长江经济带发展领导小组牵头，综合国务院金融稳定发展委员会、央行、发改委、财政部、生态环境部、银保监会、证监会，长江经济带 11 省市政府等各方面力量，尽快开展必要性、可行性调研。

（二）监管和制度保障

建议央行、银保监会尽早开展定位研究，借鉴国外区域性政策金融机构经验，针对不同政策性金融机构，制定相应法律法规，明确监管分工和监管定位，明确长江经济带发展银行业务范围、经营目标和退出机制，强化政策性金

融机构资本约束、内控规范，完善公司治理，避免道德风险。

（三）资金来源

建议充分发挥中央和地方两个积极性，设立初期由财政部、中央汇金投资有限责任公司控股，长江经济带11省市按照财政实力参股投入。未来资金需求以债券、资产证券化等方式社会化筹集。在适当时点，对于具备商业化运作条件的项目和子领域，可成立专业化资产管理公司，探索IPO融资等多渠道方式，满足长期资金需求。

（四）机构设置

建议将长江经济带发展银行总部设置在武汉。一方面，更好辐射满足长江全流域省市融资需求；另一方面，形成示范效应，适当向长江经济带中西部省市倾斜资源。为更好深入一线，满足长江经济带沿线省市发展需求，建议长江经济带发展银行采取总行—省分行—区域地市支行机构设置，适当向一线分支机构放权，与国家开发银行业务形成错位发展。

2019

关于建立长江经济带生态保护评价与数据信息共享平台的建议

推动长江经济带发展是以习近平同志为核心的党中央作出的重大决策，是关系国家发展全局的重大战略，对实现“两个一百年”奋斗目标、实现中华民族伟大复兴的中国梦具有重要意义。党的十九大报告中也明确指出：“以共抓大保护、不搞大开发为导向推动长江经济带发展。”习近平总书记分别于2016年1月和今年4月在长江上游城市重庆和中游城市武汉主持召开两次长江经济带发展座谈会，围绕新形势下推动长江经济带发展作出一系列重大战略部署，要求抓住长江生态环境保护修复这一重点任务，坚决打好长江保护修复攻坚战；要求加强统筹协调督查问责，确保党中央决策和推动长江经济带发展各项任务能落地、可操作、见实效。为落实长江经济带发展座谈会重要精神，长江经济带各省市结合其实际情况开展了长江大保护行动，如湖北省出台了《湖北长江大保护九大行动方案》，江西省出台了《江西省长江经济带“共抓大保护”攻坚行动方案》等，这些行动方案围绕长江大保护重点提出了行动目标和系列举措，但不便考核测评其保护的结果。为科学测度长江经济带各省市长江大保护行动绩效，准确评价长江大保护效果，指导长江经济带沿线各省市长江大保护行动，有必要以指数为反映指标建立长江经济带生态保护评价体系。

一、国内外评价现状

自20世纪90年代以来，全球经济发展和环境形势发生深刻变化，全球气候变暖、区域环境污染严重、战略性资源和能源供需矛盾不断加剧，由此引发国内外学者对绿色发展的普遍关注，时至今日，已形成部分有代表性评价指数。

（一）国际上有代表性的评价体系

1. OECD 绿色增长监测指标体系（2011）。由 OECD 为其成员拟定集经济、环境、社会、技术和发展于一体的综合框架。该指标体系以经济增长为逻辑归宿，强调从经济角度来解决环境退化和气候变化等问题，构建了一套完整的涵盖经济、环境、人类福祉等方面的绿色增长指标体系，以经济活动中的环境和资源生产率、自然资产基础、生活质量的环境因素、经济机遇和政策响应这 4 类相互关联的核心要素为一级指标，共包括 14 个二级指标和 23 个三级指标。

2. 联合国环境规划署绿色经济测度指标体系（2012）。由联合国环境规划署提出，为各国政策制定者提供及时和实用的指导，该指标体系主要涵盖 3 个方面的内容，即经济转型、资源效率、社会进步和人类福祉。

3. 联合国亚太经济与社会理事会生态效率指标体系（2009）。由联合国亚太经济与社会理事会提出，以评估亚太地区环境发展水平对整个经济社会可持续发展的影响。该指标体系基于资源消耗强度和环境影响强度指标，分别从宏观经济层面和各部门层面构建一组核心指标。该指标体系框架设计比较灵活，各国可以依据其国情建立自己的指标体系，但应注意：一是必须以追求低资源消耗和低污染的经济增长为目标；二是必须能够获得相应数据的支撑。

4. 耶鲁大学环境绩效指数（EPI）（2012）。由耶鲁大学和哥伦比亚大学联合发布的耶鲁大学环境绩效指数主要围绕两个基本的环境保护目标展开：一是减少环境对人类健康造成的压力；二是提升生态系统活力和推动对自然资源的良好管理。因此其指标框架主要包括两个部分，即环境健康和生态系统活力，构建了共包括 22 项能够反映当前社会环境挑战焦点问题的具体环境指标。

（二）国内有代表性的评价体系

1. 资源环境综合绩效指数（REPI）（2006）。由中国科学院可持续发展战略研究组提出，该指数由能源消耗强度等 4 个资源消耗强度指标，单位 GDP 化学需氧量（COD）排放等 3 个污染物排放强度指标构成。

2. 中国省级环境绩效评估指数（2009）。由中国环保部与美国耶鲁大学联合提出，该指标体系涵盖了包括空气污染、气候变化、生物多样性、农业、林业在内的 33 个具体指标和 12 个环保政策类别。

3. 北京师范大学绿色发展指数（2010）。由北京师范大学提出，该指数突出了政府绿色管理的引导作用，加强了绿色生产的重要性，主要从经济增长绿色度、资源环境承载潜力、政府政策支持度这 3 个方向出发构建指标体系，共遴选了 9 个二级指标、55 个基础指标。

（三）长江经济带指数相关研究

1. 长江经济带绿色发展指数（2017）。由湖南省社会科学院发布，该指数将长江经济带绿色发展分解为绿色增长度、绿色承载力和绿色保障力三个维度，以及结构优化、创新驱动、开放协调、水资源利用、水生态治理、绿色投入和绿色生活 7 项二级指标进行考察。

2. 长江经济带城市绿色发展指数（2018）。由上海社会科学院长三角与长江经济带研究中心发布，该指数对比借鉴了联合国、世界银行、国际标准化组织、欧盟、国家环保部等国内外权威机构发布的相关指标体系，构建了由绿色生态、绿色生产、绿色生活 3 大领域，自然资源、环境质量、节能减排、绿色科技、污染治理、城市绿化 6 个二级领域，共 21 个具体指标组成评价指标体系。

3. 绿色发展指标体系（2016）。由国家发改委发布，该指数由资源利用指数、环境治理指数、环境质量指数、生态保护指数、增长质量指数、绿色生活指数 6 个分类指数 55 个指标个体指数加权平均计算而成。

4. 长江经济带生态共同体生命力指数（2018）。由上海市社科院发布，该指数构建了包括生态系统健康指数、经济社会进步指数、生态调控响应指数三个维度在内的生态共同体生命力指数。

5. 长江经济带城市协同发展能力指数（2017）。由华东师范大学城市发展研究院发布，该指数构建了由科技创新、经济发展、交流服务、生态保护 4 大领域 18 个核心指标组成的长江经济带城市协同发展能力评价指标体系，重点评价长江经济带 110 个地级及以上城市的协同发展能力。

6. 长江经济带城市转型发展指数（2016）。由上海产业转型发展研究院发布，该指数以长江经济带 11 个省（市）的地级以上城市为选取样本，构建了由经济增长、产业结构、质量效益、城市功能、科技创新、生态环境及社会保障 6 个维度、53 个指标组成的评价指标体系。

7. 长江经济带一体化指数（2015）。由长江经济带（复旦大学）发展研究院发布，该指数是对长江经济带各个城市的区域一体化合作强度进行系统科学的监测与评价，与现有指数的主要区别在于以城市关系型大数据为基础，选取企业分支数据、信息流数据和交通流数据进行模型分析和指标测算，可真实、全面反映长江经济带一体化的动态过程。

从评价现状来看，国外研究主要从发达国家的经验和需求出发，确定具有自身特点的指标体系；国内研究则较多地侧重于理论方面且关于长江经济带指数方面研究多偏重于经济发展方面测度，生态环境保护与绿色发展方面指数较少。因此，在当前深入推进长江经济带绿色发展背景下，立足长江经济带流域特征与发展实践，编制长江大保护指数不仅从理论上弥补了目前关于生态环境保护和绿色发展指数较少的缺陷，还可以在实践中评估和指导长江大保护行动，无论在理论上还是在应用价值上，编制长江大保护指数都具有重要意义。

二、长江大保护指数编制思路与方法

（一）指导思想

全面贯彻落实党的十八大、十九大精神和习近平总书记关于长江经济带发展战略的重要论述，以“共抓大保护，不搞大开发”为编制导向，坚持长江经济带“生态优先，绿色发展”定位要求，突出保护与发展协同推进路径，构建科学合理的评价指标体系，为推动长江经济带绿色发展提供有力支撑。

（二）编制原则

1. 导向性原则。指标体系要充分发挥“共抓大保护，不搞大开发”导向、引领作用，重点抓住“共”“生态环境保护”“绿色发展”等关键点，激励各地区进一步增强绿色发展意识和发展能力，创新体制机制，切实有效地加快长江经济带绿色发展进程。

2. 开放性原则。长江大保护指标体系的建立过程，应保持指标体系的动态性和开放性，根据长江流域及沿线地区发展的新情况、新特征与发展阶段的变化，及时对指标体系进行补充、完善和修订。

3. 可操作性原则。指标选择具有代表性，同时兼顾统计数据的可获得性，使指标可采集、可量化、可对比。指标设置要与中央以及长江经济带各省“十三五”规划建议等相关国民经济和社会发展规划指标衔接一致，以增强指标体系的政策导向与实践意义。

4. 公认性原则。评价指标不仅要以客观指标反映地区发展的数量特征，更要把群众认可、满意作为一项重要的衡量标准，做到量化考评和定性考评相结合。因此，评价体系引入公众评价指标，以充分考察人民群众的切身感受，提高公众对于绿色发展的参与度和认可度，主观性指标的引入强化了“既看数字又不唯数字”的理念。

（三）主要目标

1. 近期目标。构建科学合理评价指标体系，动态评估长江经济带生态环境保护与绿色发展绩效，定期发布长江大保护指数，为长江经济带长江大保护行动提供数据支撑。

2. 远期目标。以长江大保护指数为核心，与相关政府部门、企业共建长江经济带生态环境保护信息中心，负责长江流域生态环境保护信息的收集、处理与发布，实现长江大保护数据共享利用。利用大数据提高长江经济带生态环境治理与绿色发展科学化水平，发挥数据资源对长江经济带环境保护、经济发展和政府工作的服务作用。

（四）指数设计

1. 设计思路。长江大保护指数编制的基本流程包括指数系统的指标选取、指标赋权、指数生成三大环节。其中，指标选取，是选取具有重要意义的测评指标进入大保护指数的编制系统，进入编制系统的所有指标共同构成指数的信息内涵；指标赋权，是指对各具体指标以一定方式进行赋权，权重的大小直接体现了指标在整个长江大保护指数中的影响作用；指数生成，是在指标选取与权重确定的基础上，对多指标信息进行汇总，并以一定形式进行动态对比，以得到最终的长江大保护指数结果。

2. 指标体系设计。长江大保护评价指标体系从协同发展、生态保护、绿色发展、公众评价四个维度出发，具体包含组织协同、制度协同、产业协同、资源节约、生态修复、环境治理、增长质量、结构优化、绿色投入、绿色生活、公众满意等11个方面，体现“共抓大保护，不搞大开发”的战略理念和“生态优先、绿色发展”的定位要求，突出“共抓”“生态环境保护”“绿色发展”等重点。

（1）协同发展类。长江是一个巨大而完整的自然和社会生态系统，每个节点都有特殊的作用，必须使各个环节都保持一定的功能，才能使整个系统正常发挥作用。长江经济带共抓大保护，“共”字是关键之一，即实现长江经济带的共保共治。因此，协同发展类设置了组织协同、制度协同、产业协同 3 项二级指标 6 项三级指标。

（2）生态保护类。生态环境保护是长江经济带绿色发展的前提。《长江经济带发展规划纲要》提出以水资源、水环境、水生态的保护和修复，作为界定长江经济带生态环境改善的主要标识。为此，评价体系重点以水资源节约、水生态修复和水环境治理为核心同时贯彻“山水林田湖是一个生命共同体”理念，统筹长江经济带沿线森林、草地、湿地、湖泊等方面保护，设置了资源节约、生态修复、环境治理 3 项二级指标 24 项三级指标。

（3）绿色发展类。生态优先、绿色发展是长江经济带未来发展方向和路径。长江经济带绿色发展既要体现投入绿色化，还要注重过程绿色化，更要实现产出绿色化。因此，绿色发展类设置了绿色投入、结构优化、增长质量、绿色生活 4 项二级指标 10 项三级指标。

（4）公众评价类。实现人民对美好生活的向往，是长江经济带绿色发展的最终目标。因此，在本评价体系中引入公众满意度指标，作为重要的辅助参考指标，但不参与定量评价。

3. 数据采集

（1）数据来源。长江大保护指数数据主要来源于两个方面：一是国家及长江经济带各省发布的年度统计数据，二是实地调研数据，调研对象包括政府部门、企业及社会公众。

（2）采集标准。在数据选取及搜集过程中，应当体现样本数据的真实性、代表性和可比性，对于符合真实性、代表性、可比性标准的样本数据才能纳入采集范围，确保信息真实准确可靠。

4. 测评方法

长江大保护指数是从协同发展、生态保护、绿色发展、公众评价四个维度测量的综合性指数，每一维度都是构成具体方面的分指数，每个分指数又由若干个指标合成。其测评方法基本思路是根据每个评价指标的上、下限阈值来计算单个指标指数（即无量纲化），再根据每个指标的权重最终合成长江大保护指数。此种方法测算的指数不仅横向可比，而且纵向可比；不仅可以比较各省（区、市）综合发展相对位次，而且也可以考察每个省（区、市）生态保护与绿色发展的历史进程。

（1）指标上、下限阈值的确定。在计算单个指标指数时，首先必须对每个指标进行无量纲化处理，而进行无量纲化处理的关键是确定各指标的上、下限阈值。指标的上、下限阈值主要是参考中央及长江经济带各省“十三五”规划纲要中提出的目标值。

（2）指标无量纲化。无量纲化，也叫数据的标准化，是通过数学变换来消除原始变量（指标）量纲影响的方法。

（3）指标权重的确定。权重值的确定直接影响综合评估的结果，权重值的变动可能引起被评估对象优劣顺序的改变。所以，合理地确定综合评估发展各主要因素指标的权重，是进行综合评估能否成功的关键问题。本体系采取常用的专家打分法（即 Delphi 法）确定各级指标的权重。

（4）分类指数和总指数的合成

——分类指数的合成方法。本评价体系由协同发展、生态保护、绿色发展三个分类组成。将某一类的所有指标无量纲化后的数值与其权重按公式（3）计算就得到类指数。

——长江大保护指数的合成方法。将长江大保护评价指标体系中的三级指标无量纲化后的数值与其权重计算就得到长江大保护发展指数。

三、编制长江大保护指数的平台基础

为编制长江大保护指数，对各省市及相关地区进行客观评价，数据是基础，信息是资源。早在 2015 年，国家从战略高度颁发了大数据行动发展纲要，进入“互联网 +”时代，大数据与信息的运用与共享已具备一定的技术，为长江大保护指数编制奠定了基础。同时，习近平总书记在长江经济带发展座谈会上提出的“共抓大保护、不搞大开发”“完整准确落实区域协调发展战略”“加强全流域、跨区域的战略性事务统筹协调”“建立健全生态环境协同保护体制

机制”“解决长江流域发展不平衡不协调的突出问题”“正确把握自身发展和协同发展的关系，努力将长江经济带打造成为有机融合的高效经济体”等重要精神，也要求形成全流域全区域信息共享机制，有利于信息资源在长江经济带范围内自由流动，有利于长江经济带各地政府、企业间的交流，进而为政府和企业的决策、改革、管理提供支撑手段和优势资源，打通长江经济带各地经济社会发展的信息“大动脉”，打造长江沿岸各省市高质量发展。为此，必须建立数据中心和开放的信息平台，形成信息共享机制。当前，长江经济带区域信息资源共享存在着信息资源管理体制有待突破、各区域信息化基础设施差异大、信息资源共享的内部动力不足等若干问题，为此建议：

（一）优化数据信息资源管理体制

1. 成立跨区域总体信息化指导和规划机构。长江经济带信息资源管理和共享是比较复杂的问题，涉及几十个区域，每个区域又都涉及很多部门，应从总体需要和全局利益上通盘考虑、总体规划。建议成立跨区域的总体的数据信息化指导和规划机构，负责制订长江经济带长远的信息化规划和科学的信息化战略，协调区域发展。

2. 各区域建立强有力的信息资源权属管理和法律制度。在信息资源方面，没有确立统一的信息资源权属管理制度，缺乏承担信息资源的权属管理责任主体，造成信息资源所有权部门化，使得信息碎片化，导致资源割据、信息不通，业务处理无法协同，影响政府管治效率和能力；在信息资源库建设上各自为阵，造成重复投资和资源浪费。要理顺信息资源的管理体制，就必须形成统一的信息资源权属管理制度，完善立法，明确信息资源管理及使用的责任和义务。

（二）加强长江经济带信息化基础设施一体化建设

1. 缩小长江流域各区域信息化基础设施水平差距，促进基础设施水平一体化。《国务院关于依托黄金水道推进长江经济带建设的指导意见》指出，要支持沿江地区加快新一代信息基础设施建设，完善上海、南京、武汉、重庆、成都等骨干节点，进一步加强网间互联互通，增加中上游地区光缆路由密度。未来几年长江经济带信息化基础设施建设水平会有大幅度提高，各区域建设水平差异会进一步缩小，最终达到各区域信息化基础设施水平一体化，形成有利于信息共享的生态环境。

2. 尽早规划、提前布局、适当超前地进行基础设施建设。信息资源共享平台的基础设施包括云计算中心，数据库管理平台，数据应用平台，数据共享平台等，为各类数据资源共享、数据应用平台提供良好环境，应适当地超前建设。基础设施建设投资大、影响深远，应尽早规划、提前布局，不影响日后的使用。

3. 创新部署集约化建设基础设施。为节约投资，可以采取集约化建设的方式，集中建设基础设施中心，集中部署服务器、储存系统等公共的信息技术基础设施，并采用虚拟化技术，将资源虚拟化，形成云计算中心，根据应用场景，提供云计算服务。

（三）通过信息资源增值服务形成信息资源共享利益补偿机制

1. 充分认识信息资源的价值。信息是有价值的资源，在很多时候被看成是业务处理的副产品，没有意识到信息资源的增值潜力，造成信息资源的共享内部驱动力不足。信息资源通过共享集中可以形成互相关联的整体，形成整体的信息资源可以进行更大规模和更全面的数据加工和挖掘工作，除满足现在应用需求外，还可以形成大数据应用，为政府决策提供支撑，还可以进一步满足社会对大数据应用的需求。应对信息资源管理者进行培训，通过对信息数据的清洗、整理、加工等服务，可以使信息资源的价值大大提升。

2. 利用新一代信息技术实现信息资源的增值促进大数据产业发展。对数据采集、加工和应用全面规划，分析数据集，建立统一的数据模型，形成数据信息资源应用与管理标准体系。对以各种载体存在的数据资源，采用抽取、转换、加载等技术手段进行处理，整合形成面向对象、统一语义、广泛关联、易于挖掘、便于共享的结构化数据体系，并提出数据集成与信息共享的方法。数据资源管理、加工、挖掘、分析能力的建设将提升大数据整体资源的价值，增值后的信息资源产品可以用来回馈参与资源共享的部门，增值后的信息资源和服务的提供也将极大地改善政府对公众和社会的服务能力，并能进一步地提升我国大数据产业发展。

3. 建立利益补偿机制激励信息管理部门共享信息。依据信息资源共享程度、信息数据质量、信息用途、信息服务质量、信息共享应用效果等指标制定合理的分配激励机制，通过资源增值服务补偿上游资源建设的投入，形成资源价值实现和资源补偿机制，进而增加信息共享的驱动力，可使资源共享业务的运作形成良性循环。

（四）建立长江经济带统一的信息收集和数据服务平台

大数据应用愈来愈广泛。首先，信息共享机制的建立有利于各级政府制定相关政策，其次，各级政府和部门确定的政策又形成数据信息的现实来源之一。信息收集还来源于企业行业产业的数据和智库形成的数据。数据信息建设可以实行网格化管理，在各地利用智库、研究机构或相应职能部门按统一的数据收集规范设立信息采集点，层层集成实行数据大整合，最终融入类似于在贵州设立的大数据综合试验区或武汉现在建立的楚天云、长江云、长江大数据交易中心等平台。最后，各级政府优先采购各类成熟的大数据应用产品，形成政府利用大数据进行社会治理的试点。政府加大力度出台产业扶植政策，推动长江经济带成为全国大数据产业的核心阵地。

（五）强化指数信息发布

积极争取将长江大保护指数纳入权威官方发布平台，定期公开发布长江大保护指数，及时披露长江经济带长江大保护协同发展、生态环境保护、绿色发展动态。发布《长江经济带长江大保护指数年度报告》，并对《年度报告》进行适度宣传，营造政府、企业共同参与长江大保护指数共建共享的氛围。

2018

加快开发区改革创新　促进区域高质量发展

开发区建设是我国改革开放的成功实践。我国自 1984 年设立开发区以来，开发区在优化城市空间布局、引导产业集聚、扩大就业问题、促进区域工业化、城镇化进程方面发挥了良好的示范、带动和辐射的作用，对我国经济社会发展作出了重大的贡献。据统计，截至 2017 年上半年，我国各类国家级开发区总数共有 429 个，省级开发区 245 个，省以下经济开发区或者工业园区达 1 万多个。开发区一般几万亩，大的几十上百万亩，小的也有好几千亩，各类开发区总占地面积达到 3 万多平方公里。

然而，我国经济已由高速增长阶段转向高质量发展阶段。面对新形势，开发区作为改革开放的排头兵，区域经济建设的主战场，必须坚持质量第一、效益优先，推动开发区经济发展质量变革、效率变革、动力变革，提高全要素生产力，形成新的集聚效应和增长动力，引领经济结构优化调整和发展方式转变。2017 年 2 月，国务院办公厅印发了《关于促进开发区改革和创新发展的若干意见》(以下简称《意见》)，对新形势下做好开发区工作作出全面部署。然而，由于社会经济发展不同阶段的不同需求及对开发区管理的粗放等原因，在开发区转变发展方式、转换增长动力等方面，仍然存在一些问题：

一、开发区用地粗放，土地闲置率、空置率较高

调查发现，各级地方政府在开发区建设中，通常会预先大面积圈占土地，然而，由于招商引资进度难以控制，土地征而不用、久征不用成为常态，从而造成土地资源的严重浪费。有的开发区土地闲置率、空置率高达 40%。

二、入园项目质量有待提高，企业缺乏退出机制

国家设立开发区的初衷是吸引外资和先进技术，通过培育增长极带动整个地区的经济发展，但从实际情况来看，在一些开发区尤其在建设初期，由于地

方政府受短期利益的驱动，加上项目准入和监督制度的不完善或缺失，使得入园的项目质量普遍不高，不少入园项目并没有达到《工业项目建设用地控制指标》中关于各项指标的要求；有的入驻企业即使和开发区管委会事先约定建设标准，但在实际建设过程中缺乏有效监管，导致实际用地水平不高。此外，大部分开发区普遍存在重招商入园，没有建立企业退出机制，有较多经济效益低下、缺乏市场竞争力的企业滞留在开发区内，占据着重要地理位置，使得开发区陷入低效企业出不去、优秀企业进不来的恶性循环，严重影响了开发区发展质量。

三、开发区空间布局秩序混乱，产业集聚效应不明显

开发区的建设，必然会产生集聚效应，使区域空间结构、产业结构甚至生态格局发生明显改变。调查发现，很多地方政府受地方经济利益驱动，对区域产业布局、城镇化、基础设施建设、环境保护等缺乏前瞻性的规划，从而出现开发区空间布局秩序混乱、项目重复建设、开发区与当地经济难以融合等问题。

四、环境风险突出

许多工业园区的发展具有曲折的历史，其最初选址可能没有意识到将来发展的环境制约，待产业逐步积聚并发展壮大后，因当初选址不合理而造成的环境制约日益凸显，甚至成为区域重大风险源和污染源，这类问题在化工园区非常突出。

五、开发区配套的基础设施建设滞后

开发区是地方政府构建的投融资平台，基础设施则是吸引外部资金的重要手段。然而，由于基础设施建设一次性投入较大，而招商引资具有不确定性，再加上开发区的地域空间不断扩展，基础设施建设普遍滞后，尤其是集中供热、污水处理、中水回用、固废处置等环保基础设施普遍难以满足现实需求。

六、开发区管理体制不够规范

我国现有的大多数开发区管委会基本上属于政府的派出机构，采取了行政事业管理模式。很多开发区虽然都成立园区的平台公司，但是管委会与平台公司之间的职权边界不清，开发区管委会管得过多、管得过细、管得过死，平台公司实际上根本没有办法发挥在园区投融资及基础设施建设中的主体作用。与

此同时，各地政府下放给开发区管委会的经济管理权限不充分，管委会与各级政府相关部门经济权责界定不清晰。由于国土、工商等系统实行垂直管理，造成了诸如土地储备、规划和审批，环境执法检查等管理权限下放不到位，审批权仍保留在政府相关部门，开发区无法自行直接审批办理，行政办事效率低下。许多企业办理生产、经营审批事项时既要去政府相关部门，又要去管委会相关部门。开发区一般远离城区，交通工作条件相对艰苦，工作任务相对繁重。但是，目前开发区职工待遇与一般行政事业单位一样，没有任何优势，加之园区条件的艰苦对人才缺乏吸引力，削弱了开发区工作人员积极性与创造性，导致园区难留住高素质人才。

党的十九大报告明确提出“着力加快建设实体经济”“加快建设创新型国家”的要求，开发区是实现制造强国战略和创新驱动发展战略的重要载体，为此，提出以下建议：

一、对开发区进行顶层设计，统筹规划开发区的空间布局，破解“九龙治水”困局

由国家相关职能部门明确人员、职数和职能职责，按照集约化原则，科学规划产业集群发展，对各类开发区建设进行统筹规划，使各类开发区在更大的空间里布局更合理，充分发挥各地的比较优势。

二、建立以市场为主体的土地资源配置机制，实行低效企业退出

开发区应严格执行土地“招拍挂”政策，扩大土地有偿使用范围，充分利用市场对有限的土地资源进行优化配置，最大限度地发挥土地价值，开发区管委会要始终坚持高效、动态的土地资源配置原则，制订和实施完善的企业退出机制，从而提高开发区土地利用效益。

三、改革开发区监管体制，建立市场化开发区效益评价机构，开展量化绩效评价

以开发区产业集聚与投资密度指标、开发区土地工业产出效益指标、开发区万元产值资源消耗指标、开发区入区企业形成的重点产业评价标准、环境综合管理指标体系为重点、建立完善的绩效评估信息系统和监督机制完备的评估资料和数据，充分利用电子计算机和现代互联网技术，把历次绩效评估的结果、实施过程等监测数据、已开展的评估工作的资料、有关各地方和各部门乃

至全国性的统计指标和数据等，汇集形成开发区绩效评估数据库，形成评估信息系统网。对土地利用效率不高、产业用地比例偏低的开发区，予以通报整改、核减面积、降级或撤销，督促开发区合理利用有限的土地资源，提高开发区土地集约利用水平。

四、重视外资引进和自主创新

经过数十年的发展，我国开发区通过积极引进国外的先进技术、资金和管理经验，在经济发展、科技进步、城市建设等方面取得了良好的成绩，成为我国经济最具活力和最具潜力的经济增长点。进入新时代，开发区的经济不要仅依靠引入外资，更要注重对本土企业内部潜力的挖掘，重视自主创新，为实现开发区高质量发展提供有力支撑。

2018

关于建立长江干线应急救助打捞体系的提案

长江经济带国家战略制定和实施后，长江内河水运迎来前所未有的机遇，也面临更多潜在的安全风险，长江重大突发水上安全事件时有发生，政治敏感度和社会关注度高，社会各界对长江航运的安全以及航道服务的安全性提出了更高的要求。建立健全长江干线应急救助打捞体系，加强长江干线应急抢通、应急救捞能力建设，对切实保障人民群众生命财产安全、突破瓶颈保障长江黄金水道畅通、促进沿江经济社会发展、维护国家权益有着重要的意义。

一、当前我国长江干线应急救助打捞体系的现状和问题

（一）长江干线应急救助救援设备不足

目前长江干线水上救援设备不足，难以适应船舶大型化、多样化和日益繁忙的长江航运要求。主要表现为：现有的海巡艇都比较小，抗风性和稳定性有限，大马力救援拖轮匮乏，一旦有大型轮船翻沉，海事船到了现场，也束手无策，对大型事故船舶的救援力不从心，如载有 454 人的“东方之星”客船在长江中游监利河段翻沉，反映了水上应急救援设备落后及不足等一系列问题。地方海事机构救援能力有限，地方所管辖的水域内搜救艇和一些执法船数量偏少，只能保重点水域，覆盖水域不够，有效监管范围小，预控能力不强。

（二）长江干线应急救助打捞的人才队伍亟待加强

长江干线应急救助打捞工作专业性强、技术复杂，对人员素质要求很高。随着长江干线应急救助打捞形势日趋严峻，应急救助装备的技术水平不断提高和数量的增多，长江干线应急救助打捞工作对人才的需求越来越大。目前长江干线应急救助打捞高层次的搜救指挥人才、高素质的技术保障人才和高技能的

专业人才（包括监管值班员、船员、飞行员、救生员和潜水员）十分缺乏，人才队伍建设亟需加强。

（三）长江干线清障治理打捞能力不足

长江干线航道系统化治理不够，长江干线下游“卡脖子”、中游“梗阻”、上游“瓶颈”问题依然突出，严重影响了干线航道通航能力。当前，长江上仍有 400 多艘历史沉船，成为影响航道维护水深和通航安全不可回避的重要因素。加之打捞吊装市场逐年萎缩，如果未来长江干线航道发生沉船、沉物等严重碍航或危险化学品船舶事件，将在国内外造成巨大影响。建立长江干线应急救助打捞体系，承担长江干线清障打捞职责，分期、分区域对历史沉船沉物进行清障打捞，将有利于全面提高长江航道的通航能力，减小船舶航行风险。

（四）长江干线应急设备库经费、人员、维护缺乏

国家已在重庆、万江、巫山、巴东、三峡、岳阳、武汉、芜湖、九江等地投资建设了船舶溢油应急设备库，但是它们多是国家一次性投入建立，经费不够、没有编制、缺乏人员、设备没有维护，设备库的运营管理，后续应急、演练、培训均存在问题，有的设备库连电瓶充电、设备维护都没做，只是一年进行一次应急演练时设备才启动一次，其他时间基本没人动，也就没法有效地使用起来。

（五）长江干线社会救援力量难以为继

长江干线水上搜救一直是政府主导、海事牵头、各部门广泛参与、专业队伍与社会力量相结合的方式。社会救援力量是水上搜救的重要力量。然而，由于近年来长江沿线的事故数量大幅下降，不少社会救援力量难以为继。长江干线上社会的打捞船数量有限，且分布不均，多属于自主经营性质，事故在某一区段不可能频发，为了求生存，只能去找别的活干，一旦出现险情，救援船没在，鞭长莫及。

二、建立和完善长江干线应急救助打捞体系的建议

（一）加强社会搜救力量建设，完善“专群结合”的长江搜救协作机制

长江干线水上应急救援是和时间赛跑的生命大营救，第一时间参与救援的

往往是社会船舶和人员，就近就地救援至关重要。为此，必须依靠社会力量，采取政府为社会救援力量提供专业技能培训、适当配备救援设备、为义务救援人员订制人身意外保险、允许社会力量使用国家应急设备库和搜救基地的设施设备等措施，大力调动社会各方面的积极性，形成地方政府及行业部门为主，其他相关部门联动，社会救援力量广泛参与的救援体系。加快长江干线水上应急救援专业人才的引进和培养，建立危险化学品应急专家队伍，引导扶持社会救援力量，形成专兼结合的水上应急救援队伍。

（二）加大投入完善救援基础设施建设，升级更新必要的设备

结合长江航道工程建设和航运发展规划，同步规划实施应急救助打捞基础设施建设。如在一些事故险情多发航段配备大型海巡艇、无人机、1000吨级乃至更大的起重救捞船等装备，在一些重点港口适当配置功能较为齐全的大功率拖轮，加紧配备后续应急起重打捞船及其配套船舶，以满足长江流域复杂条件下的沉船（物）打捞需求。在长江干线水系大型湖泊等容易发生大风大浪的航区，规划建立避风港等安全锚地。建立重点区域危险化学品应急物资储备库，在有条件的地区探索建立危险化学品应急救援示范基地。

（三）建立长江干线应急指挥与联动协作机制

按照统一领导、综合协调、分类管理、分级负责、属地为主的应急管理体制，进一步完善应急指挥机构建设，积极推动纳入各省（自治区、直辖市）人民政府建立的统一应急协调指挥机制，更好地调动应急资源，提高应急救援效率。为保障经费，建议各省级政府建立应急救援基金。

加强与各专业应急指挥机构的协调配合，建立应急专家咨询会商、应急处置等跨部门、跨行业协调联动的治理机制，有效应对长江干线水上交通事故灾难、环境污染等跨区域突发事件。

建立跨区域的应急救捞中心。在长江干线国家系统布局万州、宜昌、武汉、南京四个综合救助打捞基地的基础上，加强各基地的协调配合。在每个基地形成独立应急救捞力量同时，加强基地之间互相呼应。建议在武汉设立应急救捞处置指挥中心，满足重大水上突发事件快速反应的需求。

（四）建立长江干线应急救援与打捞集成信息系统

优化资源整合，优化电子巡航监管模式，建成集船舶交通管理服务系统

（VTS）、电视监控系统（CCTV）、船舶自动识别系统（AIS）、全球定位系统（GPS）及甚高频集成系统（VHF）、电子巡航、视频会商、远程指挥和无人机监测于一体的现代监管服务系统，实现搜救应急、船舶动态监控、信息服务、交通维护和违章纠正的一体化管理，实现用无人机、水上救生遥控机器人搜寻救助落水人员。

2018

关于加快推进湘鄂西革命老区发展的提案

湘鄂西革命老区，即湘鄂西革命根据地，亦称湘鄂西苏区。自 1927 年开辟，坚持至 1934 年，历时 7 年，是红军时期创建最早、范围最广、坚持时间最长、影响最大，仅次于闽赣中央苏区的三大红色根据地之一，其以“上抵沙市近郊，下抵仙桃、汉川，北至天门，南至安乡，纵横千余里，造成整个赤色疆域”的洪湖根据地为主体，构成了统一的战略整体，鼎盛时期，跨湘、鄂两省，遍及 57 个县市。在这里不仅开创了“河湖港汊地带能够开展游击战争并建立根据地”之先河，而且为红军三大主力之一——红二方面军的组建奠定了重要基础。为创建和保卫这块革命根据地，有近 80 万英雄儿女参军参战，20 多万红军将士血洒疆场，长眠于此，为中国革命的胜利和新中国的创建作出了巨大的不可磨灭的贡献。

新中国成立后，湘鄂西革命老区人民在共产党的领导下，以前所未有的热情开展社会主义建设，胸怀国家大局，充分利用江汉平原和洞庭湖平原的优势，大力发展粮食生产，为国家的稳定和粮食安全作出了重大贡献，仅地处湘鄂西中央监利县的水稻产量就连续十多年获得全国县（市）第一。

一、湘鄂西革命老区的发展现状

改革开放以来，湘鄂西革命老区的发展虽然也取得了长足的进步，但在经济发展方面与其他革命老区相比还相对滞后。

（一）经济发展不够

截至 2017 年底，湘鄂西革命老区大多数县市区的经济发展水平都处于本省的平均线以下。湘鄂西革命根据地策源地的湖南桑植、湖北鹤峰、来凤等十多个县市区目前还是国家级贫困县（市），与发达地区的差距正在不断拉大。

（二）各类产业不强

受到地理位置和生态环境的制约，湘鄂西革命老区的大多数县市区均处于江汉平原、洞庭湖平原以及武陵山区等地，以传统的农业、渔业、牧业、种植业为主。交通不便，工业基础薄弱，多处于产业链的下游，在市场竞争中处于绝对弱势地位。

（三）人居环境不美

隶属湘鄂西革命老区的大多数县市区均是人口大县，本地产业不强，外出务工人员众多，农村空心化严重。加上当地经济发展水平不高，依靠上级财政拨款很难彻底改善农村的人居环境。当年革命先烈战斗过的河湖港汊变成了淤塞黑臭的水沟，道路不通，青山不绿，环境不优，村容村貌不美。

（四）文化宣传不足

湘鄂西革命老区横跨湘鄂两省，多在河湖平原山川之中，风光秀丽多彩，人文底蕴深厚，然而目前对于老区文化的挖掘宣传开发还处在起步阶段。体现在，对于根据地革命历史的研究不够充分；对于重要文物遗址遗迹的保护不够充分；对于红色文化的宣传推介不够充分。

二、建议

（一）加大规划引导力度

高度重视湘鄂西和湘鄂川（渝）黔革命老区的振兴发展，尽快将这两个老区纳入国家老区振兴发展专项规划。

（二）加大投资支持力度

在扶贫开发的财政资金投入和项目布局上，鼓励和引导社会资金投向湘鄂西老区建设。加大老区转移支付资金规模，扩大支持范围。在大型项目、重点工程、港口等基础设施建设方面进一步向老区倾斜，尽快改善湘鄂西老区的交通落后面貌和投资环境。

（三）加大产业扶持力度

国家在布局大型项目、重点工程、新兴产业的过程中，优先向老区安排。东南沿海等发达地区劳动密集型产业转移时，向老区引导。

（四）加大民生事业发展力度

在农村基础教育、医疗卫生、公共文化、社会保障等重要的民生领域，加大帮扶力度，实现基本公共服务对老区城乡居民的全覆盖。加强农村环境卫生和住房建设，使老区秀丽的自然风光、深厚的人文底蕴得以彰显。

（五）加大红色遗址遗迹保护力度

从保护国家历史文物、开展红色教育、支持老区发展、精准扶贫角度，提请国家发改委、文物局立项并安排资金用于红色文物集中的区域，比如瞿家湾、周老嘴革命根据地红色首府旧址群的保护维修与利用。

2019

关于支持武贵高铁途经石首设站的提案

石首地处鄂南湘北，是江汉平原与洞庭湖两大平原结合部的节点城市，北与湖北的江陵、监利接壤，南与湖南华容、南县、安乡三县相邻，具有连接湘鄂、衔接两湖的区位优势，素有“湘鄂门户”之称。2018 年习近平总书记乘船考察长江，从石首登岸。2021 年 12 月，湖北在“十四五”铁路发展规划中，将“武贵通道”纳入“七纵六横”高速铁路网规划布局。该铁路经武汉、仙桃、洪湖、监利等城市，串联武汉城市圈、环洞庭湖生态经济圈，现相关部门正在研究武汉至贵阳高铁通道及延伸至昆明衔接中老铁路建设方案。

石首作为鄂南湘北重要节点城市，一直受困于货物运输能力不足、社会运输成本偏高。不仅客运能力短缺，货物运输也受到极大制约，且工业化和城镇化相对滞后，城乡间劳动力尤其是人才、信息等要素快速流动不足，老区人民盼望高铁出行愿望强烈，破解重大交通瓶颈显得尤为紧迫。

一、有利于推动长江经济带和洞庭湖生态经济区建设

鄂南湘北地区共有 33 个县（市、区），规划面积 6.05 万平方公里，常住人口 2200 万，拥有丰富的物产资源和劳动力资源。随着国务院《关于依托黄金水道推动长江经济带发展的指导意见》《洞庭湖生态经济区规划》出台，江汉平原与洞庭湖平原结合区域迎来国家战略叠加机遇。石首是该区域内的重要节点城市，是连接武汉新港、荆州港、岳阳港的重要通道，已被纳入全国长江干线主要港口。武贵铁路从石首境内通过并设站，将有利于加快洞庭湖生态经济区大交通网建设，促进鄂湘两省边界区域经济深度融合，有效推进新时代洞庭湖生态经济区战略实施，也是助力长江经济带协同协调发展的重要交通支撑。

二、有利于加快长江中游城市群建设，推动中部地区高质量发展

长江中游城市群是长江经济带的重要组成部分，也是实施促进中部地区崛

起战略的重点区域。按其“促进省际毗邻城市组团发展”实行“荆州—岳阳—常德—益阳”组团规划，武贵高铁途经石首设站，一方面，有助于构建城市群立体交通网络，串联武汉城市圈、“宜荆荆恩”城市群和环洞庭湖生态经济圈，助力鄂北、鄂中、鄂南区域与湘北区域联动发展，打造高质量发展经济带；另一方面，增强城乡区域发展协调性，可提高鄂南地区的运输质量和运输能力，完善区域快速客运网络，填补快速铁路空白，促进鄂南地区新型工业化、城镇化、产业化进程。

三、有利于加快革命老区建设和提升群众生活质量

石首曾是著名的湘鄂西革命根据地中心，属国家革命老区。先后有“三万儿女当红军”，走出了王尚荣、成钧、顿星云等九位开国将军。现留有红军树、湘鄂西赤色军政干部学校等遗址遗迹。作为“九八抗洪”时的“九曲回肠”，石首人民为“九八抗洪”的全面胜利作出了突出贡献。加快革命老区建设、促进老区经济社会发展，既是党中央的工作要求，更是老区人民的迫切愿望。但受地理环境制约，石首人民长期饱受交通落后之苦，经济社会发展也受到严重制约，改善革命老区交通条件已成为老区人民迫切诉求。当前，石首正在努力建设全省县域经济高质量发展示范市，迫切需要交通建设的大提速，以早日实现老区人民的“高铁梦”。

四、有利于推进长江大保护和守护生物多样性

石首拥有麋鹿、江豚两大国家级自然保护区和天鹅洲世界级湿地。长期以来石首人民致力于长江大保护和生物多样性保护，并取得重大成效。为优化区域资源提升保护质效，也迫切需要突破交通瓶颈之约，推动人才、资源向石首汇集。

建议：支持武贵高铁途经石首设站。

1. 请国家发改委铁路处大力支持，将石首站纳入武贵高铁设计规划。

2. 请国家交通运输部、自然资源部、国铁集团等相关部门支持武贵高铁途经石首设站。

2022

关于将荆州纳入国家“十四五”重大煤化工产业布局的提案

浩吉铁路作为我国目前最长的重载煤运专线，也是世界上一次性建成并开通运营里程最长的铁路，总投资约1930亿元，规划年运输能力高达2亿吨以上，串联“晋、陕、内蒙古”等煤炭主产区和“鄂、湘、赣”等煤炭短缺地区。该铁路填补了北煤南运、陆路直达、大能力运输通道等多项空白，同时破除蒙陕甘宁能源“金三角”地区煤炭资源的外送通道“瓶颈”，补齐“湘、鄂、赣”等华中地区日益严重的能源电力供应“短板”，在我国铁路工业和能源工业发展史上都是浓墨重彩。

浩吉铁路自2019年9月28日正式开通以来，受运价过高、集疏运系统建设不全和新冠疫情等因素影响，2020年预计全年总运量约为2500万吨，运量指数远低于规划运量，因此破解浩吉枢纽煤炭的消化转化问题迫在眉睫。荆州江陵依托浩吉铁路和长江黄金水道谋划设立的荆州江陵绿色能源化工产业园，产业园省级开发区面积11.66平方公里，远期规划面积100平方公里，规划建设煤炭储配交易、能源电力、高端煤化工、现代物流等产业。产业园已落户和签订正式投资协议的项目6个，涉及煤炭储配、能源电力、煤炭深加工，总投资额达1051亿元，年煤炭转运达5800万吨，就地消耗达2000万吨。

2019年初，湖北省委明确要求，荆州要抢抓浩吉铁路江陵设站、荆州煤炭储配基地建设等重大机遇，大力做好“煤”文章，推动煤制气、煤制油等现代煤化工产业发展，努力打造新兴煤化工产业基地。荆州江陵将充分发挥已经形成的交通区位优势，利用“铁水联运”无缝衔接大格局，努力打造成为华中地区重大煤化工产业基地、湖北江陵“双千亿”绿色能源化工产业园，重点打造煤电一体化、煤制燃料、煤炭深加工、循环经济、多式联运等产业，打造中部地区新型煤化工产业新亮点。

为此建议：

国家发改委将荆州江陵纳入国家“十四五”重大煤化工产业布局，加快推进荆州江陵“双千亿”绿色能源化工产业园建设。

2021

关于实施“荆江移民”工程加快长江大保护的提案

荆江大堤，位于湖北荆州市的荆江北岸，全长182.35公里，其保护区域，包括荆江以北、汉江以南、东抵大都市武汉，西迄沮漳河的广大平原地区，总面积约135平方公里，耕地800多万亩，人口500多万。目前地方政府在生态保护和绿色发展的指引下已经自主推进工作，全面实施退垸（田、渔）还湖，计划增加湖泊面积100平方公里。

一、荆江分蓄洪区基本情况

荆江分蓄洪区位于长江的荆江河段，由荆江分洪区（主体）、涴市扩大分洪区、虎西预备蓄洪区和人民大垸蓄滞洪区组成，总面积1444平方公里，有效蓄洪量80.6亿立方米，行政区域跨公安、石首、松滋、荆州（区）、监利等五个县市区，耕地约90万亩，是全国重要的农产品主产区、湖北省重要的粮棉油和水产养殖基地。荆江分洪工程对缓解长江上游巨大洪峰来量与荆江河槽安全泄量不及的矛盾，减轻洪水对荆江两岸和两湖人民生命财产的威胁，确保荆江大堤、江汉平原和武汉市的安全发挥了巨大作用。目前，四个分蓄洪区基本具备分洪条件的仅荆江分洪区。由于荆江分洪区蓄洪水位深，历时长，不能就地避洪。一旦分洪运用，将按分洪转移方案迅速组织分洪区内的群众安全撤离到安全区（台）等安全地带或外转到邻近县市区，并对滞留在临时躲水设施上的人员实施二次转移。据统计，2017年，荆江分洪区共需转移安置人员102284户，409011人，其中：内转安置77375户，310562人；外转安置24909户，98449人。

二、目前蓄滞洪区运用的补偿机制亟需调整完善

（一）蓄滞洪区运用补偿暂行办法

国务院于 2000 年 5 月颁布实施《蓄滞洪区运用补偿暂行办法》，但随着经济社会发展的不断变化，现有的补偿办法无论是从补偿范围还是补偿标准，已远远不能满足分蓄洪区内居民恢复正常生产生活的补偿要求。

（二）荆江分蓄洪区的扶持政策

受分蓄洪区的建设与发展限制，国家一般不在分蓄洪区所在地区布局重大项目，域内外投资者也不敢放手在分蓄洪区投资，县域经济和社会发展长期受到制约，分蓄洪区基础设施建设落后，居民农业生产发展水平落后，农民生活普遍落后于周边地区，成为扶贫攻坚、全面奔小康的难题。

三、建议研究实施荆江移民工程

1. 在不影响分蓄洪区行洪通道和调蓄洪水总量的前提下，调整分蓄洪区内分洪转移安置安全区布局，优先实施乡村振兴战略，推进新型村镇化建设，参照三峡库区移民政策，使分蓄洪区人口向新型村镇集中、农业生产要素向优势产业集中。

2. 加大分蓄洪区水环境治理力度，尽早实施退渔退田还湖、河湖水系连通、湖泊治理、灌区节水改造、水污染防治工程，并建立长效的生态补偿制度，促使生态经济绿色发展。

3. 把“荆江移民”工程作为国家重大生态修复工程、作为长江大保护生态补偿试点工程。参照国家棚户区改造的做法，有选择地搬迁沿江行蓄洪区、民垸、子堤内居民及企事业单位，永久性地退垸退田退渔、还堤还林还水，消除河道障碍和违章建筑，同时开展水资源和水生态的修复治理。

“荆江移民”工程有利于加快全国农产品主产区的生态文明建设，有利于推进长江生态经济带、洞庭湖生态经济区的建设，有利于保障湘鄂两省的水利生态安全。既关系荆州、洞庭湖流域、长江中游发展的长远大计，也是“大保护”和长江经济带发展的迫切现实需要，应及早谋划。

2018

关于拆除重建荆江大堤三闸的建议

荆江大堤万城闸、观音寺闸、颜家台闸是主要引江灌溉涵闸，对保障国家粮食安全具有十分重要的意义。三座涵闸均建于20世纪60年代，已运行多年，老化严重，险情频发，严重威胁荆江大堤防洪安全。三峡工程运行后，荆江江段水情发生变化，已不适应目前抗旱灌溉需要，急需进行拆除重建。

一、三闸基本情况

1. 万城闸。位于长江左岸沮漳河下游，荆江大堤794+087处。建成于1962年，为三孔钢筋混凝土拱涵钢门结构灌溉闸，灌溉面积40万亩。

2. 观音寺闸。位于长江中游左岸江陵县境内，1960年建成。由于当时条件所限，未进行地质勘探，故设计时未考虑基础处理。运行两年后基础发生不均匀沉降，伸缩缝止水拉裂，闸门启闭时震动严重，对防洪安全构成威胁。1962年在老闸前套建开敞式新闸，灌溉面积达96万亩。

3. 颜家台闸。位于江陵县郝穴镇，建于1966年，为两孔穿堤拱涵式结构，灌溉农田40.2万亩。

二、存在的问题

（一）长江同流量下水位下降致使三闸不能正常运行

据观测资料，在三峡工程运行初期，荆江河段平均冲深1.0至1.6米，同流量下水位降低值为0.7至1.2米。以后河床还将持续刷深，同流量下水位降低值将进一步加大。由于河床下切，枯水季节三闸已不能按设计要求正常进水。三峡工程蓄水后，由于河床刷深，同流量下水位下降，当时的设计水位发生变化，工程已不能正常运行。

（二）老化失修，险情频发，严重威胁荆江大堤防洪安全

1. 万城闸。自建成以来，已有8次相继出现散浸险情、跌窝险情。2008年发现进水口八字墙、闸底板纵向裂缝8条，2009年进行整治，2010年维修养护时又重复出现8条裂缝，2014年，年度维修时发现沉降值发生变化，清理伸缩缝时发现止水铜片已破损。为确保度汛安全，进行了应急整治。

万城闸目前存在诸多影响正常运用和威胁防洪安全的问题，主要表现在：建筑物多处存在裂缝，混凝土建筑物表面炭化严重，局部露筋、蜂窝麻面，伸缩缝止水破坏严重，闸室底板不均匀沉降、局部渗水，进口左右干砌石护坡水毁严重、堤身外坡存在跌窝，进口左右翼墙倾斜。

2. 观音寺闸。由于建设标准偏低，带病、带险运行至今，历史上出现多次重大险情。先后有两次发生重大管涌险情。1988年新闸检查出不同部位裂缝127条。2009年闸底板又新增加裂缝10条。2008年曾因中孔顶止水橡皮与胸墙摩擦造成止水橡皮撕裂引发漏水险情，中孔闸门顶部钢板脱落导致无法更换闸门顶止水橡皮，从而影响该闸正常启闭。2013年进行汛前检查时发现，闸底板裂缝、左右孔闸门槽裂缝依然渗水严重，闸底板北外侧挡土墙新发现一条贯穿性裂缝，闸门体锈蚀严重，运行了50年的启闭机蜗轮蜗杆齿面磨损，压溃较严重。

观音寺闸目前存在诸多影响正常运用和威胁安全的问题，主要表现在：建筑物多处存在裂缝，混凝土建筑物表面炭化严重，局部露筋、蜂窝麻面，伸缩缝止水破坏严重，箱涵局部渗水、底板冲蚀老化，进口左右干砌石护坡水毁严重。

3. 颜家台闸。目前存在诸多影响正常运用和防洪安全的问题，主要表现在：建筑物多处存在裂缝，混凝土建筑物表面炭化严重，局部露筋、蜂窝麻面，伸缩缝止水破坏严重，1996年新建闸首与原1966年建设穿堤箱涵相邻建筑物存在较大的不均匀沉降及位移，最大不均匀沉降14厘米。

三、建议

近年来，荆江大堤三闸险情频发，虽每年进行应急整治，但隐患一直没有消除，严重威胁荆江大堤防洪安全，建议进行拆除重建。

2018

关于支持荆门至荆州铁路南延至常德的建议

随着长江经济带、长江中游城市群、洞庭湖生态经济区等国家战略规划加速落地，荆州作为“长江绿色经济和创新驱动发展带”和“江汉平原振兴发展示范区”的重要战场，蕴藏了铁路发展的强劲需求和重大机遇。2020年，随着襄阳至荆门铁路、荆门至荆州铁路开工建设，新建荆州至常德铁路尤显必要。

一是深入贯彻长江经济带发展战略的需要。荆州位于湖北省和长江经济带“腰部”，是连通东西、承接南北的重要节点。目前，武汉至重庆1286千米长江航道上仅有焦柳、宜万、浩吉铁路等低标准铁路过江通道，以及标准稍高的渝利铁路过江通道。湖北省中西部多数地区高速南下需绕行武汉，区域联系成本增加。建设荆州至常德铁路，将在湖北省腰部形成高标准南北通道，加快完善长江经济带综合立体交通体系。

二是推动长江中游城市群一体发展的需要。2015年4月国务院批复《长江中游城市群发展规划》，提出统筹推进重大基础设施建设，合力构建分工合理、功能完善、保障有力的基础设施体系，增强一体化发展的支撑能力。目前，武汉都市圈、长株潭城市群、环鄱阳湖城市群之间已形成“三角形”高铁格局，而长江中游城市群西翼的快捷联系还存在短板，荆州至常德铁路与荆门至荆州城际铁路等串联起长江中游城市群襄阳、荆门、荆州、常德四个重要节点城市以及公安、津澧地区等重点县市，沟通联系襄十随、宜荆荆、长益常三大城市带，构建长江中游城市群西部城市南北向联系主通道，有力支撑一体化发展。

三是加快洞庭湖生态经济区发展的需要。2014年5月，国家发改委印发《洞庭湖生态经济区规划》，要努力把洞庭湖区打造成为全国大湖流域生态文明建设试验区、“两型”引领的“四化”同步发展先行区等，为促进中部地区崛起发挥典型示范作用。荆州至常德铁路位于洞庭湖生态经济区西缘，沿线人口密集，生态、旅游等资源丰富。但目前沿线客运主要依靠公路，影响了吸引能力、整合能力。建设本项目将大幅提高沿线的客运能力和质量，有利于地区协作，促进资源连片开发，带动产业繁荣，推进省域地区协调均衡发展。

四是着力建设多功能过长江通道的需要。国家发改委《长江干线过江通道布局规划（2020—2035 年）》要求着力推进多功能过江通道建设，加强设计协同、建设同步，强化通道与其他基础设施统筹协调，提高通道资源利用效率。目前，二广高速公路在荆州城区过江，通过车流和城市内部车流叠加形成瓶颈，李埠长江公铁大桥的建设迫在眉睫，二广高速公路荆州段改线工程已走在铁路的前面，迫切需要荆州至常德铁路加快开展前期工作，提高过长江通道的综合效益。

五是提升荆荆城际效益避免投资浪费的需要。2020 年 9 月，荆荆城际开工建设，该项目运营长度约 79 千米，总投资约 105 亿元，财务效益较差，需要运营补亏，地方政府补亏压力大。荆州至常德铁路将增加荆荆城际路网功能，南接国家八纵八横高铁主通道中的厦渝、呼南等，更大范围地带动区域经济社会发展。

总之，建设荆州至常德铁路符合国家和区域战略的要求，项目路网功能清晰，客流需求有保障，工程建设条件较好，综合效益较高，且前后方线路正在建设，过江通道条件具备，荆州与常德以及沿线县市建设意愿强烈，项目建设可实施性强。

为此建议：国家发展改革委、国家铁路集团公司将荆门至荆州铁路南延至常德，作为两湖平原铁路补短板重点项目纳入《国家“十四五”铁路发展规划》。

2021

关于加强以洪湖为重点的四湖流域水环境综合治理的提案

四湖流域是长江中游一级支流内荆河流域，因境内原有洪湖、长湖、三湖、白鹭湖等四大湖泊而得名。流域总面积11547.5平方千米，耕地面积718.27万亩，水域面积344万亩，人口543万人，是全国重要的粮棉油和水产品生产基地。

四湖流域地处江汉平原，人口稠密，长期以来由于地方财力有限，基础设施和水利工程建设长期滞后，导致防洪能力不足，涵闸工程亟待整险加固。尤其是近年来水污染态势未得到缓解，四湖流域水质有恶化趋势，生态修复任务艰巨。造成四湖流域水环境污染的成因主要有四个方面：

一是生活污水处理能力不足。流域内生活污水收集处理率不高，黑臭水体治理不够，生活污水仍然是四湖总干渠上游的主要污染来源。

二是农村面源污染突出。农村生活垃圾收集、转运、处理体系尚不完善，畜禽养殖粪污综合利用途径不畅。流域内水产养殖发展迅速，特别是小龙虾养殖，大量季节性养殖废水通过沟渠汇入四湖总干渠和洪湖，形成新的污染源。

三是洪湖湖区底泥污染物治理不够。洪湖多年高密度围网养殖，造成底泥中污染物普遍偏高，虽然已经全面拆除围网，但底泥中的污染物，遇到合适的气温、水流、风速，会加速释放。

四是洪湖湖区周边污水汇入问题。目前湖区周边共有河流交汇口、河湖汇入口、闸口总计358个。湖区周边乡镇污水大部分汇入湖区，且水质较差，导致湖区水质自我净化能力不断弱化。

洪湖位于四湖流域的下区，处于四湖流域的盆底，承接四湖流域上中下区的来水下接长江，治理以洪湖为重点的四湖流域水环境是长江大保护的源头治理，既为国家粮食安全、农产品安全提供有力支撑，也为乡村振兴战略实施提供巨大动力。为此，建议：

一、全力推进洪湖的退垸还湖还湿工程

目前，正在实施的洪湖退垸还湖还湿工程，是我国当前实施的最大规模退垸还湖生态建设工程。洪湖退垸还湖还湿工程规划总投资39亿元，已落实的地方债30亿元，仅能满足补助渔民、退垸施工和安置群众的需要。包括水质改善在内的生态恢复工作，仍然没有落实项目资金。建议由国家发改委牵头，组织涉农、涉水、生态等国家有关部门加大扶持力度，解决缺口资金，并为洪湖大规模水环境治理工作预留必要的资金。

二、完善配套防洪排涝等基础设施建设

在已有规划的基础上，优先解决以洪湖为重点的四湖流域内的基础设施建设。一是新建洪湖市新堤排灌泵站项目，解决洪湖市排涝抗旱问题，对螺山泵站增容，新建高潭口二站、腰口泵站等项目的基础上，继续增加外排能力，同时兼顾抗旱灌溉、生态补水、生态安全等需要，增加提水灌溉流量，规划新建洪湖市设计排涝流量180立方米/秒，灌溉流量100立方米/秒的新堤排灌泵站。二是实施下内荆河整治工程。下内荆河疏挖河道54千米，加培河道堤防长105千米；蔡家河疏挖4千米，加培河道堤防长8千米，整治沿堤建筑物167座，修建堤顶公路191.8千米。三是实施洪湖东分块蓄滞洪区安全建设工程。新建安全区围堤26.33千米，穿堤建设物14座；兴建水系恢复工程，疏挖渠系30条，长度80.18千米；新建节制闸7座，引水闸5座；新建排涝泵站4座，重建1座，扩建、维修泵站3座及新滩和新堤安全区部分公共基础设施。

三、建立完善生态补偿机制

在四湖流域开展建设生态补偿机制试点，并纳入国家重点建设项目立项实施，从国家层面给予支持和指导，建立以“国家财政支持为基础、多种补偿方式相结合”的因地制宜生态补偿方式，拓展生态补偿资金渠道，发挥市场机制调节作用，调动激发各类群体的内生动力，推进平原湖区生态环境向好向稳发展。

2019

创新城乡社区治理　夯实国家治理根基

十八届三中全会提出推进国家治理体系和治理能力现代化，十八届五中全会提出加强和创新社会治理，推进社会治理精细化。习近平总书记强调，社会治理的重心必须落到城乡社区，社区服务和管理能力越强，社会治理的基础就越实。调研发现，当前我国基层政府和居委会在城乡社区治理中发挥了不可替代的作用，"社会生活共同体"正逐步形成，但城乡社区治理仍然存在不少问题，亟待解决。

一、当前城乡社区管理存在的主要问题

（一）社区管理任务繁重，工作强度、难度高

当前城乡社区居委会几乎被当成"万金油"，基层政府各职能部门都希望居委会能为之分忧。政府向居委会交办的任务既有服务性项目，也有行政性事务；既有"责任状"中约定的大量任务，也有不少临时安排任务。由于居委会成员较少，落到每个成员头上的任务既繁杂又沉重，同时对每个成员的业务能力、服务态度和时间保障都提出较高要求，导致社区工作质量得不到保证，难以取得居民认可。

（二）社区管理人才缺乏，人员流动性大

居委会成员平均只有几人，还都兼任社区网格员。人才队伍文化程度普遍偏低，具有大学文化程度的凤毛麟角。大量农村青年常年外出务工，缺乏参选和选举社区管理人员的热情。农村社区管理人员不仅学历低，且年龄偏高。社区管理人员流动性大，除社区（村）书记、主任比较固定以外，其他人员任职年限较短。

（三）社区管理人员待遇低，工作积极性不高

社区管理人员所拿工资扣除养老保险后基本与当地最低工资持平或略有高出，且普遍没有住房公积金待遇。社区管理人员的工资待遇与社区工作绩效挂钩，如果没有完成“责任状”中的任务，还按相应条款扣掉一部分。各个政府职能部门对社区居委会的评分（级）都以较大的比重纳入社区管理绩效考核之中，对社区工作人员的待遇影响很大。繁重的工作任务加上偏低的待遇使得社区工作缺乏积极性。

（四）社区自治组织经费欠缺，运转困难

我国社区服务资金筹集渠道比较单一，主要依靠中央和地方各级财政资助拨款，资金投入总量偏低。如果考虑到东、中、西部和城乡区域间经济发展差距，一些贫困地区的政府对于社区服务方面的财政支持更加有限。一些地方还存在经费拨付不及时、拨付头绪多和所拨付资金不能完全到位等现象。赋事不付费或拖欠问题比较突出，造成社区干事缺经费或负债服务。社区虽然做了事，但因得不到相应的工作经费，只能拆东墙补西墙，从捉襟见肘的工作经费中硬挤。

（五）社会对社区自治组织的认识有误，社区面临两难境地

社区组织既不是行政单位也不是执法部门，但不少居民直接将社区居委会当作政府服务窗口，大事小事都找居委会。一些企事业单位常要求居民持居委会开具的相关证明，居委会陷于两难境地：开具证明担负不起相关法律责任，不开具又会影响社区其他工作顺利开展。社区也经常受行政部门的质疑，如被要求查验低保户的资格，社区却没有渠道和能力而达不到上级要求；再如有居民将房屋出租或自行经营煤气业务而将煤气罐放置于室内，带来安全隐患，社区与当事人发生矛盾时却没有权力解决，因解决不了受到辖区内其他居民和上级有关部门的双重指责。

二、创新城乡社区治理的对策建议

（一）明确界定政府和社区自治的关系

政府应当是社区治理中的宏观规划者、调控者和掌舵者，社区居委会作为自治组织，是社区工作的引导者、组织者和践行者。两者是指导与协助、服务

与监督的关系，而不是领导与被领导的关系。应按照政社分开、政事分开、权责利一致的原则，合理界定两者的职能边界，以便建立健全两者的工作清单制度和政府职能部门工作进社区的准入制度。

（二）积极扶持各类社区治理主体，壮大协同治理力量

创新城乡社区治理，关键是完善治理结构，当前社区治理主体比较单一，未能形成多元共治。政府应加大对社会组织的政策扶持力度，积极扶持发展行业协会、公益慈善类组织、农村专业经济协会和城乡社区服务类的社会组织。通过各种政策工具，催生培育专业化的社会组织，推动其参与提供城乡社区公共服务。中央政府应进一步完善社区服务税收、公用事业收费、工商和社会组织登记等优惠政策，建立健全政府购买服务制度，确立政府向社会组织购买服务的基本原则和方向。各地也应制定相应配套政策，建立社会组织发展专项基金，用项目资助、以奖代补等多种方式扶持社会组织。

（三）强化县级政府对社区治理的规划与监督

当前社区治理缺乏统一规划，街道办、乡（镇）政府在社区治理规划方面的能力有限，县级以上政府制定的规划又难以贴近社区实际，因此县级政府对社区治理的规划至关重要。同时，也只有县级政府才能对社区治理进行有效的监督。社区治理规划的内容主要应包括:（1）社区基层设施建设规划;（2）社区管理人才队伍建设规划;（3）社会组织扶持规划;（4）社区治理经费预算;（5）社区治理绩效评价体系。社区治理规划是县级政府对社区治理进行监督的主要依据。社区治理监督的主要方式是社区治理绩效考核，考核的对象主要是基层政府和基层自治组织。基层自治组织绩效考核应由县级政府组织实施。

（四）建立健全政府协调机制

基层政府各部门协调不善，导致社区管理缺乏头绪。实现政府之间协调是一项系统工程，需要:（1）由政府牵头，建立健全以议事协调机构、部门联席会议及部门协议为主要形式的宏观协调机制;（2）简政放权，给基层政府部门协调创造更多的微观空间;（3）强化协调绩效考核。按照权力下放、权责一致的原则，除法律法规规定必须由县级以上政府及其职能部门行使的行政强制和行政处罚措施，以及行政许可事项外，对直接面向人民群众、量大面广、由基层政府服务管理更方便有效的各类事项依法下放基层政府。省级政府要依

法制定扩大基层政府服务管理权限的具体办法，明确下放事项、下放程序和法律依据，确定下放后的运行程序、规则和权责关系，确保下放权力接得住、用得好。

（五）强化基层政府服务窗口建设

服务窗口集中而直接地展示了政府社区治理能力。因此，应围绕基层政府服务窗口建设，增加相关经费投入，加强相关人才队伍，重视运用现代科技手段。基层政府窗口须提供一站式服务，做好与政府内外部的衔接，提高数据储存、处理功能，成为推动智慧社区建设的先驱力量。

（六）完善社区治理法律体系

前述建议都应具备法律依据和保障。当前，我国社区治理法律基础比较薄弱。例如，社区自治的法律依据主要是《宪法》《城市居民委员会组织法》和《村民委员会组织法》。《城市居民委员会组织法》内容比较简单，自 1990 实行后未经再次修订;《村民委员会组织法》虽然于 2010 年经过修订，但关于乡、镇政府与村委会的关系仍没有明确界定。当前，应首先着重从完善两部居委会组织法开始，逐渐完善社区治理的法律体系。党和政府以及其他各种社会力量均应积极推动社区治理立法工作。

总之，社区治理创新涉及的核心问题是如何调整定位政府和社会的职能，重构基层政权与社区自治之间的关系，努力构建结构合理、主体多元、运行有效的新型城乡社区治理模式。

2018

大力整治“僵尸车”顽疾　推进城市治理现代化

随着我国城市化进程的加快，汽车购买率逐渐攀升，私家车保有量大幅增长，机动车弃旧换新成为常态，住宅小区、单位公共停车场、偏僻道路停放着的长期无人理会的汽车、摩托车（“僵尸车”）明显增加。这些外观残破、锈迹斑斑、轮胎干瘪的“僵尸车”长时间占据着公共停车位、小区公共空间，甚至消防通道，但又无法有效处理。

在城市停车位极度紧张的情况下，“僵尸车”长期停放不仅会占用公共停车资源，且一些“僵尸车”外观残破，严重影响城市观瞻或小区形象；有的“僵尸车”随意停靠在城市街头小巷、小区通道、小区门口等地方，极易阻挡视线，影响日常通行，甚至影响突发事件救援疏散工作；有些“僵尸车”达到报废年限，存在车辆机件、电路老化、汽油泄漏等问题，“僵尸车”也易被用于非法改装、套用车牌等行为；“僵尸车”零部件如被非法拆卸后流通到市场上用于其他车辆的维修、改装、拼装，将会给交通安全埋下隐患；容易形成破窗效应，一些不法分子偷卸车牌用于实施违法犯罪，加大公安交管部门的执法难度。由此，“僵尸车”已成为城市新顽疾，亟待治理。

一、“僵尸车”治理难的原因

整治“僵尸车”极不容易，《物权法》第4条规定：“国家、集体、私人的物权和其他权利人的物权受法律保护，任何单位和个人不得侵犯。”因此，“僵尸车”即使长期无人问津，依然是个人财产，给物业单位、公安、城管部门在处置“僵尸车”时带来治理难度。“僵尸车”年久失修，很难确定车主信息和联系方式；长期停置在路边、小区公共区域的“僵尸车”，由哪个或哪些部门处置，目前没有明确规定；处置的程序和规范目前没有标准，即使集中收缴也无法存放；等等。

二、建议

建立针对“僵尸车”处置的机制、操作规程和责任分工办法。

一是完善相关政策、法律法规，明确规定各相关单位的责任分工以及处理条例。

二是需要完善城市停车政策，构筑严格管理的停车市场，加大惩罚力度，公安交警依法追查“僵尸车”车主信息并依法对违规停车车主进行处理和责任追究，从源头上杜绝随意停放“僵尸车”行为。

三是完善车辆从登记注册到报废的全链条管理，推行报废车依法强制按程序报废制度，鼓励车主依法处置报废车，最大限度地杜绝车辆被随意遗弃路边的现象。

四是将“僵尸车”与公民的征信系统建设相关联，作为公民诚信管理的重要依据，将“僵尸车”车主纳入征信记录。

五是相关部门和物业单位建立提醒制度，提高其公共意识，树立共建共治共享理念。

2020

关于推动“共享车位”破解城市停车难的建议

随着分享经济和互联网时代的到来，新经济、新业态层出不穷，其中共享单车、共享轿车、共享车位等应运而生，特别是“共享车位”作为互联网与物联网有机结合的产物，目前已经成为破解城市停车难、乱停车的有效方式，日益引起社会广泛关注和重视。现针对以武汉市为例就停车现状专题调研情况提出建议。

一、城市停车现况

随着私家车的迅速增加，武汉城区停车难、乱停车的现象问题日益突出，尤其是位于闹市区的商业区及政府机关、医院等，由于人流量、车流量较大，乱停车时常给道路交通造成拥堵，影响正常工作出行。在居住区，随着居民入住率不断增大、城市经济不断增长所带来的居民机动车拥有水平不断提高，使得停车供需的社会矛盾凸显，停车位缺口日益加大，停车难、乱停车现象正在加剧。

1. 停车位缺口大。截至 2017 年底，全武汉市拥有 4000 多个小区，私家车近 280 万辆，停车位缺口 100 万个以上，停车位和车辆数比达到了 1∶3。现有的车位分为居民租赁或购买的车位，道路停车位，经营的公共对外临停停车位，政府、企事业等单位自有的停车位等。

2. 停车难呈现主要特点。停车困难呈现区域和时段特点，在商业综合体、老小区、政府、医院等人流量大的某些区域停车难，不同区域的不同时段停车难。白天，居民小区车位空闲，而政府机关、医院以及写字楼办公区域等人流量大的地方停车位紧张；夜晚，居民小区停车紧张，而写字楼及企事业单位停车位大量空闲。随着城市建设的发展，停车紧张现状将加重。

二、我国推行“车位共享”试点情况

按照惯例做法，缓解停车难的主要途径一般是增加停车位增量，盘活停车位存量，大力发展城市公共交通并在部分区域限制私家车出行。关于增加停车位增量的方式，目前由于土地、资金等资源有限，每个车位成本高（达几万元到几十万元不等），时间周期长，难以短期解决停车难问题。大力发展公共交通并在部分区域限制私家车出行，是国外很多发达国家的通行做法，但我国在城市化建设过程中因规划的原因，短期还难以做到出行地点无缝对接，存在最后一公里的交通困难。唯有盘活停车位存量无疑是一条捷径，也符合共享理念。盘活存量就是将居民租赁或购买的车位与其他单位拥有自用的车位在闲置时间实行共享分享，这一方式只涉及少量改造、推广运用宣传，投资少、见效快，能很大程度上缓解当前的停车困难，在城市某些地方效果尤为明显。经调查统计分析，如果有 30% 以上的上班族白天上班后有 6 个小时空置时间拿出来共享，可以缓解写字楼、商圈、政府机关、医院等周边 50% 以上的停车需求；晚上写字楼、商圈、政府机关、企事业单位、医院将车位按时段（晚 8 点到早 7 点半）分享出来可以解决 30% 以上的小区停车位不足的问题。

国家发改委 2017 年 3 月已经出台的《关于开展城市停车场试点示范工作的通知》（发改办基础〔2017〕475 号）明确了车位共享的相关政策措施，并推动智慧停车试点工作。目前北京、上海、广州、青岛、成都、杭州等城市均已经出台相关实施办法，鼓励居民及单位分享车位，正在推动和试点之中。

据调查，我省还没有相关的具体措施。目前武汉慧城天下科技有限公司等有关公司为实现“车位共享”，率先通过互联网 + 停车、物联网设备和软件平台（微信小程序、APP）进行了尝试，腾讯网、UC 等各大媒体已报道、转载。但有效缓解停车难的问题是一项系统工程，因涉及政策、观念、投入、社会治理、利益冲突等方方面面，仅靠市场行为很难推动。总之，全国各个城市车位共享还在摸索试点当中，还没有形成比较成熟的、可复制的经验和模式。

三、推行“车位共享”遇到的主要困难

1. 市场动力不足。城市居民及单位车位共享，是一个全新的经济共享，

涉及业主、物业、单位、外来停车用户等方面的管理及利益分配问题，前期推动起来比较困难，沟通成本高、物业及业主的接受能力比较慢。实行共享车位的第一步是要取得停车场物业管理方及业委会、单位的同意和支持，第二步是要拥有车位的居民及单位有足够动力拿出自己空闲时段的车位；第三步是如何引流车辆停车。前两步是前期最难的部分，物业的动力在于利益最大化、责任最小化，业主的动力在于能否为自己提供足够的方便还能创造增值收益。只有解决好这两者的观念、协调好这两者的利益才能全速打开市场，这是目前遇到的主要问题。

2. 政策支持不强。地方政府没有明确的配套政策和支持措施也是推动困难的主要因素。目前北京、广州、成都等很多城市虽有相关的配套支持措施出台，因推广时间不长（不足一年），社会资本和市场主体参与度不高，少数企业经营困难，属于起步阶段，推动的效果还没有完全显示出来，没有形成很好的经验和操作模式。

四、多措并举，推动“共享车位”发展势在必行

为提高城市停车资源集约利用率，缓解城市停车设施资源供需矛盾，构建公共服务支撑体系，大力推行“共享车位”十分必要，且势在必行。

1. 出台一个好政策。借鉴外省经验，省政府尽快出台关于推进城市停车资源共享利用工作的指导意见或实施细则，强化保障措施和政策引导，鼓励和支持私家车位及单位车位共享，并指定政府牵头，交委、住建、房地局等相关职能部门具体实施。

2. 绘制一张信息图。政府以购买服务方式，委托专业部门做好停车位信息化基础工作，通过停车位现状调查，绘制城市一张动态信息化图，与城市旅游、公安、城管等部门实行信息一体化。

3. 制定统一行业标准。制定城市统一的共享停车服务行业标准规范，依托行业组织加强行业经营自律，从企业服务能力、服务内容、企业责任、用户资金安全等方面规范共享停车服务企业的经营行为。

4. 出台一部政策法规。加强行业立法，规范、鼓励和支持共享停车服务企业发展。培育和支持专门从事车位共享和分享的平台企业（可采用 PPP），

政府应每年给予平台企业或居民车位共享补贴，对共享停车服务企业中符合高新技术企业、软件企业、中小微企业等认定条件的依法予以相应税收优惠政策支持。鼓励并支持共享车位平台企业整合产业资源、构建产业生态圈。给予车位共享和分享个人收益免计个人所得税，分享时间计入社会公益积分。建立共享停车行为信用约束机制。推出共享停车保险产品。完善《物业管理条例》，通过激励方式，充分调动物业服务机构的积极性。

2018

关于利用智慧灯杆搭载5G基站
减少重复投资　扩大应用领域的提案

在智慧城市、新基建和5G技术的三轮驱动下，全国5G智慧路杆建设全面提速，广泛应用于城建、公安、市政、气象、环保、通信等多个行业，发展前景十分广阔，未来一片蓝海。预计未来五年可以跨入千亿产业行列。以湖北为例，"十四五"时期，在新型基础设施建设巨大投资的拉动下，湖北智慧城市建设和5G基站建设跃上了一个新的高度。据《湖北省5G产业发展行动计划》披露，到2021年，全省网络建设累计投入达到600亿元，力争建设5G基站5万个以上，实现武汉市5G网络全覆盖，宜昌、襄阳等有条件的地方主城区全覆盖，逐步覆盖全省县级以上区域的重要交通基础设施（车站、机场、港口）、县级医院和3A以上旅游景区。目前，武汉、宜昌、襄阳、鄂州等地在建设智慧城市的过程中，启动了智慧灯杆，包括5G智慧灯杆的建设项目，其中武汉光谷中心城国信强智慧路灯建设运营管理有限公司已在武汉东湖新技术开发区中心城区域内及高新大道全路段，建设约5500套的武汉市首个5G智慧路灯示范项目，覆盖路段总长度达30公里以上。

智慧灯杆是智慧城市建设的重要组成部分，是将摄像头、广告屏、充电桩、小基站等功能集于一身的新型信息基础设施，能够完成对照明、公安、市政、气象、环保、通信等多个行业的数据信息进行采集、发布以及传输，实现通信、公共安全、智慧照明、环境监测、智慧交通、能源业务和信息发布等典型业务应用。同时作为5G时代车联网建设、云网建设以及通信网络建设的重要组成部分，智慧灯杆也将得以广泛应用。从国家开始推进智慧城市建设以来，住建部发布三批智慧城市试点名单。其中第一批在2013年1月发布，共包含90个城市（区），其中地级市37个，区50个，镇3个；第二批于2013

年 8 月公布，共包含 103 个试点；2014 年公布第三批试点，共计 93 个，其中 84 个新增试点，13 个扩建试点。截至目前，住建部公布的智慧城市试点数量已经达到 290 个。

2019 年我国城市道路照明灯杆保有量约为 2935 万盏；若 2020—2025 年我国城市道路照明灯杆数量保持 5% 的增速，预计 2025 年城市道路照明灯数量将达到 3923.4 万盏。其中 5G 智慧路杆建设将达到百万盏以上。

据了解，一个 5G 基站的建设成本约 40 万元，占地约 6 平方米。由于传统基站建设模式存在重复建设、资源浪费、成本高等诸多问题，且人们对健康、环保、市容等方面的要求越来越高，移动通信基站建设朝着“集约化”和“景观化”方向发展已经成为共识。结合我国提出的“建设资源节约型、环境友好型社会”发展战略，研究更加开放的、与智慧城市基础设施融合的 5G 建设模式成为当前的热点课题，其中智慧灯杆与 5G 基站的结合是最佳的突破口。

在智慧城市的规划建设中，智慧灯杆因具备通电、联网、广布的优势而成为物联网在城市中的重点应用领域，且在满足应用功能的同时兼顾了集约性和景观性，这些特点恰恰与 5G 微站建设配套需求不谋而合。一是 5G 智慧灯杆可以节省大量的城市土地。二是智慧灯杆作为分布最广、最密集的市政设施可以满足 5G 超密集组网的站址需求。路灯杆间距一般在不超过灯杆高度的 3 倍，在 20—30 米之间按每根灯杆集成一套 5G 系统，路灯杆的数量至少可以满足三家电信运营商建站需求。三是智慧灯杆的供电系统可以解决 5G 微基站建设电缆敷设的问题。四是智慧灯杆作为常见的市政设施，外形和谐美观，可以减少因电磁辐射、市容风貌带来的社会问题。五是以智慧灯杆为 5G 基站载体，可以避免城市基础设施的重复资金投入，资源浪费等问题，同时极大地降低人工巡检、管理维护等费用开支。

“智慧灯杆 +5G 基站建设”不是简单的技术组合。工信部、国资委曾在《关于 2018 年推进电信设施共建共享的实施意见》中指出：要积极推进通信塔与路灯、监控、交通指示等杆塔资源双向共享。由此可以看出，5G 微基站落户智能路灯，实则为一项由政策推动的互利互惠的举动。毕竟除了搭载 5G 微基站，智慧路灯可以作为数据的采集端，也可以作为数据终端，整合监控摄像头、5G 微基站、安全报警等硬件，通过信息感知和大数据交互技术，实现智能照明、智慧交通、无线城市、信息发布等功能，并不是只能作为搭载 5G 微基站的器具。

智慧灯杆作为 5G 载体，优势明显，不仅可以解决 5G 建设的难题，还大幅地降低城市建设成本、减少重复投资、节约土地和提升城市运维效率，实现“集约化”“场景化”和“景观化”。

目前，智慧灯杆在技术上不存在明显的瓶颈。通过近几年的探索，智慧灯杆已经进入标准建立阶段。为此建议：

1. 编制“智慧灯杆 +5G 基站建设规划”。按照 4G/5G 并行原则，将“智慧灯杆 +5G 基站建设”规划纳入国土空间规划和城市通信基础设施专项规划。

2. 由政府有关部门编制全国统一的智慧城市 5G 灯杆建设标准。组织相关单位共同制定《中国桥梁、码头、隧道 5G 智慧灯杆建设标准》。

3. 扩大 5G 智慧灯杆的应用领域。由于道路、桥梁、码头、隧道建设的自然环境、气象环境以及互联网、物联网、车联网环境比较特殊，建设 5G 智慧灯杆桥梁、5G 智慧灯杆码头、5G 智慧灯杆隧道，可提前预报、防范自然灾害、气象灾害，便捷物联、车联与互联。

4. 探索推进“智慧灯杆 +5G 基站”“多杆合一”试点示范，实现社会资源共享。完善设计规范，研究制定集市政照明、城市监控、交通信号、通信基站等功能于一体的综合杆设计标准和管理办法，实现“多杆合一”，加强资源共享，突破原有多方管理的藩篱，进行建设和运维的优化配置。

5. 以国有企业为主体，引进社会资本，联合建设 5G 智慧灯杆项目。对社会资本开放经营权，探索多杆合一、共建共享、规范运营、信息安全的集约化、节约化路径。鼓励政府、国有企事业单位、重要交通设施等社会公共基础设施资源向“智慧灯杆 +5G 基站”“多杆合一”建设开放，减少政府财政支出，降低部门运营成本。

2021

关于完善高质量教育体系　提升教育治理效能的提案

党的十九届五中全会提出要建设高质量教育体系。目前，从整个教育体系的整体性、系统性和协调性来看还存在短板，如教育评价改革中评价标准急需建设，高校各类评估指标不能满足新形势下教育评价改革要求；也存在弱项，如中央提出的建设全民终身学习体系没有建成，安全教育体系没有形成统一规范，区域战略教育缺乏规范性指导，教育评价改革只“破”不“立”，乡村教育不足以支撑乡村振兴等。关于教育体系的“高质量”建设，教育治理效能还有待提高，教育现代化水平有待提升，教育供给侧改革不足以解决教育本身不平衡不充分等。为此建议：

一、加快制定安全教育规划

教育部门应统筹其他部门制定安全教育规划，建立安全教育体系。一是制定安全教育管理体系，创建安全教育综合平台，统计安全数据发布信息，研究培训知识、课程内容和教材建设体系，统筹安全教育资源，增加信息技术手段，加强安全理念宣传教育，丰富安全教育资源，明确安全教育责任。二是根据不同安全建立分类教育体系，包括国家安全、生命安全、公共卫生安全、财产安全、交通安全、消防安全、网络安全、数据信息安全等安全体系。三是成立安全教育协调机构，统筹各方资源，协调各类安全教育工作，实行全民安全教育。四是加强安全教育学科、师资队伍、教材和实践基地等建设，丰富安全教育资源，同时建立安全教育评价机制。

二、加快推进建设全民终身学习体系

多年来，教育法律、发展规划纲要、教育振兴计划以及几次党代会文件均提出建成服务全民终身学习的现代教育体系。在教育还没有完全普及的背景下，部分人群的学习成为体制性障碍和机制性梗阻。建议成立国家全民终身学习领导小组，建立部门间横向协调的联席会议制度、国家和省市县乡纵向管理体制，制定全民终身学习总体规划，建立健全全民终身学习机制。

三、加强区域战略教育规划指导

近年来，国家为实现经济社会发展实施了较多国家战略。这些战略制定了发展规划或纲要，其中包含有教育合作机制等内容。教育部门应进一步调研区域规模、规划导向和区域教育资源，为建立区域性教育协作机制提供指导意见。

四、完善教育项目建设标准和评价体系

根据教育评价改革总体方案，目前中央文件已经下达并即将展开督导检查，但各类主体的评价标准没有完成，急需加强调研，尽快出台标准，便于各类各级主体有标可对。高校在学校层面有本科审核评估、专业认证；学科建设方面有学科评估、“双一流”一流学科建设、“新工科、新医科、新农科、新文科”建设，地方教育部门还开展有重点学科、学科群建设；专业建设和课程建设方面有“双万计划”。建议：一是结合目前教育评价改革，梳理评估现有各类建设和评估指标，清理与改革不相符合的内容，注重各项评估体系与评估指标的协调性、一致性和系统性；二是对尚缺建设标准和评估体系的项目应补充完善。

五、将高校智库建设纳入教育“十四五”规划

中央高度重视中国特色哲学社会科学，教育部也将推动高校加快构建学科体系、学术体系、话语体系，研制面向2035高校哲学社会科学行动计划等纳入今年重点工作内容。建议在教育评价改革破“五唯”背景下，突出高校智库在繁荣哲学社会科学方面发挥的重要作用，将高校智库建设纳入教育规划。

六、加快在教育评价改革中实现破立并举

中央决定实行教育评价改革，国家及有关部委发布了改革文件，包括破“五唯”要求。目前各类教育机构和办学主体均在自主探索，办学主体一方面坚决支持“破”的决策，毫不犹豫，一方面在“立”的方面又无所适从，尤为困扰。建议教育部门协调科技、人社等部门发布指导意见。

2021

关于解决高等教育发展不平衡不充分问题的提案

党的十九大报告中强调指出：中国特色社会主义进入新时代，我国社会主要矛盾已经转化为人民日益增长的美好生活需要和不平衡不充分的发展之间的矛盾。高等教育关乎每个家庭的幸福和国家的未来，人民对高等教育的满意程度是美好生活的基础和重要组成部分。尽管我国高等教育毛入学率已达到 42.7%，正快速迈进普及化阶段，但与人民群众接受高质教育的热切期盼相比，我国优质的高等教育资源严重短缺且发展不平衡。

一、高等教育发展不平衡不充分的表现

（一）供给侧和需求侧不平衡

截至 2016 年底，我国各类高等教育在学规模达到 3699 万人，位居世界第一；共有普通高等学校 2596 所（含独立学院 266 所），位居世界第二。从数量而言，我国高等教育的供给与人民需求之间的矛盾已经不再如从前那般突出，但从质量而言，高校培养的人才、产出的科研成果、为社会提供的服务与国家、社会的需求还有一定的距离。高等教育供给侧与需求侧的不平衡直接导致，一方面是大学生就业难的同时企业招不到合适人才；一方面是高校科研成果丰硕的同时企业找不到合适的产品、技术支持。

（二）不同区域之间不平衡

我国高等教育不同区域之间的不平衡主要表现在两个方面：一是东部与中西部地区之间的不平衡。2017 年公布的 42 所一流大学建设名单显示：24 所高校分布在东部地区，只有 18 所分布在广袤的中西部地区。一流大学代表我国高等教育发展的最高水平，其分布说明了我国各地区高等教育发展不平衡。二是中心城市与非中心城市高等教育发展的不平衡。当前，分布在非中心城

市（国家中心城市和省会城市以外的城市）的公办普通高校约占全部公办普通高校的 40%，但如果仍然从一流大学的数量来看，分布在非中心城市的只有 4 所。

（三）高等教育质量发展不充分

我国是世界高等教育第一大国，但不是世界高等教育第一强国。2016 年教育部高等教育教学评估中心发布的《中国高等教育质量报告》显示当前高等教育质量的短板主要表现为“四不够、一不高”，即学科专业设置不够优化，科研水平不够高、科研成果转化率不够高；培养创新人才的力度不够；高水平教师和创新团队不够；质量意识和质量文化不够；就业岗位与所学专业的相关度不高。

（四）对未来社会发展转型的关注不充分

人工智能作为未来社会的引领性技术，正在推进教育从数字化、网络化向智能化迅速跃升，引致经济社会发展对人的发展的新要求。但是，当前高等教育的主要关注点仍在如何满足当下社会经济产业结构对人才和技术的需求，还没有主动认识到未来社会发展的需求，更没有从被动适应转向主动助力社会发展。

二、建议

（一）加大对中西部、非中心城市高校发展高等教育的政策支持

《国家中长期教育改革和发展规划纲要（2010—2020）》指出：到 2020 年，我国高等教育毛入学率达到 50%。毛入学率从当前的 42.7% 提高到 50%，不仅意味着现有高校的招生规模将有所增加，而且还意味着我国将成立新的高校。为了缩小东部和中西部高校的差距，为了提高非中心城市高校对地方经济社会发展的促进作用，建议国家将新增的招生数主要投放到中西部高校，新增的高校数主要投放到非中心城市。

（二）加大对中西部、非中心城市高校的经费支持

我国当前的高等教育经费拨款在体现公平的前提下凸显的是“集中资源办大事”的思想，无论是“985”工程、“211 工程”建设还是当下的“双一流建设”，国家对发展最好的 100 多所大学投入了更多的经费，这种经费支持方

式已经产生了较强的“马太效应”。高等教育是一个系统，它的整体实力绝非仅由约占我国公办高校总数 1/8 的学校决定。为了提高我国整体人力资本水平，必须重视在地理位置上处于劣势、但为国家承担大量的人才培养重任的中西部、非中心城市高校，在经费拨款上有所倾斜。同时，根据“谁受益、谁付费”的成本分担原则，高校所在地的政府应该为高校提供经费支持。为了切实落实地方政府对高校的支持，建议增加“对高等教育投入”指标对地方政府进行考核。

（三）制定分类考核办法，促进高校提高办学水平

我国高校可以分为研究型大学、研究教学型大学和教学型大学，它们各自的定位不同、对我国社会的贡献不同：研究型大学肩负为社会发展与民族进步培养社会精英的历史重任，教学型大学肩负为地方社会经济发展培养应用型人才的重任。因此，研究型大学的专业设置应凸显基础性、交叉性、前沿性，教学型大学的专业设置则应凸显应用性、服务性、技术性。研究型大学尤其要研究引领未来社会发展的新技术、新思维，培养具有国际视野、创新能力和科研能力的人才，教学型大学尤其要进行校企合作、行业协作，主动对接企业升级和技术创新工作，培养具有创新能力、复合性技能的人才。为此，建议国家制定分类评价体系，引导各校根据自身定位，各展所长，在不同层次不同领域办出特色，争创一流。

（四）实现高等教育资源共享，促进各高校之间的协同发展

我国各高校在师资队伍、信息资源、课程建设、仪器设备、实验室和运动场地等方面都存在着较大的差别，一方面，一些高校的资源浪费严重、资源闲置、资产流失严重；另一方面，一些高校的资源严重不足，难以满足基本的办学需求。建议地理位置邻近的高校之间进行全方位的资源共享：交换师资、学生互修课程、共享实验室和运动场地；地理位置相距较远的高校可以交换教师、学生互访。另外，高校可利用在线开放课程（慕课），引进优质教育资源，丰富自身课程体系。

2018

关于加快推进建设全民终身学习体系的提案

随着终身教育、终身学习理念于20世纪70年代在国际上兴起，我国也逐步重视全民终身教育，多年来的教育法律、发展规划纲要、教育振兴计划以及几次党代会的文件均提出要建成服务全民终身学习的现代教育体系。2020年9月22日，习近平总书记主持召开教育文化卫生体育领域专家代表座谈会时指出，完善全民终身学习推进机制，构建方式更加灵活、资源更加丰富、学习更加便捷的终身学习体系。

全民终身学习体系，涉及两个核心内涵：一是全体国民，包括每一个公民；二是终身学习，持续一生。从学校教育看，任何人都不可能在学校学习一辈子，学校只是人们终身学习的一个阶段、一个站点，学校教育也就不能等同于全民终身教育。截至“十三五”时期，学前三年毛入园率达到85.2%，九年义务教育巩固率95.2%，高中阶段教育毛入学率达91.2%，高等教育毛入学率提升到54.4%，教育总体发展水平进入世界中上行列。没有达到普及，特别是高等教育毛入学率只是过半，意味着每个阶段总会有一定的人群流失。这些群众尽管在社会上可能会接受继续教育，其他人群不一定有学习的机会，全体公民学习就成为一个问题，终其一生学习也成为一个难题。因此，仅凭在校学习难以达到全覆盖，流失人群的学习成为体制性障碍和机制性梗阻，导致全民终身学习体系难以建立。

为此建议：

一、成立国家全民终身学习领导小组，建立部门间横向协调的联席会议制度、国家和省市县乡村纵向管理体制

领导小组制定全民终身学习规划，协调拓展全民终身学习的空间，开发学习渠道。业务上设立全民终身学习指导委员会，制定学习体系与框架。具体可

由举办终身学习比较成熟的国家开放大学组织实施，统筹各方面教育资源，构建全民终身学习网络，做好各类学习统计、考核、论证和信息发布等工作。最终形成党政主导、教育部门和人社部门牵头协调、多部门合作、社会力量参与的全民终身学习格局。

二、制定全民终身学习总体规划

国家层面制定相应的发展规划，相关部门根据职责制定相应规划，省市县乡村根据本地的实际出台地方性指导意见。规划可根据全民终身学习体系，分别按学校教育、继续教育、社区教育、老年教育和家庭教育等板块形成的协同育人机制制定。

三、构建学习型城市和学习型社会，营造全民终身学习氛围

推进学习型城市建设，构建国家和省市县乡五个层级和学校、行业、家庭、社会和网络五大系统组成的“五纵五横”终身学习“立交桥”体系。构建由有条件的普通高校、职业院校、基础教学、特殊（专门）学校、开放大学、成人学校、社区学校、老年大学、科普学校和其他社会教育机构等全社会参与的学习型社会。

四、建立健全全民终身学习机制

培育全民终身学习文化，协调开发各类资源，发挥网络教育和人工智能优势创新更加便捷的教育和学习方式，打造终身学习综合平台，推行终身学习资助计划，建立终身学习激励机制，建立全民终身学习监测、积分与考核评估机制，组织开展全民阅读等书香活动。

2021

关于改革高校教师薪酬制度的提案

为了提高教师的幸福感，激发教师的工作热情，中共中央、国务院颁发的《关于全面深化新时代教师队伍建设改革的意见》指出：建立体现以增加知识价值为导向的收入分配机制……对专职从事教学的人员，适当提高基础性绩效工资在绩效工资中的比重。这个规定已为今后我国高校教师薪酬制度改革提供了指导和方向，但具体的改革措施还需认真细化和明确。

一、当前我国高校教师薪酬制度存在的问题

（一）国家工资的固定性降低整体薪酬的激励作用

当前高校教师的薪酬主要包括两大部分：一是国家工资，高校教师现行的国家工资执行的是2006年实施的岗位绩效工资制度，包括岗位工资、薪级工资、绩效工资和津贴补贴四个部分。但在实际执行中，绝大多数高校教师的国家工资只包括岗位工资和薪级工资。二是校内津贴，即学校根据教师完成绩效情况而发放的工资，这部分工资由各学校根据实际情况自行发放，因而名称不一，内容各异，如校内津贴、校内奖金、基础性奖励工资、绩效性奖励工资等。国家工资根据教师所聘的岗位和资历发放，只要他们受聘到某一岗位，无论努力与否、关注与否，国家工资都是固定的；而校内津贴主要根据教学、科研、培养学生情况发放，教师绩效高则校内津贴高，绩效低则校内津贴低。因此，教师会对校内津贴特别关注，围绕校内津贴这一指挥棒努力工作，但对国家工资不太关注，这无疑降低了整体薪酬的激励作用。

（二）校内津贴过高的比例导致教师的急功近利

中国高等教育学会薪酬管理研究分会课题组的调查显示：高校教师的薪酬中，国家工资占整体薪酬的比例约为30%，校内津贴的占比约为60%，即校

内津贴是国家工资的两倍。有些教师为了提高收入水平，注重校内津贴，发放津贴的工作就做，多发放津贴的工作多做。于是，教师容易只注重教学科研而忽视跟学生的沟通和交流，只注重完成课时任务而忽视教学质量，只注重短、平、快项目而忽视耗时长但意义重大的项目。正因为如此，中共中央、国务院颁发的《关于全面深化新时代教师队伍建设改革的意见》中规定“适当提高基础性绩效工资在绩效工资中的比重。”

（三）整体薪酬水平不高降低学术职业的吸引力

中国高等教育学会薪酬管理研究分会课题组的调查显示：高校教师年收入10万元以下的占47.7%，10万元至15万元占38.2%，15万元至20万元的占10.7%，20万元以上的占3.4%。按照职务分类，教授的年均收入为14.36万元，副教授为10.33万元，讲师为8.3万元，助教为7.44万元。这些被调查的教师中，80%具有博士学位。高校教师是一个知识密集型和人力资本高投入型群体，相比其他行业同等学力的从业者而言，教师的收入缺乏竞争力。正因如此，高校对于优秀人才的吸引力一直不够。

二、改革高校教师薪酬制度的思路

年薪制，是一种我国高校早在20世纪90年代后期就开始尝试的薪酬制度，在实践中表现出以下三个优点：

（一）提高薪酬的激励作用

年薪的结构非常简单，一般是一笔固定的数额。一个考核周期结束后，如果教师绩效很高，学校将提高其下年度的年薪水平；如果教师绩效很低，学校将降低其下年度的年薪水平。无论是提高还是降低，年薪都是作为一个整体在变动，不会像国家工资加校内津贴模式下出现国家工资不变的情况，因而对教师的激励作用非常大。

（二）提高学术职业吸引力

高校在确定教师年薪时，会综合考虑教师具有的知识和能力、学校的知名度或社会声誉、发展战略定位、所在地区和城市、经济承受能力，尤其是所需人才的市场供需状况以及具有的其他重要资源。因此，年薪的水平比较高，与其他职业群体的薪酬相比，具有一定的竞争力。这种具有外部竞争力的年薪可以吸引优秀的人才加入高校教师队伍行列中。

（三）提高学术生产力

实行年薪制后，教师的基本生活得到了保障，他们无需为生计发愁，无需“为五斗米折腰”。同时，学术人的使命感促使他们安心教学和社会服务，用“甘坐板凳十年冷”的精神潜心科学研究。在物质自由和学术自由的状态下，他们的创造力得到最大的发挥，学术生产力得到最大的提高。

近年来，我国许多高校早已对高端人才、年轻人才实施年薪制，经过多年的探索，已经积累了一些经验，取得较高的薪酬激励效应。当前，随着《关于深化高等教育领域简政放权放管结合优化服务改革的若干意见》的出台、高校教师职称评审权的下放，对所有教师推行年薪制的时机已经成熟。因此，建议在高校普遍实行年薪制。

三、高校实行年薪制的具体措施

（一）综合考虑各种因素，确定合理薪酬水平

“一人一薪”是年薪制的应有之义，在确定教师年薪水平时，不仅要考虑每个教师所在的岗位，还要考虑教师所拥有的知识、能力，更要考虑其相同专业的外部市场薪酬水平。在确定年薪水平时，应将岗位职责、薪酬水平透明化，保证公平性。

（二）完善考核制度，提高绩效考核效力

绩效考核及其效力的发挥是年薪制激励功能实现的关键。在设计绩效考核指标时，首先要突出对教学、人才培养的考核，然后要突出对教学质量、科研质量的考核，最后要突出对服务社会的考核。除此之外，应严格执行考核制度，将考核结果与教师下年度的年薪直接挂钩。

（三）加强经费管理，为年薪制实施提供资金保障

年薪制意味着教师的整体薪酬水平有所提高，即高校需要支付更多的人员费用，这是年薪制推广的最大阻力。据统计，我国高校的人员费用占全部支出的比重在 50%—60%，而美国的这一比例早已超过 70%。因此，我国高校应加强经费管理，提高人员经费比例。

2018

关于启动高等教育资源的建议

为做好新型冠状病毒感染的肺炎疫情防控工作，有效减少人员聚集，阻断疫情传播，更好保障人民群众生命和身体健康，国务院发布“各地大专院校、中小学、幼儿园推迟开学”的决定。为贯彻落实中央要求，少许高校已经作出响应，制订春季教学调整预案，开始启动网络教学工作安排。建议：

一、鼓励高校在开学前的疫情期开展网络教学

一是为了针对延迟开学而进行有效应对或弥补；二是让大学生在未开学期间通过网络听课，分散他们过度关注疫情的注意力，缓解他们因疫情而带来的心理压力或恐慌；三是为了将学生通过听视频课程而多留在家里，少出门，避免疫情传播风险。

二、教育部门应启动课程资源库

疫情已进入战时阶段，国家为防止疫情发生，建立了国家物资储备库，目前已启用。教育部门也有课程资源库，早在十几年前，教育部在全国高校实施了质量工程建设，其中就包括有精品课程、精品资源共享课等系列项目。去年10月，教育部发布《关于一流本科课程建设的实施意见》，又启动了一流本科课程“双万计划”（即1万门左右国家级和1万门左右省级一流本科课程），目前各省已经通过评审上报到教育部，这些课程之所以能够通过省级评审并上报，说明这些课程是该课程领域的全国精品，教学质量应是可靠的。

三、征用社会课程资源

自教育部门实施课程质量工程以来，社会上有许多机构建立课程资源库，如“超星尔雅”就是专门的课程制作公司，长期以来为高校提供视频课程服务；许多机构多年来致力于“MOOC”课程建设，有些是高校组织的课程库，有些是高校联盟组织的，如有一定影响并有质量保证的清华大学的“学堂在

线”、上海交通大学的“好大学在线”、深圳大学的“地方高校U课联盟”、湖北大学的“楚课联盟”等，应该由教育部门与其协商，并向学生有序开放，这也是这些公司和联盟的社会责任。

四、相关部门支持配合

大学生在家不一定有电脑可上网，但几乎每人都有手机。可以制作可通过手机收看的课程视频，待开学之后可以进行少量线下学时加以辅导。电信、移动、联通等通讯部门可以专门针对收看这些课程免收流量费。

2020

关于完善师范院校评价改革的提案

中共中央、国务院印发的《深化新时代教育评价改革总体方案》中指出，要“改进师范院校评价，把办好师范教育作为第一职责，将培养合格教师作为主要考核指标。”教育部等五部门印发的《教师教育振兴行动计划（2018—2022年）》也确定相关目标：“经过5年左右努力，办好一批高水平、有特色的教师教育院校和师范类专业。”然而，近年来，由于有偏差的高等教育评价观和社会机构推崇的高校排名制度，导致许多师范院校教师教育萎缩，专业教育教学地位下降，高质量教师教育受到冲击。因此，重振师范院校教师教育主体地位，改革师范院校评价刻不容缓。为此建议：

一、提高师范院校师范生招生规模，确保师范院校“教师教育属性”

受办综合型大学的影响，目前许多师范院校师范生招生比例在下降，有些师范院校师范生招生比例已下降至30%以下，师范生已成为师范院校学校的少部分，已经成为事实上的综合类高校。自然，高等院校对师范教育的投入降低，各类专业研究力量也随之降低。尤其是教师资格证实施以后，师范教育的专业性更加淡化，教师教育的专业性受到冲击和质疑。因此，教育部门应严格执行党中央决定和要求，加大师范院校建设和投入，确保师范院校“师范性不失”，保证师范院校“教师教育属性”主体地位。建议国家应从法律上对师范院校师范生比例加以规定，避免师范院校主业不清。

二、加强师范院校教育经费投入专项督查，确保“教师教育”投入专属使用

教师教育是一项需要长期投入而很难产生短期回报的事业。与医学、工学等学科加大投入能够立即产生大量回报不同，教师教育需要长期投入而且很难产生短期回报。因此，许多师范院校对教师教育的投入不足，而对能够产生短

期回报的专业增加投入，影响了师范生的培养质量，不符合文件精神。为此，建议师范院校的教师教育投入经费应该每年进行专项督查，确保教师教育投入不打折扣，不缩水。各督查组每年要向全社会公开受督查师范院校“教师教育”投入和支出情况，接受全社会监督和质询。

三、提高师范院校教师“双师型”比例，增强教师教育实效

受科研考核和科研排名的影响，各师范院校忽略了教师教育“理论＋实践双结合”的独特性，采取的招聘模式还是重视研究，而轻实践。各师范类专业缺乏有从事一线教育教学经验的教师，导致师范生在校教育空洞，实践性弱化，毕业后站不稳讲台，增加了中小学校的用人成本，也影响了师范院校师范生质量的社会声誉。建议：一是严格界定“双师型”，必须是在中小学一线从事过至少五年以上的教育教学，并且取得优秀成绩；二是向全社会公开各师范专业的双师型教师，接受全社会监督；三是面向中小学一线特级教师和优秀教师招聘，建立专项的准入、晋升和考核标准，确保师范院校师范类专业双师型教师达标。

四、加强师范技能基础训练，确保师范生教师技能训练过程可追溯、结果可查证

由于师范院校愈来愈发展成为综合院校，因此，许多师范院校在教师基础技能训练上没有严格要求，再加上专业技能训练师资缺乏，导致师范生教师基础技能没有得到严格训练，也没有经过严格的一一专业认证。因此，师范类院校要切实配备齐专业技能训练教师和实验员，严格师范生教师基本技能训练制度，确保训练时间要达标，质量要达标。严格考核和认证制度，利用大数据平台，建立师范生教师技能展示平台，确保师范生教师技能训练过程可追溯，结果可查证。

2021

在部分高校试点建设项目制特色硕士专业学位点的提案

目前，大多数硕士学位授权高校的硕士点建设多头发展，精力有限，且因重视程度不同、条件不够等造成专业硕士点建设发展不平衡，不能精准地、适时地满足经济社会发展特殊领域对人才的特殊需求。同时，有些高校的部分硕士点每年因生源不足而需要调剂情况普遍存在，生涯质量、培养质量均难以保证。

而部分拥有专业学科特色的地方高校，因从整体上尚达不到国务院学位委员会申报硕士学位授予单位基本条件的一项或几项，导致这些高校不具备招生硕士的资格。但这些地方特色高校，如行业性高校、师范类高校等，自然有其特色学科或专业，有些是国家战略亟需的专业，如师范专业；有些是专业人才奇缺的社会短板专业，如疫情发生后反映出来的应急管理人才学科专业、社会治理人才学科专业等，却因所在学校没有获批硕士点授权单位，导致特色专业学科，无论如何有特色，无论社会多么急需，甚至是省一流学科或是国家一流专业，也与硕士点无缘。为此，针对高校与专业之间的矛盾以及高校之间的不平衡，提出建议：

国务院学位委员会在按原计划新增硕士学位授予单位的同时，针对特色高校的特色专业，根据经济社会发展需要和国家战略导向，结合“双一流”“双万计划”等设置条件，在非硕士学位授予单位中，批准在一定时期内招收培养硕士研究生并授予学位，并根据国家需求的变化对人才培养项目实行动态管理。特色高校如果完全具备某个特色专业硕士培养的建设能力、水平和条件，在获批建设专业硕士学位点后，学校聚焦一个点的建设，会将全校优质资源调动起来，在人才引进、办学经费和条件满足等方面向其倾斜。此外，有些高校先期建设一个特色专业硕士学位点，可以为以后整体申报硕士学位授予单位积累经验，打好基础。类似于 2011 年，为推动特殊领域特殊人才的培养，满足经济社会发展过程中对特殊人才的需求，国务院学位委员会启动的“服务国家特殊需求人才培养项目”，部分高校第一次纳入开展培养硕士专业学位研究生教育的行列。

2020

关于抓紧抓好大学生就业工作的建议

新型冠状病毒肺炎疫情发生，全国多地已启动重大突发公共卫生事件Ⅰ级响应，学校延迟开学，企业推迟上班，农民工推迟进城，给今年原本压力就很大的大学生就业工作带来巨大压力。一是就业工作任务重。2020届毕业学生较去年新增40万，高达874万，加上2019届未实现就业117万，面临着千万大学生就业大军。二是就业布置时间紧。教育部均发出延期开学通知，部分地方政府限定了企业复工的最早时间，今年大学生就业工作将延迟推进。三是就业困难增多。许多中小企业受疫情影响将面临生存困难或发展阻力，就业机会相应减少，同时也可能出现一批下岗再就业人员；鉴于因疫情变化的国际形势，毕业生出国留学可能会受到一定影响。为尽早尽快做好2020年大学生就业工作，建议：

一、认清形势，尽早尽快做好就业部署工作

中央各部委、各省（直辖市）人社部门应贯彻落实党中央关于做好疫情防控工作的最新部署，充分认清目前面临的严峻形势，密切关注和研判疫情对当前和今后一段时间就业工作带来的冲击和影响，坚定信心，科学应对，狠抓疫情防控期间就业服务工作的落实到位。对大学生就业工作提早做出预案，早启动、早谋划。

二、根据实情，认真做好大学生就业工作

1. 增加今年研究生扩招比例。划低研究生招生起分线，研究生招生比例再提高10%—20%，特别是目前多数高校的博士生指标紧张，一个导师最多只能带一个博士生，有些导师一个指标也没有，博士生指标也应扩大。

2. 给予接受应届毕业生的中小企业优惠政策。疫情发生后，部分中小企业影响特别大，对正常经营的中小企业在招收应届毕业生方面给予一定优惠政策，如给予税收优惠政策、两年内免交或降低由企业承担的社保费用等。

3. 延迟办理今年毕业生的离校手续，推迟到今年年底就业的，仍然按应届毕业生对待。

4. 对实行“专升本”的地区，准许扩大地方教育部门专升本招生规模。

5. 今年 6、12 月份四六级英语考试如期举行之外，9 月份再增加一次考试机会。

6. 针对一时难以就业的专科学生，给予半年或一年期带薪补助的待岗实习机会，增强就业能力。

7. 各地政府出台相应政策，吸收大中专学生到基层或乡村就业，服务于乡村振兴战略，缓解城市就业压力。

三、多措并举，全力做好就业服务工作

1. 大力加强线上招聘工作。各地加强就业工作的统一部署要求，改进现场招聘等活动的组织形式，将线下招聘转为线上招聘，充分发挥各种线上就业服务平台的作用，加大就业信息推送频次，打击虚假信息，引导用人单位和求职者开展网上招聘、求职等活动，推进“就业服务不打烊、网上招聘不停歇”。

2. 改革基层人事制度改革。广大基层，特别县、乡镇和农村地区，对大学生需求量大，但用人制度僵化，考核录用程序烦琐，影响大学生的求职积极性，应建立程序简单、进退有章、灵活多样的用人体制。

2020

关于规范研究成果国外发表确保数据信息安全的建议

近几年，国内学者在国外期刊的论文刊发量日益增多，投稿量自然更多，这是学术水平和国际化水平的结果，也有国内学术和人才评价指挥棒的原因。从繁荣学术、加强国际交流的角度来看，值得提倡和肯定，但存在的风险也值得关注。

国外期刊主要刊发的是实证研究论文，而实证研究又必须以数据作为支撑。国外期刊发表论文，按审稿的要求必须要有创新，而国内学者在国外发表论文的创新，不一定在理论，也不一定在研究方法，更多是在于通过一手调查而得来的数据信息，这无疑是以论文投稿方式将国内一线数据信息免费提供给了国外，而有些行业的数据信息可能会涉及国家战略安全，如调查收集到的农村农业基础数据、专业或行业领域科技大数据、公民健康数据、医院的病人病理数据等，这类特殊的数据信息容易被利用，因此带来一定风险。为此建议：

一、加大克服唯在国外发表论文的力度。严格执行中央和国家有关部委提出的克服唯论文倾向的要求，特别针对唯国外论文提出具体措施。最近发生的新型冠状病毒疫情，网上传播的某疾控中心人员在国外发表论文就是典型案例。

二、提高科研管理部门的数据安全意识和敏感性，强化单位对论文的审核把关主体责任。目前，学者们撰写论文向国内外自由投稿的过程，是个人行为，没有任何部门把关审核环节，但论文刊发后因署名单位而也成为所在单位的成果，如成果违背科研诚信或是发表不当观点，甚至涉及数据信息安全，单位同样受到影响，也会承担责任。因此，所在单位在本单位人员投稿过程提前审核把关有必要也必须。

三、加强科研数据信息安全的教育和宣传，建立学术论文发表数据信息安全承诺制度。

四、建立科研论文数据信息安全动态监测和第三方评估制度。

2020

关于完善医学规范化培训制度的提案

住院医师规范化培训是医务人员培养的重要环节。我国住院医师规范化培训工作全面启动虽有5年，但通过对医学院学生和教师、医院工作人员的调查，规培效果并不理想。不少医学毕业生反映，三年规培打杂多、临床少，大多数以写病历、换药等杂务性事情为主，没有能力和机会真正做实际工作，临床思维能力不足，规培后没有能力独立管理病人，在医院实习结束后仍然达不到一名合格医生的实践操作能力。

一、医学规培存在的问题

（一）科室轮转过于频繁，没有时间深入学习

按照目前规范化培养大纲要求，医学规培生需要为期2年在所有科室全部轮转，为期1年在本专业相关科室重点轮训。但轮转科室较多，走马灯似的在一个科室停留时间太短，多数科室与本专业关系不大，没有时间临床操作。尤其对于专硕学生而言，本专业轮转时间太少，导师和学生意见均比较大。

（二）待遇偏低，同工不同酬，影响医学规培生的积极性

规培工作全面启动以来，中央财政对住院医师规培提供专项资金支持，人均每年3万元。但调查显示，基层医院近三成规培生每月收入在1000元以下，少数学生反映没有收入，每月收入3000元及以上的规培生不到三分之一，谈不上补助，更谈不上享受医院福利。

（三）规培目标不明确，过程流于形式

在目前规培制度下，作为培养人才基地的医院没有明确的人才培养责任和义务，规培结束后主要以书面考试为考核方式，不能突出临床技能。特别是基层医院实力相对薄弱，培训过程管理本身就流于形式，对考核自然也不重视。

（四）基层医院师资力量不足，水平参差不齐

目前虽然实行了住院医师规培责任老师负责制，但基层医院教师队伍参差不齐，带教能力不足，责任心不强，主要表现在对学员疏于管理。同时，大部分医院有奖励制度，多数表现在晋升加分上，对老师的劳动价值没有经济上补助或明显偏低，起不到激励作用。部分老师缺乏培训，人员也不足，正因缺乏师资，也就没有淘汰机制。

二、推动医学规培制度改革的建议

（一）完善科室轮转制度，延长本专业相关科室的轮转时间

在基础的、共性的科室轮转时间压缩至 1 年，剩余 2 年时间着重培养本专业相关学科的基础知识、基本理论、基本技能，使其具备独立处理本专业常见病和危急重症的能力。

（二）全方位保障医学规培生待遇、福利

明确出台医学规培生最低补贴标准，杜绝个别医院零补贴现象，在福利方面一视同仁。

（三）以提高临床技能为导向，完善考核办法

压实医院的规培责任，明确规培生考核标准，增强考核的可操作性，将医学规培生独立诊断病人的数量和质量纳入考核范围，同时建立医生对规培生的“传帮带”责任制。

（四）切实提高师资水平，增加规培的责任

一是将老师培养规培生的任务纳入考核或晋升的依据；二是将老师培养的效果和规培生学习效果挂钩，明确培养责任；三是要求师资参加一定层次的培训，并规定培训的学时或期限。

2021

关于推进学校铸牢中华民族共同体意识教育的提案

习近平总书记在中央民族工作会议上强调，要构建铸牢中华民族共同体意识宣传教育常态化机制，纳入干部教育、党员教育、国民教育体系，搞好社会宣传教育。青少年是我国实现“两个一百年”奋斗目标的主体力量，也是新时代中华民族共同体建设的主体力量。在大中小学校及幼儿园广泛开展铸牢中华民族共同体意识教育，事关中华民族复兴伟业，事关国家统一、民族团结，事关培养什么人这一教育首要问题。为深入贯彻落实习近平总书记重要指示精神，扎实推进学校铸牢中华民族共同体意识教育工作，着力培养堪当民族复兴重任的时代新人，提出如下建议：

一、积极推动构建学校教育、家庭教育、社会教育协同机制，实现铸牢中华民族共同体意识教育大中小幼有效衔接、与中小学教育和高校思想政治教育紧密融合

一是强化顶层设计。教育部联合中央统战部、国家民委等部门出台《深化新时代学校民族团结进步教育指导纲要》，指导中小学民族团结进步教育教材修订，推进民族团结进步教育教材有机融入中小学用书，尤其注重融入语文、政治、历史等中小学课程及大学阶段文、史、经、法等人文社科类课程。

二是促进学校发挥好课堂教学主渠道作用。扎实推动铸牢中华民族共同体意识进教材、进课堂、进头脑，坚持用习近平新时代中国特色社会主义思想铸魂育人，把铸牢中华民族共同体意识教育纳入学校思政课程，融入课程思政。

三是促进学校发挥校园文化在学生成长成才过程中的独特作用。把各民族共享的中华文化符号和形象标识有机融入校园文化建设，有效发挥教室、活动室、文化长廊等育人功能，大力开展思想宣传和主题活动，突出“一校一品”办学特色，积极营造“中华民族一家亲，同心共筑中国梦”浓郁文化氛围。

四是常态化开展研学实践教育活动。通过打造铸牢中华民族共同体意识研学实践基地，开展情景式、沉浸式、体验式课程教学，坚持“从娃娃抓起”，引导学生在“行走的课堂”中铸牢中华民族共同体意识。

五是完善教学考核评价。将铸牢中华民族共同体意识作为思政育人的重要监测指标，作为学校意识形态工作、思政育人成效、师德师风建设、“双一流”申报验收等的必备考核指标，夯实全国教育战线铸牢中华民族共同体意识的工作基础，强化各民族师生不断增进“五个认同”。

二、鼓励支持地方、学校结合实际创新开展铸牢中华民族共同体意识教育

一是建立中华民族共同体意识展览平台。推动在内蒙古、西藏、新疆、广西、宁夏等民族地区建立“铸牢中华民族共同体意识数字展览馆”，全面总结、展示当地在铸牢中华民族共同体意识方面取得的成绩、经验等，作为学校开展铸牢中华民族共同体意识教育的重要载体。

二是充分利用中华民族共同体意识资源。遵循铸牢中华民族共同体意识这一工作主线要求，挖掘和用好地方红色资源，发挥教育战线智慧和力量，打造一批具有育人功能的公共教育资源。

三是打造中华民族共同体意识特色品牌。支持学校围绕专业建设、学科特色、社会实践、社会服务等，打造本校铸牢中华民族共同体意识的特色品牌，给予周期性政策扶持、动态评估和调整。

四是探索引入中华民族共同体意识社会教育资源。挖掘博物馆、美术馆、革命旧址等育人功能，发挥退役军人、民间文艺传承人、退休党员干部等口述历史的教育作用，形成铸牢中华民族共同体意识教育强大合力。

五是加强家校联络。通过持续开展“党员教师大家访”“辅导员家访”等活动，组织教师在学生、家长中广泛宣传解读党的教育方针和新时代党的民族政策，推动中华民族共同体意识入脑入心。

三、健全教师队伍职前培养和在职培训的一体化机制

一是加强大学生特别是师范生职前培养。坚持“深化”思想引领、“强化”专业素养、“优化”实践锻炼等方式，引领师范生“准教师”深入学习贯彻习近平总书记关于加强和改进民族工作的重要思想，着力提升教书育人职业能力素养。

二是将铸牢中华民族共同体意识纳入教师入职培训重要内容。着力强化新入职教师对铸牢中华民族共同体意识历史必然性、极端重要性的认识理解，注重提升教师对国家通用语言文字的掌握使用水平。紧紧抓住小学这个关键阶段、抓住语文这门关键课程、抓住语文教师这支关键队伍，加强国家语言文字政策宣传，不断提高教师使用国家统编教材教学、使用国家通用语言文字授课的能力和水平。

三是深入贯彻协同育人教育理念。构建“政—校”联动机制，统筹安排政策、资金、编制等，推动建立“学习—实践—再学习”终身培养模式，鼓励大中小学校及幼儿园通过互助学习、双导师制等多种举措，实现教师培养的纵向贯通和横向联合。

四是建构一体化课程体系。结合各级各类教师实际，把终身发展理念贯穿到整个课程系统中，明确各阶段教师培养目标，完善教师学习内容体系，创新教师培养模式，科学制定培养方案，整合地区、大中小学校及幼儿园教育资源，切实增强教师培养的实效性。

五是深入推进教师常态化在职培训。积极推动政府、培训机构、大中小学校及幼儿园实现联动，通过优化培训师资、创新培训模式、丰富培训形式、搭建互动平台等形式，有针对性、精准性地对各级各类教师开展在职培训，支持每一名教师都能通过终身的学习和培训获得专业素养的可持续提升，不断提高教师开展铸牢中华民族共同体意识教育的能力。

2022

关于支持师范院校美育教学改革探索推进美育工作的提案

根据中共中央办公厅、国务院办公厅《关于全面加强和改进新时代学校美育工作的意见》和教育部《关于开展体育美育浸润行动计划的通知》，要求坚持美育面向全体，健全面向人人的学校美育育人机制，缩小城乡差距和校际差距，让所有在校学生都享有接受美育的机会，整体推进各级各类学校美育发展，加强分类指导，鼓励特色发展；加强美育与德育、智育、体育、劳动教育相融合，充分挖掘和运用各学科蕴含的体现中华美育精神与民族审美特质的心灵美、礼乐美、语言美、行为美、科学美、秩序美、健康美、勤劳美、艺术美等丰富美育资源。

目前，在中央关于美育工作的精神和部委文件的指导下，大中小学已在形成“一校一品”“一校多品”等美育特色方面开创了新局面，但依然存在以下问题：

一是“双减”政策之后，各中小学幼儿园均深感艺术实践活动的开展需要大量的艺术教师，各校现有专职教师无法应对大量开设的艺术实践活动，高校尤其对美育教师源头的培养相对滞后。

二是美育工作依然存在城乡和区域差距，尤其是在中西部，主要体现在美育专职教师的数量和质量、美育课程的数量和质量、美育实践活动的特色方面。许多乡村中小学没有美育专业教师，缺乏系统科学的美育课程，课外艺术实践活动也无法有效开展。

三是学校与地方政府、企业和艺术展演场馆的协同育人机制需要进一步改革和创新，各类美育社会优势资源与校园融合度不够，还有待在实践中不断研究和探索，缺少学校社会协同推进学校美育改革发展机制，缺乏共建共享的大美育教学和实践平台。

建议：

一、支持师范院校开展大中小幼美育一体化教学研究，实现美育课程共建、团队互融、资源共享

将《大学美育》列入高校必修学分课程，同时针对师范生广泛开设以技能掌握为目标的艺术实践选修课程，积极在师范生培养体系中探索进阶式艺术实践教学模式、艺术活动课外活动课程化管理模式的改革与创新，培养一专多能的合格中小学基础学科教师。鼓励并支持师范院校积极开展校地合作，通过与中小学幼儿园共建美育实践教学基地，推进一校一艺，共组美育教学团队，组织并指导师范生将见习和实习融入中小学幼儿园艺术技能实践、艺术展演、艺术工作坊的互动与交流，从根本上解决中小学幼儿园美育实践活动师资力量不足的问题。

二、鼓励师范院校结合中小学美术、音乐课堂教学，探索多元化美育教学改革模式

以全国普通高等学校音乐教育、美术教育专业学生和教师基本功展示活动为抓手，组织包括中小学艺术教育名师在内的优秀教师和学生组建稳定的教学团队，在中小学名师和专业教师“双师”引领下，开展直播教学和线下定期互动。实施线上教学为主、线下互动为辅的中小学音乐、美术课程教学，探索建立教学点网校音乐、美术学科教学团队，以及农村教学点音乐、美术学科基于网络的专业发展培训模式，实现团队项目化、项目成果化，产生具有地区文化特色的农村中小学美育智慧课堂。

三、设立美育教学研究示范学校，打造大中小幼儿园“一体化”美育教育品牌

以师范院校为主体，联合艺术展演场馆、各级非物质文化遗产大师工作室，建设一批美育一体化教学与研究示范学校，深入推进美育浸润行动计划。支持高校建设美育研习场馆、中华优秀文化传承基地、非物质文化遗产实验中心，开展针对大中小学的美育体验、实践和研学活动。

2022

关于加强新时代中小学劳动教育的提案

2020 年 7 月，中共中央、国务院发布《关于全面加强新时代大中小学劳动教育的意见》。教育部当月印发《大中小学劳动教育指导纲要（试行）》。据调查，目前中小学生劳动教育现状很不乐观，主要体现在：

一是当代中小学生劳动教育意识薄弱，劳动能力不强现象普遍存在。通过对中学生的抽样调查，学生参与家务等劳动时间日均不足 0.3 小时，相比国外同龄中小学生，美国日均 2.5 小时，日本日均 1.9 小时，法国日均 1.6 小时，英国日均 1.4 小时。63% 学生每天由父母帮其整理各种学习用品，有 81% 学生离开父母无法独自生活，只有 13% 学生偶尔做点简单的擦桌子、扫地等家务劳动。以上数据对比结果反映出我国家庭对孩子劳动教育重视程度上存在严重不足。

二是劳动教育全面实施缺乏专业的理论知识指导，课程开发与信息技术应用匮乏。中小学校虽开设了劳动教育课程，但仅表现在课程表上。缺乏劳动教育的主题开发与课程教学的融合机制，缺乏劳动教育课程化学习空间，导致中小学生在学校接受劳动教育机会少，劳动教学内容更新缓慢，劳动教育方式不灵活，劳动教育课程流于形式，常常被自习课代替。

三是家长思想认识有偏颇，且对孩子过分溺爱。家务劳动几乎被家长全方位承包，家长认为孩子最重要的事情是搞好学习，从而忽视孩子的劳动教育，导致中小学生家务劳动的量不够，有劳无教。

四是中小学校劳动教育内容与学生实际生活脱节，保障体系不健全。从教育系统到社会大众，简单地把劳动教育等同为传统农业生产活动或简单的劳动技术类手工活动等体力劳动，把劳动教育基地直接理解为农田、菜园、山林、手工坊等。

五是劳动教育观念、课程、装备、环境、评价没有真正被理解，相应评价机制和激励机制不完善。

六是学校、家庭、社区三方协同合作力度不够。学校片面追求升学率，不重视中小学生劳动教育实施，家庭以中小学生学业为重，社区没有承担为中小学学生提供劳动教育的责任。

建议：

一、成立中小学劳动教育研究联盟，完善学校劳动教育资源开发机制

劳动教育资源开发需要依靠各省市教育行政部门进行整体规划和顶层设计。教育行政部门应成立劳动教育研究联盟，以互帮互助、共建共享为前提，开发各中小学校优势资源，交流各中小学校劳动课程建设的宝贵经验，深挖新时代劳动教育内涵，进而推动校本课程体系构建，形成劳动教育主题开发的研究共同体。

一是关注中小学劳动教育研究联盟的体系构建。明确该联盟的组织建构和运行机制，成立管理组和实践组。

二是提升中小学劳动教育联盟的研究意识。根据各学校劳动课程的开发现状、特点和实施方式开展理论学习与探讨。

三是丰富和拓展中小学劳动教育研究联盟的资源共建机制。将劳动教育纳入中小学生综合素质评价体系，并作为中小学校特色评价指标和实践教育视导的考评内容。

二、加强劳动教师观念塑造，确保劳动教育全面实施路径

一是转变教师的劳动课程观念。教师应树立“五育并举”教育观，依据课程的基本要素，推进新时代中小学劳动教育课程的统筹建构，充分发挥中小学劳动教育的综合育人功能。

二是提升教师的劳动教育领导力。唤醒教师对劳动教育领导意识，从顶层设计出发正确规划教师领导力。劳动教育研究联盟可以积极构建教师教育合作共同体，以课题研究为载体，帮助教师科学开发劳动教育内容、确定劳动教育目标、制订课程纲要和实施方案、合理选择评价方式和实施场所，提升教师劳动教育观念和课程领导力。

三是提升劳动教育教师综合素质。劳动教育教师不仅要深刻理解和把握

新时代劳动教育的基本内涵和“五育”的辩证关系，而且要具备一定的专业技能，成长为复合型、技能型的专业教师，保障劳动教育课程高质量稳步发展。

四是对劳动教育教师开展培训。教研部门根据教师目前对劳动教育的认识不到位、教学方法与实践技能不足等问题，组织高质量培训，切实提升教师的课程开发和实践水平。

三、合理配置劳动教育课程资源，形成中小学劳动教育共享资源包

一是合理配置优质资源。深入挖掘区域和校际优势资源，创新劳动教育开发系统运行模式，除了显性的精品课程案例、劳动实践基地以外，还有隐性的课程开发经验和劳动文化资源。

二是构建劳动教育资源共享体系。以基础性和拓展性课程为主线，将劳动教育课程与研学旅行相融合，将研究性学习与创新劳动相结合。

三是注重运用“互联网＋模式”解决区域冲突。各区域中小学校可以采用“一对一”帮扶、兄弟学校结对、劳动教育基地共建共享等模式强化劳动课程的价值目标、实施过程、评价手段，构建科学、系统的课程共享体系。

四是开发劳动教育特色课程。加强劳动教育课程主题开发、课程设置，装备与环境的融合，挖掘一些劳动教育的特色活动课程，构建劳动教育课程资源开发、方案打磨、交流与迭代的创新机制。

四、建立评价标准和制度，促进学生劳动素养发展

劳动教育究其根本是实践教育，实践教育与知识教育的教学与学习方式不同，评价不同，学习的场景及工具不同。劳动教育的发展方向是智能化，与社会科技发展趋势一致。然而，当前劳动教育课程教学内容价值的评价指标呈下降趋势，发展性评价目标需要在实施过程中制定明确、具体的阶段性发展目标，注重过程性评价目标，倡导多样化、多元化的评价方法，关注个体差异性在评价中的作用。

五、打造劳动教育示范基地，创新劳动教育模式

因地制宜打造特色鲜明的劳动教育示范基地，形成一套劳动教育基地规划设计标准。创建劳动教育示范性实验区，探索劳动教育基地社会化运营模式，形成劳动教育实践基地运营指南。开发劳动教育实践基地优势资源，整合劳动教育基地优势资源开发指导手册。建立劳动教育课程整合机制，完善劳动教育

全面实施方案，形成大中小学有效衔接、整体推进的终身学习体系；建立协同育人平台，改革劳动教育教学模式，根据不同学段学生特点，推进体验式、互动式、亲子型、实践型、小组合作式等劳动教育创新模式；建立校内外资源共享机制，形成校内外一体化劳动教育实践基地；保障经费运行机制，加强政府学校整体筹划。

2021

关于"一体化"深入推进体教融合的提案

体教融合是立足于国家发展、民族振兴高度促进青少年健康发展，对新时代我国体育和教育工作进行的全面部署和顶层设计。从本质而言，体教融合以教育为本，将竞技体育人才培养融合到国民教育体系之中，推动文化学习和体育锻炼协调发展，实现青少年健康促进与体育后备人才的目标。2020 年，中共中央办公厅、国务院办公厅印发《关于全面加强和改进新时代学校体育工作的意见》，国家体育总局、教育部出台《关于深化体教融合促进青少年健康发展的意见》，明确了体教融合的理念、目标和实施路径，为推进新时代学校体育工作提供了政策依据，取得了一定成效，但也面临一些亟待解决的困难。

一是在融合理念上，存在体育系统瞄准竞技体育奖牌目标，教育系统瞄准学科高分和升学率的藩篱。基层一线中小学教师对体教融合理念、政策不甚了解，导致工作推进目标任务不明确、贯彻落实不到位、融合成效不佳。

二是在融合机制上，体育和教育存在条块分割体制性障碍，缺乏由政府、学校、社会合力推动青少年体育发展的体制机制，不能达到协同育人的目标。

三是在融合措施上，受限于升学渠道、竞赛体系、师资力量等因素影响，体教融合仍处于低水平结合状态。较为突出的问题是小学、中学和大学运动项目贯通的"一条龙"人才培养通道衔接不畅，"一体化"竞赛体系构建不完善；体育师资队伍不足且补充渠道受限。

四是在融合成效上，科学和完善的青少年体育健康促进评价体系、体教融合工作绩效考核评价体系尚不健全。

建议：

1. 加强宣传引导，形成社会共识。通过全媒体平台开展体教融合、青少年健康发展等相关主题的科普宣传教育、系列健康促进活动，通过多层次、多渠道的舆论引导，促进政府、学校、社会、家庭等多元主体树立“健康第一、全面发展”教育指导思想，广泛传播相关工作的重要性，形成全社会共识，有助于体教融合工作推进落实。

2. 构建协同机制，共促融合发展。由政府主导成立省市县体教融合工作领导小组，建立教育和体育部门、学校、社会互动的长效机制。充分融合体育、教育、社会各方资源，“一体化设计”“一体化推进”体教融合专项工作，解决好条块分割、职能交叉、多头管理等融合体制障碍。

3. 完善和健全青少年体育竞赛体系。构建“以赛促学、以赛促训、以赛促育、以赛选才”的人才培养模式，建立校内、校际联赛、冬夏令营，以及四级联赛体系，促进青少年文化学习与体育锻炼协调发展，课内外与校内外贯通、体育项目普及与提高有机衔接，在均衡发展的基础上形成高水平学生运动员选拔集训、参赛、评价、激励等机制。

4. 构建分层分类体育人才招生录取机制。建立小学、初中、高中运动项目贯通一致的“一条龙”培养体系，解决体育人才升学断档问题。研究制定体育特长生的招生比例、学业评价、升学保障等政策，探索灵活学籍制度，多措并举为体育特长生创造发展空间，解除后顾之忧。加强学生体育综合素质评价档案使用。

5. 多渠道配齐配强体育师资队伍。通过公开招聘、体育专业特岗教师设置、体育教育专业大学生支教计划等方式，弥补学校体育师资力量不足。引入社会体育组织力量、体育系统教练员和运动员，补齐学校体育师资短板。设置体育教师提质培优专项行动计划，定期开展体育教师职后培训、专业技能和教学技能评比活动，持续提升教师综合素质。

6. 强化体教融合工作考核督查。整合学校体育工作评价、青少年体质健康测试与评价，建立科学的体教融合工作考核评价体系。将体教融合工作细化落实到对地方政府工作考核、学校办学质量考核等指标体系中，设立青少年体教融合工作专项督查组或引入第三方评价，对体教融合工作进行督促检查。

2022

关于加强乡村中小学教师队伍建设的提案

乡村振兴，重点在产业，关键在人才。乡村教育振兴，重点在优质均衡，关键在教师队伍。要建设高质量教育体系，全面实现教育现代化，乡村教育是难点、痛点。乡村教师是促进发展更加公平、更有质量乡村教育的重要支撑，是推进乡村振兴、实现教育现代化的重要力量。一直以来，党中央、国务院高度重视乡村教师建设，2015 年 4 月，中央全面深化改革领导小组第十一次会议审议通过《乡村教师支持计划（2015—2020 年）》，针对乡村教师发展面临的困难和问题，制定一系列措施，为乡村教师发展提供了制度支撑。这些文件精神大力促进了我国乡村教师建设发展，但还存在短板，乡村教师结构性有待改善、综合素质和发展通道有待提升、整体素质有待提高、培训机制有待完善等。为实现乡村振兴，为促进共同富裕，进一步加强乡村教师建设，提出以下建议：

一、出台支持地方师范院校发展规划，发挥地方师范院校作用

地方师范院校在建设乡村教师队伍中发挥着重要作用。但地方师范院校综合实力不强、核心竞争力不足，在学科专业、队伍、科研、办学条件、经费投入、就业等方面存在一定短板。根据中共中央、国务院《关于全面深化新时代教师队伍建设改革的意见》提出“加大对师范院校支持力度”的要求，加强乡村教师建设以助推实现乡村振兴战略，建议出台《支持地方师范院校发展五年规划》，中央设立专项资金，引导地方师范院校改善办学条件和提高办学水平，支持地方师范院校加强学科建设，教育硕士、教育博士学位授权点向地方师范院校倾斜。

二、扩大“优师计划”招生规模，保持乡村教师队伍稳定持久

我国公费师范生政策已实施 15 年，累计招收免费师范生 10.1 万人，在校

就读 3.1 万人，毕业履约 7 万人。一定程度上充实了乡村师资，但未能很好解决乡村教师补充难问题。2021 年教育部启动“优师计划”，依托部属师范大学与高水平地方师范院校，采取定向方式，每年为 832 个脱贫县和中西部陆地边境县中小学校培养 1 万名左右本科层次师范生。从“优师计划”计划编制、招生录取、培养院校与区县主管部门联动情况来看，达到了初步预期效果，该计划将成为解决乡村教师队伍“下得去、留得住、教得好、会发展”的有效路径。建议扩大“优师计划”招生规模，建立以部属师范大学为引领、地方师范院校为主体的乡村教师定向培养、教师资格准入、校地联合培养、定向就业机制，改革优化农村教师省级统一招考招录方式，扩大区县教师补充自主权，提高地方师范院校聚焦主责主业，培养高素质师范生的积极性。

三、实施精准培训，提升乡村教师整体素质

中小学教师国家级培训计划实施 12 年来，对中西部农村义务教育教师进行有针对性的培训，对于引导地方完善教师培训体系，加大农村教师培训力度，提高农村教师的教学能力和专业水平起到了巨大推动作用。但各地还不同程度地存在着教师培训体系不完善、培训经费不落实、培训针对性不强、培训效果不佳等问题。

1. 加强乡村教师培训基地建设。建立完善国家、省、市、县、校五级乡村教师培训体系，纳入政府教育督导考核指标，加强培训能力建设，适应新时代教师队伍建设的需要。发挥师范院校在中小学教师培训体系的主阵地作用，鼓励师范院校积极承担“国培”和省级培训任务，建强教师培训基地、配置优质资源、配备高素质培训者，将承担教师培训工作纳入师范专业认证、本科教学审核评估的指标体系。

2. 实施乡村教师精准培训。“国培计划”、省级培训面向农村、面向骨干，支持为乡村教育培育种子和骨干教师，培养一批乡村教育领军人才，发挥示范引领作用。在项目实施中，注重学员选派精准、培训目标精准、培训课程精准、培训师资精准、考核评价精准，切实提高乡村教师培训的科学性、针对性和实效性。建设好国家级教师培训资源平台，发挥“国家中小学智慧教育平台”作用，为乡村教师培训提供数量足够、内容丰富、优质高效的培训资源，弥补各地培训资源短缺的短板。

3. 督促各地落实教师培训经费。落实“市县按照不低于当地教师工资总额的 1.5%—2.5% 安排教师培训经费、中小学幼儿园按照年度公用经费预算总额的 5% 安排教师培训经费”要求，推动各级政府将本地中小学教师培训经费列入政府预算，纳入政府教育督导重要内容，作为教师队伍建设的考核评价指标。

4. 继续实施乡村教师教育信息化应用能力提升全员培训。2013 年以来，通过实施两轮全国中小学教师信息技术应用能力提升工程，校长信息化领导力、教师信息化教学能力、培训团队信息化指导能力显著提升。根据《中国教育现代化 2035》、拟出台的《教育信息化中长期发展规划（2021—2035 年）》，建议继续实施乡村教师教育信息化应用能力提升全员培训，以信息技术与教育教学深度融合为重点，主动应用现代信息技术，探索跨学科教学、智能化教育等新模式，充分利用人工智能等新技术助推教师教育。

2022

创新体制机制着力破解贫困地区学前教育发展难题

随着两期学前教育三年行动计划的实施，农村学前教育得以迅速发展，学前教育资源显著扩大，办园水平逐步提高，入园率快速提升。但贫困农村地区由于受制于人口分散、学前教育资源基础薄弱，以及地方财力有限等客观现实影响，学前教育仍面临诸多挑战，普惠性学前教育资源总量仍显不足，乡镇中心幼儿园有园舍无机构编制，财政投入严重不足，幼儿教师数量短缺、质量不高等现象普遍存在。提出以下建议：

一、构建省级政府统筹的农村学前教育经费保障机制

2017 年教育部等四部门印发《关于实施第三期学前教育行动计划的意见》明确提出，建立健全国务院领导、省地（市）统筹、以县为主的学前教育管理体制，要求省级、地市级政府加强统筹，加大对贫困地区支持力度；落实县级政府主体责任，充分发挥乡镇政府的作用。在调研中发现，一些地方对学前教育的管理体制基本已实现以县为主，但由于县级财政困难，难以充分保障学前教育发展经费。比如有些由中央财政资金支持建起来的幼儿园，因县级后续财政投入难以到位，只能靠收取保教费维持基本运转，想要提高教师待遇、改善办园条件等都缺乏资金支持，发展举步维艰。因此，为增强学前教育保障能力，建议省级统筹建立经费保障机制，一是省级财政增设学前教育发展资金，明确生均拨款标准，建立生均经费制度；二是加大对农村幼儿教师专项经费投入，实现农村公办园编内编外教师同工同酬；三是实施省内贫困地区差异化的财政转移支付制度，对于经济发展水平低的贫困农村地区，省级在科学确定各县市财力水平的基础上，实行差别化的转移支付制度，体现倾斜扶持。

二、建立省级统筹的学前教育在编教师招录制度

调研的地方均存在着农村幼儿园师资严重不足、专业化水平不高的情况。

每个班配备“一教一保”已是比较好的情况，有的甚至2个班只配备3名教师和保育员，离国家规定的一个班“两教一保”差距很大。在职教师持有学前教育教师资格证的比例相当低，有一个县的持证比例仅为10%，且大多数集中在城区。为此，建议加强贫困地区农村学前师资队伍建设，一是核定农村公办园编制，省级统筹建立幼儿园在编教师招录制度。二是建立贫困地区农村幼儿教师培养补充机制。第一个途径是采取“定向与免费培养相结合”方式，为农村幼儿园定向培养本地学生。可以考虑从各乡镇建档立卡贫困家庭子女当中选一批有志于从事幼教工作的较为优秀的初中生到当地的职业技术学院、省内中等幼儿师范学校或师范学校去学习，参照免费师范生政策，为学生免除学费，毕业后必须回到当地服务5年以上，以解决“引不进、留不住、待不久”的突出矛盾。第二个途径是在贫困农村地区试点推行学前教育阶段的特岗计划。第三个途径是鼓励省级优质幼儿师范学校在贫困地区举办分园为当地农村培养教师。三是创新教师培训形式。建议实行农村教师置换培训。让中师或者高校高年级学前教育专业优秀学生到农村幼儿园顶岗实习，帮助农村幼儿教师脱离岗位进行为期一学期系统的学前教育专业培训。还可以考虑推广跟岗培训与送教下乡相结合的模式。城区优质幼儿园采取送教下乡的形式展开定点培训，同时将区域内薄弱幼儿园教师派到优质园观摩学习，加大城乡教师交流，促进共同提高。

三、创新办园体制，探索公私合作的办园新模式

调研发现，公办园和民办园在发展中各有各的困难，可以考虑在坚持公益、普惠的基础上，探索在公办和民办之间形成公办民办合作，类似于国有企业改革的混合所有制模式，创新办园体制，促进事业发展。

2018

关于国家层面出台公办幼儿园教职工编制标准的提案

2010年以来，在党中央国务院的决策部署下，教育部会同相关部门连续实施三期学前教育三年行动计划，推动学前教育取得了跨越式发展，进入大力发展普惠性学前教育公共服务体系建设新阶段。作为普惠性幼儿园的主体，公办园在普惠性学前教育公共服务供给体系中起着引领方向、发挥示范、平抑价格和促进公平的重要作用，是保基本、兜底线的中坚力量，其办园水平和教育质量直接关系到老百姓对“幼有所育、幼有优育”的高质量普惠性学前教育需求满足程度。

教师是教育质量的关键因素。当前，教师编制严重不足，成了制约公办园高质量发展的“卡脖子”问题。

一是编制短缺导致教师补给困难、数量不足、质量不高、稳定性较差等问题。由于缺少编制保障，难以吸引优秀人才加入幼儿园教师队伍，每年开学季就会出现“用工荒”；又由于编制不足，导致同一公办园中的教师“两种身份、两种待遇”，同岗不同酬问题突出，有的地方非在编教师收入甚至不到在编教师的一半，严重影响工作积极性；还由于没有编制，看不到发展前景，难以形成职业归属感，临聘教师容易非正常流动或行业流失，直接影响教师队伍的稳定性。

二是由于教师数量不足而导致快速增长的公办园非正常运行。新建公办园在急缺教师的情况下，要按时开园、运转，只能违背《幼儿园教职工配备标准（暂行）》（2013）的要求，采取“一教一保”的班级人员配置，甚至违规扩大班额，导致人民群众渴盼的公办园教育出现明显的办园行为不规范问题，进一步阻碍了学前教育更高质量发展的步伐。

截至2020年底，全国已经有19个省（市）出台了《公办园教师职工编制标准》，并进行了积极的实践探索，但由于没有国家层面的标准依据，地方标准在推进实施中难以执行到位，大批新建公办园仍然没有专门的编制，原有老牌公办园因编制输出到新建公办园中而出现稀释现象。2020 年全国共有公办园长和专任教师 140.3 万人，72.9 万人没有编制，占比 52%，未能达到 2018 年中共中央、国务院《关于学前教育深化改革规范发展的若干意见》中的“50%”编制目标。

为此建议：

一、出台公办园教职工编制国家标准，大力保障公办园教师队伍建设

建议国家编制管理部门牵头，会同人社、教育、财政等部门，明确核定标准、提供核定依据，出台国家标准，保障公办园班级规模达标、师幼比例合理、教职工配备适宜，科学有序地发展。

二、创新公办园教职工编制补充机制，多途径解决编制核定、补充问题

综合考虑各地现实条件和发展水平，在公办园教师编制核定中兼顾增编因素，依据教师脱产进修、产假，特殊儿童随班就读，以及农村边远地区等实际情况，按照 3%—10% 的比例进行附加编制增补，满足学前教育发展的多种需求。

2022

深化艺教融合　促进少数民族非物质文化传承与保护

中华民族是一个拥有悠久历史和灿烂文明的伟大民族，在漫长的历史长河中产生了大量的非物质文化遗产，我国是一个拥有 56 个民族的多民族国家，少数民族非物质文化也呈现出资源丰富和种类繁多的特点。这些非物质文化对于坚守中华文化立场、传承中华文化基因，汲取中国智慧、弘扬中国精神、传播中国价值，不断增强中华优秀传统文化的生命力和影响力，对构筑各民族共有的精神家园、铸牢中华民族共同体意识至关重要。

然而，受现代社会经济和文化迅猛发展的影响，先进的科学技术和现代信息技术正在一步步影响着非物质文化遗产的传承与保护，人们的思维方式和生活习惯也在转变，越来越多的人开始关注西方文化和艺术，对国内民间艺术的传承和保护意识缺乏，以至于非物质文化的处境变得越来越尴尬。特别表现在这些少数民族非物质文化艺术被慢慢遗忘，传承人或民间艺人开始转行。加上许多非物质文化艺术"绝活"因技术进步而机械化作业，也让传承人的技术退出历史舞台。

少数民族非物质文化资源丰富多彩、文化艺术各具特色，既体现多民族文化多元，又呈现出形成中华民族文化不可或缺的统一要素。民族院校不断开展艺术教育，艺术学科专业日益形成各自独特亮点，并已形成艺术人才优势。利用优质的非物质文化民间艺术资源与高校艺术教育教学密切结合，能够创建出培养少数民族非物质文化艺术人才教育新模式，为保护和传承我国少数民族非物质文化做出贡献。为此建议：建立少数民族非物质文化"一族一校"联盟机制。遴选 55 个民族院校（包含开设民族艺术专业的高校），与 55 个少数民族的非物质文化对接。每个院校承担传承一个少数民族的非物质文化传承和保护职能，形成一所学校一个少数民族非物质文化传承保护的特色。

1. 高校建立对口少数民族非物质文化艺术传承保护研究基地，研究少数民族非物质文化艺术传承史，教育部民族教育司、财政部科教和文化司为基地建设、课题立项等给予经费支持。

2. 高校建立对口少数民族非物质文化艺术博物馆，建立影像库，避免非物质文化艺术日渐消失。

3. 高校组织团队加大对口少数民族的非物质文化艺术的摸底普查力度，助推少数民族非物质文化遗产的申报，促进少数民族传统文化全面复兴。

4. 开展少数民族非物质文化艺术大中小学教育一体化，实现中华民族共同体意识。利用“一族一校”联盟平台使民间艺术能够得到重新定位和认识，使民间艺术登上高雅的艺术殿堂，增加民间艺术的知名度。同时将各民族的优秀传统文化通过研究开发挖掘形成载体，向中小学辐射，铸牢中华民族共同体意识。

5. 加大少数民族非物质文化影像制作，传承传统文化艺术。针对传统“绝活”艺术失传，通过传统影视、VR 等技术把这些记忆文化场域存续下来，抢救方式记录他们的技艺，记录方式中既包括传承人综述等文字内容，也包括翔实的录音、影像资料。

6. 加强少数民族文化艺术团与高校深度合作，吸收少数民族非物质文化精华，形成“一艺一品”。采取名团名校结对共建，进校园普及传统文化，研发艺术教育品牌课程，合作打造艺术节庆品牌，启动高雅艺术进校园项目，建立艺术创演联动机制等。

7. 教育部门在人才培养方面支持对口高校与少数民族地区共同开发相关课程，在国家级、省级“金课”类别中单列少数民族非物质文化艺术一流课程指标；出台政策将少数民族非物质文化艺术传承人或民间艺人纳入对口高校培训培养对象，并在职称、学历等方面开设绿色通道；鼓励对口高校聘请传承人或民间艺术开设合作教学，实现艺术教育“双导师制”。

8. 鼓励联盟高校在对口的少数民族地区建立校外社区学院，既作为高校艺术教育的实习实践基地，通过传承人或民间艺人校外合作导师，加强人才培养，也是通过对少数民族非物质文化艺术的挖掘、指导、深化、宣传，实施艺教工程。

2022

关于加强护士队伍建设　完善护士激励机制的提案

2020年国际护士节前夕，习近平总书记在向全国广大护士致以节日祝贺时强调，要把加强护士队伍建设作为卫生健康事业发展重要的基础工作来抓，完善激励机制，支持优秀护士长期从事护理工作。目前护理行业发展面临一些问题：

一是文件不能适应当前形势。目前实施的《护士条例》自2008年起至今已有12年，不能完全适应我国卫生健康事业发展战略和护理事业快速发展需要，尤其是规范新型护理模式的需求。

二是护理专业人员缺口较大。截至2019年底，我国注册护士总数达445万，占卫生专业技术人员超50%，每千人口护士数3人，护士数量不足，尤其是晚夜班护士数量不足；护士的能力、水平和专业素质也存在较大的地域性分布差异。

三是护士无法获得较高的社会认同。目前，护理服务定价普遍偏低，无法体现护士劳动真实价值，其专业价值与专业素质、技术要求、服务品质、劳动强度等存在较大差距。2017年，中国社会福利基金会、护联网等机构联合发布的《中国护士群体发展现状调查报告》显示，76.5%护士月收入低于5000元，仅有4.5%护士月收入在8000元以上。

四是护士职业暴露伤害风险大，医疗暴力问题比较突出。41.2%护士近一年内遭受到患者或家属的过激行为，51.2%护士在遭受职业伤害后即使未出现严重人身伤害也出现严重心理创伤，而相关保障措施得不到有效落实。

为维护护理队伍稳定性，加强护士队伍建设，建议：

一、加快《执业护士法》立法，鼓励护理专业人才参与

加快《执业护士法》相关立法进程，确保护理工作有法可依，给予护理人员享有权利和履行义务强有力的法律保障。建议在政府部门中，增设临床高级

护士岗位，积极支持其发挥专业优势，参与到护理专业相关的卫生行政决策中。

二、大力发展专科护理，重点培养专科护理人才

抗击新冠肺炎疫情期间，护理人才发挥了中流砥柱作用，也一定程度上暴露出我国危重症护理人才不足问题。建议大力发展专科护理，重点培养专科护理人才，扩大护理教师队伍，提供临床安置场所，鼓励或资助各级护士在职继续教育和对外交流，拓宽护士职业视野和晋升途径。

三、在特定范围内赋予护士处方权

护士是病人病情变化的第一观察者和掌握者，当病人病情发生突然变化时，往往需要护士第一时间做出相应的救治措施。从某种意义上说，护士已拥有了一定的处方权。然而，我国《护士条例》只明确了护士对医生开具的处方有监督和报告的权利。迄今为止，全球共有 40 个国家或地区通过立法给予护士处方权。建议以清单的形式明确界定护士可以独立决策的工作内容、医护共同决策的护理工作内容、特定情况下非专科临床护士药物处方权内容等；对护士处方权申请者资格和门槛做硬性规定，确保护士处方权的获得在减轻医生工作负荷和为病人提供更好的照护的同时，兼顾医疗安全职责。

四、改善护士执业环境，提高护士待遇

加大宣传力度，让全社会认识到当代护士的真正价值所在，而不是到危难时刻想到护士、讴歌护士，危难过后，就遗忘了护士、乃至于伤害到护士；医疗机构行政管理部门也应重视医疗暴力对护士身心健康造成的影响，加大对防范职业伤害安保工作的投入，每年定期对护士进行防范职业伤害的知识和技能培训，必要时提供专业的心理辅导或治疗。优化护理绩效考核工作，让护士能够真正达到多劳多得、优劳优酬。建议国家将助理护士纳入护理人力资源体系，对其入职条件、来源、数量、待遇、职责等提出明确要求，让护士职业得到社会应有的理解、尊重和支持。

五、加大高学历护理人才培养

鼓励一本以上院校，扩大护理学专业本科生、硕士研究生招生规模，给予相应政策，吸引优质生源报考护理学专业，为护理队伍培养、储备高素质护理人才。

2020

关于加强青少年心理健康教育工作的提案

青少年是家庭的希望、祖国的未来。习近平总书记强调“少年智则国智，少年富则国富，少年强则国强，少年进步则国进步”“未来属于青年，希望寄予青年”“青少年是最富活力、最具创造性的群体，是推动社会发展进步的重要力量”。青少年心理健康教育，必须引起全社会的高度关注和重视。

一、我国青少年心理健康现状

青少年时期是生长发育的重要阶段，生理和心理发育不平衡的特点使其在遭受压力和不良情绪后易出现心理健康问题。

（一）青少年心理健康人数上升并低龄化

调查研究显示，近年来，青少年心理健康问题的就诊人数，在时间分布上呈现明显的上升趋势，心理健康疾病的发生呈现低龄化趋势。

（二）青少年心理健康预防知识欠缺

《儿童蓝皮书：中国儿童发展报告（2021）》中提及，中国儿童健康水平持续提升，但儿童心理健康等问题日益严重。参与调查的中小学生中约有 25.7% 存在不同程度的抑郁问题，所有的心理症状中约有半数起始于 14 岁前，但大多数病例未能被及时发现也未得到治疗。自杀是 15—19 岁青少年的第三大死因。在调查中作答正确率最低的是关于预防自杀的心理健康知识。关于心理疾病的识别、预防和干预，中小学生在一些重要知识的掌握度上偏低。

（三）青少年心理健康工作不足

2020 年《中国国民心理健康发展报告》显示，24% 的青少年抑郁，其中重度抑郁的比例为 7.4%，且呈现出明显的年级差异，随着年级的升高而升高，10.9%—12.5% 的高中生检测出重度抑郁。有研究显示，青少年既往非致死性自杀行为的报告率为22.7%，其中自杀意念、自杀计划和自杀未遂的报告率分别为20.5%、9.6%和3.9%；存在自杀未遂的青少年中，首次自杀未遂年龄均值为12—13岁，且只有不足20%的自杀未遂者接受了医疗救治。可见，深入开展青少年心理健康教育工作势在必行。

（四）青少年心理健康问题存在地域差异

心理健康状况的地区差异显著，中、西部地区显著低于东部地区，农村显著低于城市。心理健康教育工作发展存在不平衡性、地区不平衡、数量不平衡、质量不平衡。

二、原因分析

（一）家庭在青少年的心理健康方面发挥的作用有所欠缺

研究显示，单亲、家庭不和谐、权威性教养方式等均会显著影响青少年情绪障碍的发生。青少年在遇到压力、困扰时求助的渠道多为与父母沟通，母亲情感温暖、理解是青少年的重要保护因素。目前，原生家庭问题是引发青少年情绪困扰的最明显因素之一。家庭暴力、家庭破裂、留守儿童、高龄二胎问题、缺乏有效的亲子沟通，家长们过度关注孩子的成绩，给予孩子过高的期望、过度的压力等，也是影响青少年心理健康的重要原因。

（二）对于青少年教育存在过度重成绩、轻习惯轻发展问题

近年来研究显示，青少年每日的睡眠时间逐年减少，远未达到《“健康中国2030”规划纲要》规定的睡眠时长要求；青少年的睡眠不良也将提升青少年的自杀风险。青少年对于电子设备的依赖、吸烟、醉酒现象增多，校园暴力、同伴关系、早恋等均会对青少年的情绪障碍、自杀风险有显著影响。青少年对于未来有明确的短期目标，如升学目标，但是缺乏长期目标，缺乏意义感，对未来感到迷茫。

（三）社会环境改变导致校园欺凌及网络欺凌日益多见

除了家庭结构和功能的改变，校园欺凌给正常成长的少年儿童造成较大的心理创伤，对其日后的情绪、人际交往等产生持续的影响。

（四）公众对于心理咨询、心理疾病存在误解

心理健康精神卫生宣教欠缺，导致社会对于精神疾病、心理疾病、心理咨

询缺乏正确认识。患者有困扰而不去寻求专业帮助、有症状但是回避就医、有诊断但否认拒不配合的情况十分常见。青少年的心理咨询、心理疾病诊疗多需要家长的配合，家长的态度将直接影响青少年的心理及日后的转归。

（五）心理辅导教师普遍缺少定向、定期、定量的专业培训指导

调查显示，中小学的心理辅导老师人数配备不足，且被其他工作分散精力，无法全身心投入心理健康教育工作。很多教师缺乏专业背景、专业知识、专业工具、专业方法与实操技巧，导致在实施过程中多为情绪安抚、情感关怀，缺乏科学有效性。

三、建议

（一）建立健全心理健康指导委员会

国家和省市县乡村分别成立心理健康指导委员会，大中小学校和社区相继成立，形成心理健康指导全覆盖网络。统筹出台政策，从人员、经费、管理和服务等方面提供支持。大中小学校心理健康教育实施“一把手”工程。

（二）加大心理健康知识公益宣传力度

通过广播、电视、网站、微信公众号等加大对心理健康教育公益宣传力度，将心理困扰、心理疾病去污名化、去羞耻感，提升自助他助求助意识及能力，营造全社会关注心理健康的良好氛围。

（三）加强心理学专业人才培养，促进心理健康教育教师职业化成长

一方面，扩大本、专科心理学专业人才的招生，加强专业理论素质培养和应用技能训练，打造一批拥有较强基础理论知识和技能水平的专业人才队伍；另一方面，把短期专家培训与长期咨询督导相结合，逐步建立一支专业知识过硬、实操技术熟练、全身心投入青少年心理健康教育工作的师资队伍。

（四）建立健全青少年心理健康监测预警体系

加强大中小学校学生心理健康普查、筛查，研究制定科学的测评体系，实现普查全覆盖，及时筛查，及时预警，对心理健康重点关注的青少年建档，跟踪做好关爱服务工作。

（五）完善大中小学心理健康课程体系开展全过程生命教育

分阶段系统设置教育目标和教学内容，形成符合不同学段学生特点的教学

模式。切实开展生命主题教育，强调“预在平时”，坚持全程性、全员性、主体性、成长性、连续性、阶段性原则，深入开展工作，引导青少年呵护自然生命，热爱生命；发展社会生命；升华精神生命，成就人生。

（六）丰富课外实践活动，发挥体育、美育、劳动教育等心理健康教育功能

有针对性地引导青少年从学校、课堂走向社会、自然，了解社会民生，加强人与人、人与自然的互动，在实践中增强学生的心理素质。

（七）家庭、学校、社会形成合力，构建心理健康教育网络，做好青少年的心理健康教育工作

认真贯彻《中华人民共和国家庭教育促进法》，积极探索对家长提供家庭教育指导的有效方法和途径，如通过“家长学堂”等形式帮助家长了解和掌握青少年心理发展的特点和规律，改进教育方法，促进青少年健康成长。

（八）分类指导服务，畅通青少年心理困扰的求助渠道

1. 全国设立 24 小时免费心理咨询热线 525（我爱我）或 1010（10 月 10 日世界精神卫生日），重点解决中西部及农村地区青少年心理咨询困难问题。

2. 在城市三甲医院、农村县城及乡镇中心医院设立精神卫生科，加大专业人员配备、业务指导和经费支持力度，满足青少年线下咨询服务的需要。

3. 对开展相关服务的机构予以补贴，同时加强监督检查。现阶段心理咨询费用每小时需 300—600 元，较好缓解心理困扰，需要 6—8 次咨询干预。心理疾病作为慢性病，需要长期接受药物治疗，一般的周期均要以年为单位计算。对于一般家庭来说，是一笔不小的开支。不少青少年认为给家庭造成经济负担而感到自责，治疗的依从性因此变差。建议对有关机构予以补贴，并加强监督检查。

2022

关于完善药品监督管理体系的建议

国家机构改革时，在构建统一市场监管机构的大背景下，单设药监局，有利于更好地突出药品监管的重要性、特殊性和专业性，有利于从国家和省级层面加强药品监管执法，保障公众用药安全，推动药品高质量发展。各省市坚决贯彻党中央、国务院关于机构改革的各项决策部署，药品监管局相继挂牌组建。但由于市、县不再设药监局，省级监管事权又不得放，省级药品监管局将承担全省药品、医疗器械和化妆品生产企业，以及药品批发、零售总部和互联网销售第三方平台的监管职能，给省本级有效履行药品监管职能带来了诸多挑战：

一是责任更大。药品、医疗器械、化妆品企业中规模最大、风险最高、隐患最多、责任最大的监管环节将由过去的省、市、县、乡四级分级监管模式转变为省级集中统一监管模式，省药品监管局将承担药品监管的第一责任、主体责任。

二是任务更重。省药监局由履行政策制定等宏观责任转变为直接承担一线监管职责，将直接监管药品生产、批发环节药品企业，还要承接国家交办的一些不确定性工作。

三是力量单薄。根据《药品管理法》和国家对药品企业监督检查的频次和人员配备要求，经测算，当前各省药监局履行好监管职能平均需要专业人员200多人。再加之有的省份地域较广、企业分布不集中，不足百人的编制队伍难以满足监管全覆盖的需要。特别是改革前90%的专业化检查员在市县两级机构改革中被转岗或稀释，不利于药品专业监管。

四是服务受限。伴随社会老龄化和经济转型的需要，医药产业越来越成为我国经济发展的稳压器与加速器，拉动经济增长的作用越来越明显。市县缺乏药品监管服务机构，服务医药产业发展的绿色通道将受阻，服务反应的时间受限。

为落实机构改革方案，切实担负起药品监管职能，保障公众用药安全，促进医药产业高质量发展，各省市积极探索创新，不断完善药品监管体系。如有的省市在地市设置正处级药品监督管理派出机构，加挂药品稽查办公室的牌子；或增加省药品监督管理局的人员编制；或在地市一级设立药品技术审评分中心，强化基层一线监管力量建设，缩短快速反应的时间。

为完善药品监管体系建设，强化药品安全监管，建议如下：

一、在部分地市设置区域性派驻机构

此项工作国家市场监督管理总局牵头，约请有关部门参加，组织专班进行调研论证。

二、建立省市县三级药品监管联动机制

一是在地市药检机构加挂“省药监局技术审评核查中心分中心”的牌子，协助开展现场核查工作。二是地市市场监管局协助省药监局做好药品、医疗器械和化妆品生产环节的许可、检查和处罚，以及药品批发许可、零售连锁总部许可、互联网销售第三方平台备案及检查和处罚。建议此项工作由国家市场监管总局牵头，中编办、改革办、药监等部门参加，组织进行调研论证。

三、建立专业化、职业化的检查员队伍

参照扩大省级检查员队伍规模。建议由中编办牵头，改革办、人社、市场监管、药品监管等部门参加，组织进行调研论证。

2019

加大人工合成力度　促进中药现代化国际化

动物入药是中华医学的千年传统。这些珍稀动物资源，也是中药精华所在。不少国家立法规定动物的排泄物和病态组织不能入药，欧盟国家也规定动物的内脏不能入药。屠呦呦研究员作为中国本土获得诺贝尔医学奖的第一人，首创的抗疟药物青蒿素人工合成作为中国传统医学给人类的一份厚礼，获得了美国 2011 年拉斯克临床医学研究奖，充分展示了中医药学的科学价值，体现了我国在生物医学领域的科技创新能力，振奋了广大中医药工作者的精神。随之，国际社会把更多的目光投向了中国的传统中医药。同时，屠呦呦研究员和张亭栋教授因其突破性的发现，于 2011 年双双获得葛兰素史克（GSK）中国研发中心生命科学杰出成就奖，他们的成就给全球的疟疾和白血病病人带来了福音。在 2014—2018 年期间，先后有 40 余项中医药科技成果获得国家科技进步奖或国家技术发明奖，其中 70% 以上是以中药为主或与中药研究密切关联的项目。

我国是世界天然药物消费和出口大国，供应国内国际两个市场的中药材，其中植物提取物 80% 以上来自野生，而且需求量连年增长，国外称之为植物药。然而，随着中医药产业日益壮大以及走向世界步伐的加快，全球范围内对中药的需求迅速增长，中药资源承受着巨大压力，野生中药资源面临流失之厄，中药无序开发破坏生态环境，珍稀中药物种濒危。

有关资料显示，我国动植物药材蕴藏量呈下降之势，每年以 30% 的速度递减，一些急需的重要药材缺口达 80% 以上。许多名贵野生药材呈现出或濒临绝迹，难以保证商品需求的态势，带来的直接影响是经典名方传承与新药研发受阻。因此，中药资源的合理保护利用与可持续发展研究已成为重要战略课题。

具有我国独特优势的中医药，在新的历史时期，正面临新经济和国际大市场的严重挑战，其出路便是中药的现代化和国际化。中药的现代化主要是指将传统中药的特色优势与最新的现代化科学技术密切结合，其中一个重要目标是“大力开发现代中药”。现代中药是指基于传统中医药的理论和经验，严格按照GAP、GLP、GCP、GMP等标准规范所生产，具有“三效”（高效、速效、长效）、“三小”（剂量小、毒性小、副作用小）以及“三便”（便于储存、便于携带和便于使用）等特点，并达到国际医药主流市场的标准要求，可以在国际上广泛流通。现代科学研究的成果（活性成分、药理作用、毒性以及临床观察结果等方面的内容）使已有的大量信息从静态发展为动态，以实现中药及天然药物信息的“高速公路化”。

加大科研投入力度，积极研发和寻找野生中药资源代替品，利用生物技术培育中药材优良新品种和保护珍稀濒危中药资源，成了21世纪中药资源保护利用的主要战略目标。国家采取了一系列濒危动植物药材保护和合理开发利用政策，如天然牛黄优质替代品体外培育牛黄工业化推广应用、麝香人工养殖、人工麝香的合成、人工虎骨的合成等都取得了不同程度的创新成功。

“一带一路”倡议下，政府相继出台了一系列有利于中医药国际化发展的政策，中医药“走出去”迎来机遇。天然药物有效成分的人工合成是目前医药界的热点方向和前沿技术，其核心优势在于解决了天然药物资源可持续利用的难题。青蒿素是我国自主研发在世界首先研制成功的一种抗疟新药，被世界卫生组织评价为治疗恶性疟疾唯一真正有效的药物。瑞士诺华在获得青蒿素专利的国际使用权后，通过人工合成制备其复方制剂蒿甲醚，一直占据国际抗疟药物市场的垄断地位。熊去氧胆酸是治疗肝硬化等肝病的有效成分，加拿大等国成功实现熊去氧胆酸的人工合成，目前加拿大、德国已批准其用于肝癌的治疗。通过人工合成使得源自天然、资源有限的药物可以更加广泛地使用，不仅创造了巨大的市场价值和社会效益，更为保护人类生命健康做出重要贡献。近些年国内医药专家一直进行不懈的努力开展人工合成研究工作，尤其是在濒危稀缺动物药材上的人工合成替代，体外培育牛黄是其中成功的一个案例。作为天然牛黄优质替代品，体外培育牛黄系国内自主研发和全球首创，承载几千年中医药文化底蕴的珍稀资源，实现了完全等同替代天然牛黄使用，目前已纳入加拿大天然植物药资料库。

由此，在野生动植物资源越来越匮乏加上动植物保护、珍稀名贵的中药材更是濒临灭绝或枯绝等形势下，为实现中药现代化、国际化，应从国家层面加大人工合成的力度，开展重点攻关，从而使中药走向世界，加大世界话语权，推广中国文化，具体建议：

一是国家遴选一批有重大意义和医药价值的中药材进行攻关，如犀牛角、蛇胆、猴枣、蝎毒、蟾蜍毒、红豆杉的紫杉醇等人工合成。虎骨、麝香、牛黄等已经人工合成，是天然的优质替代品。

二是面向全世界公开招标，成立研发攻关专项基金。

三是组织国家级专家委员会专项指导和监督。

2021

关于创新就业援藏工作　开拓就业渠道的建议

习近平总书记在中央第七次西藏工作座谈会上强调，“要培育扶持吸纳就业的能力，提供更多就业机会，推动多渠道市场就业。”西藏籍高校毕业生就业问题，关乎西藏民生大计与治藏稳藏兴藏方略的实现。调查显示，公开招录仍然是西藏籍高校毕业生的主要就业渠道，就业岗位供需反向背离问题严重，总量压力长期存在并逐年加大；区外就业成效不明显，通过就业援藏实现就业的毕业生数量趋缓；就业援藏促进大学生就业工作还存在毕业生内地就业意愿不强、招聘组织难度大、就业援藏和产业援藏融合不够、区外就业毕业生“双向流动”难等问题，需引起高度重视，应出台有力举措，力促西藏籍毕业生更加充分更高质量就业。

一、西藏籍高校毕业生就业存在“两难”问题

（一）西藏籍高校毕业生就业总量压力逐年加大，区内实现充分就业难

西藏自治区统计数据显示，西藏籍高校应届毕业生总数从2014年的14435人增长到2019年的23421人，增幅达62.25%；西藏教育厅预计2020—2025年高校毕业生人数将分别达到2.8万人、2.96万人、3.16万人、3.5万人、3.6万人、3.9万人，西藏籍高校毕业生逐年增加的趋势，导致就业总量压力长期存在并逐年加大。而作为主要就业渠道的区内公开招录，2014—2016年职位数量分别为10800人、10010人、10030人，基本在高位保持平稳。2017—2019年又降至6375人、6710人、6542人，减少近40%。这种西藏籍高校毕业生数量逐年增加的趋势和主渠道公开招录的职数阶段性减少的变化，进一步增大了就业压力。

（二）西藏籍高校毕业生尤其是少数民族毕业生区外就业积极性不高，转移就业难

2014—2018 年，西藏籍应届高校毕业生累计 59805 人，区外就业累计 5618 人，占比为 9.39%，其中 2018 年仅为 6.37%。就业援藏已成为区外就业的主渠道，但实现就业的毕业生数量趋缓，2016—2018 年就业援藏岗位分别为 7324 个、11900 个、14964 个，但实际区外就业人数分别为 150 人、383 人、464 人，区外就业比例仅为 2.05%、3.22%、3.10%；到中央国家机关和内地省市公务员岗位就业的毕业生更是极小规模。

二、当前就业援藏工作尚存四大短板

（一）区外就业意愿不强，多重顾虑短期内难以有效削减

一是西藏籍毕业生尤其是少数民族毕业生区外就业意愿不强。西藏籍毕业生及其父母，普遍存在"故土难离"情结和"非公不入"观念，对企业就业存在偏见。调查显示，只有 33.3% 的毕业生有意愿区外就业，实际每年区外就业率远低于 10%。以 2018 届毕业生为例，截至 2018 年 6 月底，区外就业人数为 1361 人，而少数民族区外就业只有 172 人，仅占区外就业总人数的 12.6%。2016 年江苏省 21 个就业援藏拟录用名单中，只有 3 名藏族毕业生。

二是工资待遇区际差异大，能力恐慌，文化习俗调适难。由于实施高原补贴等政策，应届毕业生西藏工资待遇比内地高 30%，降低了区外就业意愿。调查显示，87.5% 的毕业生认为区外就业会存在能力恐慌；95% 以上的毕业生认为，西藏与区外的语言、文化、生活节奏差异大，区外就业将缺乏归属感和认同感。

（二）专场招聘会组织难度系数大，招聘岗位的适配度和吸引力堪忧

一是专场招聘会组织难度系数大。线下招聘报名和现场组织效率低；线上招聘实现难，一些地区网络没接通或网络质量差，部分贫困农牧民家庭没条件购置相应设备；受高原反应等因素影响，线下招聘成本高，招聘单位进驻成本高且进驻意愿低。

二是招聘岗位的适配度和吸引力堪忧。就业援藏岗位绝大部分为企业岗位，对"非公不入"的西藏籍毕业生吸引力不强；西藏高校办学历史短、起点

低、底子薄等“先天不足”，导致相较内地毕业生更难达到“人职匹配”；西藏工科专业人才缺乏，援藏岗位只能以专业技术性人才需求为主。

（三）就业援藏呈现“单打独斗”，未能与产业援藏形成正向耦合

就业援藏呈现“单打独斗”，没有将就业援藏融于产业援藏，缺乏统一统筹谋划和可持续发展设计，未出台就业援藏和产业援藏正向融合的政策配套文件；且两个援藏模块各自为阵，分散发展，不仅不利于援藏资源整合，而且制约就业援藏的成效提升。调查显示，75.5% 的援藏干部、受援地就业部门同志，赞成就业援藏与产业援藏协同推进、形成合力。

（四）就业援藏闭环工作体系尚未构建，难以适应“双向流动”新生态

目前就业援藏大多仅停留在办好专场招聘会层面，远没实现“引得进、留得住、能发展、用得好”目标。原因在于，就业援藏闭环工作体系尚未构建，没有统筹谋划就业援藏整体工作链；回流渠道窄，就业援藏“学有所成”者，返回西藏、反哺西藏难，难以适应当前双向流动的新生态。在内地就业者中，有 65.3% 的受访者期待尽快出台返藏机制、返藏政策、返藏形式、最低区外就业年限等。

三、推进就业援藏促进大学生就业工作的对策建议

（一）加强就业援藏工作规律研究，构建精准发力的长效机制

要以铸牢中华民族共同体意识为工作主线，把“每一个就业援藏岗位，作为促进民族交往交流交融的火种”看待。

一是加强规律研究，完善顶层设计。系统考察就业援藏启动以来的实施情况，分析其利弊得失和面临的新形势、新任务、新挑战，坚持问题导向，客观评价毕业生的现实诉求和回流意愿，适应“双向流动”新生态，形成“引得来—留得住—能发展—可回流”的就业援藏工作闭环体系，顺势而为、补齐短板，构建精准发力的长效机制。

二是实施“我选内地”计划，完善就业创业政策。加强供需对接，拓宽区外就业路径。探索建立区外定向招生就业机制，实施区外高校培养西藏籍学生定向区外就业计划，提高西藏籍毕业生区外就业意愿和待遇，对于报考内地省份公职人员的，同等条件下可优先录取。

（二）加大就业观念教育力度，破解区外就业的能力恐慌

一是打好宣教“组合拳”，破解区外就业恐慌。引导毕业生和家长理性看待就业形势的深刻变化，树立正确的就业创业观念；典型引领，讲好“毕业生区外就业”故事，增强区外就业信心；强化区外就业岗前技能培训及心理辅导，提升快速适应区外就业的能力。

二是靶向培育，破解区外就业能力恐慌。改变只重学术、研究能力的学历教育模式，纵深推进教育援藏，增强动手、实践能力培育，提升毕业生区外就业综合素养。

（三）力促就业援藏与产业援藏耦合发展，开启“双创”援藏新行动

一是力促就业援藏融于产业援藏。就业是民生之本，而扩大就业的根本在于产业发展。要统筹就业援藏与产业援藏，出台力促融合的一揽子政策，发挥产业援藏的载体和纽带作用，在援藏项目库建立、项目实施、技术培训、人才培育中，有序推进就业援藏，培育内生性就业岗位，在产业转型中力促就业转型。

二是搭建“双创”援藏平台。引导多元主体，在西藏和援藏省份建立多元化的协同育人双创平台，推进双创援藏，形成目标共同、机制共建、资源共享、多方共赢的实践育人创新创业协同体系。

（四）拓宽区外就业路径，搭建“线下＋线上”常态化专场招聘平台

一是精准开发更多高质量的就业岗位。加强就业供需对接，针对毕业生的生源地、毕业高校、所学专业、求职意愿等信息，精准开发就业岗位，提高岗位匹配度、录用率和就业满意度；鼓励多元主体挖掘更多适合西藏籍毕业生的就业岗位，推进校企合作定向委培就业。

二是搭建常态化专场招聘平台。精心组织好就业援藏线下专场招聘会（夏季），不断提升签约率、录用率；推进就业援藏网络招聘常态化，利用各援藏省份的人力资源市场，每月举办一期专场网络招聘。

（五）探索就业援藏“双向流动”新模式，构建闭环工作体系

一是探索就业援藏“双向流动”新模式。适应“双向流动”新生态，客观科学评价回流行为及其反哺作用和促进民族团结作用，援藏省份或企业不仅要做好“引才、留才、育才、用才”四篇文章，而且要拓宽回流渠道，建立返藏

机制或者出台返藏政策，明确返藏形式、区外最低就业年限，消除就业援藏毕业生的后顾之忧。如，在区外企业工作满 3 年的，可享受西藏公务员笔试加分政策；满 5 年的，可调回企业西藏分支机构工作；满 5 年的公务员，可通过人才引进、遴选等方式调回区内相关单位工作。

二是构建就业援藏闭环工作体系。拓展就业援藏工作链，构建囊括“高考招生—高校培养—就业援藏专场招聘—留才、育才、用才—回流”的闭环工作体系，建立一套完整的评价和反馈机制，激励多元主体主动作为和同向发力；出台政策解决区外就业困难和合理诉求。如，利用公租房、经适房、周转房、职工宿舍等多元方式解决住房问题，适当延长探亲假，鼓励其家人到区外探望，缓解其心理压力。

（六）推进就业援藏工作“战线前移”，探索开拓新就业形态

一是推进就业援藏“战线前移”。就业援藏“前置化”，建立就业援藏见习实习基地，打通破冰培训绿色通道。成立区外就业创业观光团，采用“结对子”方式，开展短期见习实训考察，提前感受内地工作生活环境，促进能岗匹配。

二是探索开拓新就业形态。加强对灵活就业、新就业形态的支持，补齐短板，支持现代物流、旅游等现代服务新业态发展，多渠道吸纳西藏籍高校毕业生；鼓励西藏籍毕业生来援藏省市创业孵化基地、创客空间等实习实训、创新创业。

2021

关于加强警察职业保障体系建设的提案

警察职业保障是警察在履行职务过程中享有与其职业风险相适应的保障措施，包括职权保障、职业待遇保障、职业安全保障制度等。完善的职业保障体系对于保证人民警察依法履职、促进社会公平正义有重要意义。

一、关于警察工资待遇保障

（一）警察工资收入偏低，且得不到全额保障

《中共中央关于进一步加强和改进公安工作的决定》（中发〔2003〕13号）明确指出，应当按照“高于地方、略低于军队”原则确定民警的工资福利待遇。而实际情况是，警察工资在公务员体系中处于中等偏下水平，实际收入明显低于市场监管、财税等部门。与部队相比，警察工资仅为同一地区相当级别部队干部的一半左右，与警察工作压力工作强度相比相差很多，造成部分警察的心理落差和倦怠情绪。低水平的公安民警工资待遇尽管可以基本到位，财政可以保障，但受财力所限，有些地方奖励工资和福利标准不一，有的由公安机关非税收入列支，导致工资待遇存在不确定性。

为此建议：提高民警工资保障水平，严格落实民警工资由财政全额发放的规定，严禁和非税收入挂钩，防止“吃杂粮”。

（二）警察职业社会保障标准过低

警察的医疗保险包括公务员基本医疗保险、工伤保险制度两部分。对于工伤造成的损害，由工伤保险负责，对因公致残、死亡的人民警察，按照伤残登记和死亡性质设置相应的医疗待遇、抚恤标准以及子女优待等保障。对于其他损害由公务员医疗保险负责。普通医疗保险是基本的医疗保障，如果患上慢性病，个人须承担很大一部分医疗成本。警察与普通公务员的工作强度、风险性

相比差别很大，比如交通警察，每天在马路上指挥交通，面对雾霾、汽车尾气没有任何防护措施，对身体的伤害可想而知，交警常见职业病有鼻咽炎、呼吸系统疾病、下肢静脉曲张等，这些病均不能进入工伤保险领域。

为此建议：警察应当作为一个特殊工种得到特殊的医疗保障待遇，建立补充医疗保险制度。2015 年 2 月，中央审议通过《关于全面深化公安改革若干重大问题的框架意见》，提出“全面深化公安改革，建立符合人民警察职业特点的工资待遇保障体系。要按照职位类别和职务序列，对人民警察实行分类管理。适应正规化、专业化、职业化建设要求。完善人民警察抚恤优待制度，建立健全人身意外伤害保险等职业风险保障制度。尽快完善值勤岗位津贴政策，提高津贴标准，特别是向基层一线、艰苦边远、有毒有害岗位倾斜。”警察职业的特殊性决定了警察在履行职务过程中承受较大的风险，警察工作的繁重性、危险性与取得的回报很不相称。在警察医疗保障制度改革中，应该考虑警察职业对身体严重损耗的实际情况，对警察实行比其他公务员更优厚的保障待遇。在公务员基本医疗保障之外，建立警察补充医疗保障制度，提高警察的公伤医疗费用保障标准以及补充在基本医疗保险中个人账户支出的费用。

（三）职级并行与实际操作不相匹配

人民警察职级晋升规定是中央考虑到民警的职业特点单独下发的文件，但从落实情况看，县市人为设置晋升比例，各地警察职级并行晋升在中央政策下因地制宜地设置标准，严苛了晋升条件，且推进有快有慢，部分民警没有及时充分享受到中央改革红利。

为此建议：中央出台配套政策，对应晋级未晋级进行统筹推进，让民警享受改革红利。

（四）福利保障得不到有效落实

政策文件规定的警察职业保障不外乎买保险、开辟就医绿色通道、制定强制休假制度等，但警察工作任务过重，一年内民警超过一半时间在维稳处突，加班加点成常态，休息时间没法保障，身体超负荷，想休假难以得到批准，强制休假制度往往停留在纸面上。因负荷重、工作强度大，无法照顾家庭，警察子女就学、老人就医的压力无法化解。

为此建议：合理配置警力，优化警种分布，精简系统内层级结构，提高基层警力占比，落实强制休假制度，杜绝“白 + 黑”“5+2”工作模式。建立专门的职业安全健康体系，充分征求基层民警的意见建议，完善民警健康管理相关内容和制度，针对基层民警高发、共性的健康问题，邀请相关专家进行预防、保健指导。对于因公负伤、患病的民警提供相关医疗费用和经费的保障。设立心理辅导室，定期开展心理健康检查活动，对有心理问题的基层民警进行心理辅导，帮助解决民警心理问题。

二、关于警察执法权保障

（一）法外职责较多

《人民警察法》规定了人民警察十四项职责，其中第六条第（二）款为“维护社会治安秩序，制止危害社会治安秩序的行为”，该规定非常笼统。在实际工作中，经济社会高速发展带来一系列社会问题，公安机关除了打防犯罪以外，还承担越来越多的公共管理服务职能。来自地方党委政府下达的非警务活动有增无减，防汛、防疫、护校、文明创建、征地拆迁、演唱会安保等都可以归结为维护社会治安的行为，警务活动大量增加，耗费大量精力。这些“法外职责”成倍增加了警察的工作量，甚至把警察推到社会矛盾的焦点。

为此建议：修订《人民警察法》并颁布相应的实施细则，明确界定警察职责，取消“非警务活动”概念，加强警务活动规范管理，列出警务活动清单，制定出警活动授权机制。警察是党和国家维护国家安全、维护社会稳定的重要力量，警察的职责应当于法有据，加快警察职业化、专业化建设，明确警察的职责范围，科学合理用警，减少非警务活动，从而更好地发挥警察职能。

（二）执法安全难以得到有效保障

目前，随着社会法制建设的不断进步，警察的执法环境得到了很大改善。但是问题仍然存在，当前处于社会转型期，某些社会矛盾激化，暴恐案件时有发生，以及更多的因直接利益关系引发的维权抗争事件频发，警察的执法环境日益复杂，执法安全堪忧。对警察的正当执法采取消极应付、抵制甚至恶意阻挠的态度，致使围攻、报复警察的群体性事件时有发生。同时也因自媒体发达，来自社会全方位监督，有些不怀好意者或有些不了解真相者，甚至恶语中伤、无中生有，极大地捆住民警“手脚”。

为此建议：进一步完善护警维权的工作机制，依法保护警察的执法权，对暴力抗法行为进行坚决打击，完善立法，严格执法，创造良好的执法环境。人民警察执法是宪法赋予的权力和义务，对执法者的侵害是对国家法律尊严的严重践踏。警察保护“警权”的威严就是在捍卫法律的尊严。在法律方面要坚决保护警察依法执行公务，坚决打击以身试法者，切实维护警察权益，捍卫法律的尊严。警察绝不应该是“打不还手、骂不还口”，对于这种践踏法律的行为，公安民警应绝不姑息纵容。要建立警察正当防卫权制度，即警察在执行公务时，遭遇不法侵害时，可以采取必要手段，保护本人人身安全，因为只有通过行使这种正当防卫权，才能够完成自己的法定职责。要通过完善警务体制、警务理念、警务模式和警务装备完备，从根本上解决暴力袭警问题。在刑法中设袭警罪，对袭警行为进行严厉处罚。

三、关于警察队伍保障

（一）公安机关负责人能力问题

目前，县级公安机关的主要负责人频繁下派，非本地化带来一些弊端，重短期行为，轻长远规划，落下大量“半拉子”工程。有些负责人非本领域专业人员，业务不熟，缺乏基层经验。

为此建议：进一步探讨公安机关主要负责人产生的途径，将能够胜任这份工作的人员选拔到领导岗位上。强化任期业绩考核，坚决杜绝短期行为，引导多做抓基础管长远的事情。

（二）警察与人口比不相匹配

受各地财政保障限制警察编制低且空编比较多。以中部某省为例，全省警察与人口仅为万分之十左右，所辖地市州、县市区因财政供养困难空编多，部分地方警察与人口比达不到全省平均水平。

为此建议：顶层设计规划，根据经济社会发展以及人口数量合理界定各省、市警察与人口比，保障警察数量与所承担的任务相适应。

（三）警察教育培训制度存在问题

一是警察培训的重要性没有得到充分的重视，体制性、保障性问题较多，如培训与职务晋升的关系没有建立，培训经费紧缺等问题。很多地方没有专门的警察培训基地，由于警察工作繁忙，培训时间也很难保障。

二是培训内容无章可循，目前没有一个警察培训的指导性规范。针对不同的警种，不同的级别，哪些科目是必训的，哪些科目是可选择的，理论教学与实践教学的比例是多少，考核如何进行等均存在问题。目前的情况是培训的内容由培训机构决定，缺少规划性和科学性。许多培训实用性不强，理论脱离实际，常常不分警种和层次，大班授课，培训内容与警务实战没有关系，民警培训后无法系统掌握与自身警种和层次执法所需要的业务知识。

为此建议：高度重视警察培训工作，出台培训标准与规范。警察培训是警察职业保障制度的重要组成部分，警察培训做得好，警察才能有更饱满的热情、更专业的能力依法履行职责。应将警察培训作为警察晋升的重要依据，高度重视警察培训的重要作用，加强领导，加大投入，建立健全警察培训体系，促进警察培训工作全面、健康发展。根据目前警察培训中出现的问题，首先，在培训内容上，要以省级为单位，根据不同的培训目标，不同警种的实际需要以及不同岗位应当具备的能力及素质，制定统一的培训大纲和计划。培训模式要从原来的单一课堂教学模式向理论与实践结合模式转变。这一培训模式要求创造条件，使参训者置身于模拟的执法环境中，通过完成执法任务来掌握理论知识。任务驱动教学法把知识传授与执法任务紧密联系，使参训者发现问题，并在教官的指导下，寻找解决问题的途径和解决问题的依据。其次，在警察培训经费方面，要加强民警培训基地建设，加大警察培训投入，使警察培训制度化、常态化，要以推进“轮训轮值、战训合一”培训模式为突破口，向培训要战斗力，向培训要凝聚力。

2022

关于建立雇员制审判辅助人员招聘工作常态化机制的建议

人民法院立案登记制实施以来，法院案件数量大幅上升；员额制改革后，法官数量大幅减少，一增一减导致人民法院案多人少的矛盾日益尖锐。按照改革初期的设计蓝图，法官职业化精英化后，应通过配备法官助理、书记员等辅助力量帮助法官分担辅助性事务。然而法院目前审判辅助人员难聘难留成为不容忽视的问题，中部地区和偏远欠发达地区基层法院尤甚。

雇员制审判辅助人员包括书记员、司法警察辅助人员、司法技术人员，从事事务性、技术性、保障性、服务性工作。雇员制书记员承担案件记录、诉讼文书填写送达、案卷的整理、装订、归档等事务性工作，每一件都事关当事人的诉讼权利，事关程序公正，审判辅助工作的重要性不言而喻。目前，审判辅助人员主要分为法官助理、执行员、书记员。法官助理通过公务员考试招录，近年来屡屡出现报名人数达不到开考比例的现象，许多法官至今没有配备法官助理。而书记员中有部分劳务派遣制书记员，该部分书记员由于待遇低、流动性大，长期留用的也不多。

因此，雇员制书记员成为目前法院审判辅助的中坚力量，通过统一招聘，经过笔试、面试、机试、考察等环节进行严格筛选，进入法院工作。这种形式招聘的书记员更加符合岗位需要，但由于待遇相对较低，有的不够安心，影响工作投入。

为此建议：建立雇员制书记员常态化招聘机制，如一年一次或两年一次，补齐退出的员额，保证一名审判员一名雇员制书记员的配置；建立雇员制书记员工资待遇正常增长机制，保证雇员制书记员基本职业保障和职业稳定。

2020

关于完善取保候审制度　落实认罪认罚从宽的提案

2018年10月，全国人大常委会对《中华人民共和国刑事诉讼法》进行了修订，将刑事案件认罪认罚从宽制度在全国范围内全面、正式推行。该制度的实施，对准确及时惩罚犯罪、强化人权司法保障、推动刑事案件繁简分流、节约司法资源、化解社会矛盾具有重要意义。该制度在执行中，认罪认罚从宽主要体现在刑罚从宽从轻、程序从速从简上，但是一些轻微刑事案件的犯罪嫌疑人认罪认罚后，司法机关并未及时变更强制措施，而是“一押到底”，直到法院判处缓刑或刑期期满后才变更强制措施，也有的法院采取关押多长时间判处多长刑期的方式，造成犯罪嫌疑人在认罪认罚后，在强制措施上并未受到从宽处理。

一是占用司法资源，增加行政成本。全国范围内看守所超量羁押的情况普遍存在，远远超出设计关押量，超负荷运行既造成极大的监管风险和安全隐患，又带来管理上的压力，增加行政成本。

二是犯罪技能“交叉感染”问题。一些初犯、偶犯长期关押，特别是与惯犯混押，容易发生相互教授犯罪技能的“交叉感染”问题，不利于犯罪的预防及后期的改造。

三是时间成本太高。犯罪嫌疑人从刑事拘留到法院判决往往需要三四个月以上的时间，认罪认罚从宽的初衷无法体现，不仅办案时间过长浪费行政资源，而且认罪认罚从宽的犯罪嫌疑人也有时间成本，特别针对民营企业家在认罪认罚后仍长期被羁押，还可能影响所在企业的经营管理。

对策建议：

一、建立健全风险防控体系

加强信息技术监管，防范违反取保候审、监视居住规定的情形发生，建议借鉴、整合公安机关重点人员管理和社区矫正监管措施，为变更强制措施的犯罪嫌疑人、被告人佩戴具有定位功能的电子腕带，一旦出现异常，系统自动提示。对于无固定工作、居所的“待审”犯罪嫌疑人、被告人，依托社区矫正机构分流到就业安置基地、技能培训基地或关爱基地，为其提供生活保障，解除后顾之忧，避免一放了之。

二、建立相应规范性制度

根据修改后的刑事诉讼法规定，可以制定一系列规范性制度，要求检察机关必须审查犯罪嫌疑人、被告人在被逮捕后是否发生影响继续羁押的因素，如身体或家庭情况是否发生变化，案件事实、情节、证据是否出现新情况，并重新评估犯罪嫌疑人、被告人的社会危险性，以及有无适用取保候审、监视居住等其他强制措施的可能性。

三、完善非羁押措施担保制度

尽管刑事诉讼法和解释对保证人的义务都有规定，但不能保证严格执行，办案机关应严格审查保证人的资格，制定被保证人违反规定的信息反馈机制、保证人报告制度及与办案机关的沟通机制，明确保证职责，一旦被保证人违反规定，严肃追究保证人的法律责任。

四、强化从重惩罚处置

在法律上对取保候审、监视居住期间拒不到案等违反规定、又犯罪的犯罪嫌疑人、被告人，明确从重处罚的规定和幅度，直接体现在量刑建议和判决之中。对嫌疑人、被告人出现违反取保候审规定的，公安机关在已有平台上将违反取保候审规定的事实录入平台，同时将违反取保候审、监视居住记录记入失信档案，有此失信记录的人再次犯罪的，不得对其再次取保候审。

五、建立容错机制谨慎追责

在认罪认罚从宽适用非羁押措施时，严格区分办案人员失职渎职行为与依法履职行为，对于严格依法依规变更强制措施的，即便在取保候审或监视居住期间，犯罪嫌疑人、被告人不到案或者又犯罪，谨慎启动追责程序，可以不追究或从轻、减轻追究责任，打消一律追责的顾虑，从而提高非羁押措施适用的积极性。

2020

扩大简易送达适用范围　缓解法院“送达难”

我国民事诉讼法虽经多次修正，但仍采取直接送达为主的方式进行送达。实践中受送达人下落难找、逃避送达甚至拒收法律文书，已经成为一个司空见惯的现象。“送达难”已经成为执行难后的又一个困扰各级法院的难题。随着即时通讯及互联网的快速发展，简易送达遇到的电子电文等取证技术难题也基本被填补。立法应与时俱进，将简易程序的送达方式适用到普通程序中，缓解法院送达难。

建议：扩大诸如电话、短信等简便的送达方式的适用范围，普通程序也可采用简易送达，留存录音或电子数据代替送达回证，在保证当事人诉讼权利的同时，降低法院的工作难度，提升司法效率；增加当事人配合送达的义务，将配合送达列为案件审理纪律，对不配合法院送达的当事人，或在电话、短信中做出承诺的当事人又反悔、拒绝履行承诺的行为列入破坏案件审理纪律的情况进行惩戒。

2021

关于修订《社会保险法》等相关法律法规的建议

根据中央关于社会保险征缴体制改革的有关精神，自 2019 年 1 月 1 日起社会保险费全部交由税务部门征收。但是现行的法律适用和制度建设缺位，难以适应征管的需要。《社会保险法》第五十九条第二款规定：“社会保险费实行统一征收，实施步骤和具体办法由国务院规定。”但到目前为止，国务院并没有制定具体办法。同时，1999 年国务院制定的《社会保险费征缴暂行条例》（以下简称《暂行条例》）还没有废止，其相关条款已成为影响税务部门征收社会保险费的主要法律障碍，主要表现在征管主体、处罚权限、监督管理等问题。

一是征管主体方面。《暂行条例》第六条“社保费的征收机构由省、自治区、直辖市人民政府规定，可以由税务部门征收，也可以由劳动保障行政部门按照国务院规定设立的社会保险经办机构征收。”与国家机构改革方案明确的交由税务统一征收的改革内容不一致。《暂行条例》第十三条、十八条、十九条、二十一条、二十四条、二十五条、二十六条中，同样有可以由“劳动保障行政部门或者税务部门”执行的选择性条款。

二是处罚权限方面。《暂行条例》第二十三条缴费单位“未按照规定申报应缴纳的社保费数额的，由劳动保障行政部门责令限期改正，情节严重的……罚款”等规定，会导致税务部门无权催报、追缴和依法处罚，增加行政协调成本，影响缴费人遵从度。

三是监督机制方面。《暂行条例》第五条“国务院劳动保障行政部门负责全国的社保费征缴管理和监督检查工作”的规定，会造成税务部门征收后，其征管工作既要接受审计监督，又要面对劳动部门的检查，多头监督、机制不顺，不利于提高效率。

为进一步加强社会保险费征管相关法制建设，促进社会保险费征收，建议对《社会保险法》等相关法律法规进行修订。

2019

关于在全国范围内明确补缴社保类纠纷应由社会保险行政管理机关依法处理的建议

实践中，用人单位不依法缴纳社会保险费的做法普遍存在，未足额缴费的现象更是异常突出。随着劳动者法律意识的增强，通过法律手段维权成了越来越多劳动者的选择，与此同时关于社会保险争议的法律适用问题也日渐突出。

《劳动争议调解仲裁法》第二条第四款规定，因工作时间、休息休假、社会保险、福利、培训以及劳动保护发生的争议适用本法。有关社会保险的规定在后续司法实践中出现诸多分歧的观点，就此问题最高人民法院先后四次在其官网上进行答复：只有那些未被《社会保险费征缴暂行条例》和《社会保险法》明确规定由社会保险管理部门负责处理的事项，因而发生争议的，才纳入人民法院的受案范围。

目前，补办、补缴社会保险不属于人民法院民事诉讼受案范围已经在法律界达成共识，但该类纠纷是否属于劳动仲裁的受案范围还存在争议。因最高人民法院的四个答复并非正式的司法解释，各地劳动人事仲裁院均以《劳动争议调解仲裁法》为依据受理劳动者要求补缴社会保险的案件，作出裁决后用人单位纷纷以“补缴社会保险属于行政管理范畴，非劳动争议，不属于劳动仲裁受案范围”为由向法院申请撤销仲裁裁决，多数法院却又以《劳动争议调解仲裁法》第二条为依据驳回用人单位的申请。

我国现行法律规定劳动争议仲裁前置，如劳动仲裁机构依据《劳动争议调解仲裁法》第二条将“补缴社会保险”作为劳动争议进行仲裁，当事人不服仲裁裁决可起诉到法院，法院却以“补办、补缴社会保险不属于《劳动争议调解仲裁法》第二条规定的社会保险类劳动争议”为由不予受理，无疑会产生法律适用的冲突。更让人不能理解的是，用人单位向中级人民法院申请撤销裁决时，法院又以《劳动争议调解仲裁法》第二条为依据驳回申请。另外，社保计算依据比较复杂受政策调整影响较大，仲裁机构及法院往往只裁判用人单位为劳动者补缴某个时间段的社会保险应缴部分，而无具体数额。此类无具体执行内容的裁判，往往存在执行困难。

为此建议：在全国范围内统一此类纠纷的法律适用，明确规定补办、补缴社会保险不属于仲裁和诉讼的受案范围，劳动者应向社会保险行政部门或社会保险费征收机构寻求解决，以节约劳动仲裁和司法资源，同时避免裁判冲突，更好地促进劳动关系和谐发展。

2020

劳务工伤亟需一种保险模式进行保障

在我国有劳动关系和劳务关系两种用工关系，目前劳动关系中的劳动者在工作中遇到伤亡事故时基本都有工伤保险作为保障。而劳务关系由于存在临时性、流动性等特性，雇工的权益保障都存在着诸多漏洞，无法进行全面保障，特别是在劳务工伤方面严重缺乏保障。目前裁判文书网登入的提供劳务者受害责任纠纷案件文书高达 431569 篇，劳务工伤亟需一种保险模式进行保障。

建议：单独设置劳务工伤保险，政府对购买劳务工伤保险的雇主，提供一定补助，鼓励流动性大的雇主购买劳务工伤保险，为雇工提供有效的保障，免除劳务双方的后顾之忧。由国有保险公司牵头设立、开展劳务工伤保险业务。要求用工雇主按照其用工需求购买一定数量的保险，确保每一个雇工在提供劳务期间都有工伤保险作为保障。

2021

取消人身损害赔偿“同命不同价”的城乡二元赔偿机制

最高人民法院《关于审理人身损害赔偿案件适用法律若干问题的解释》规定的“同命不同价”的城乡二元赔偿机制，人为区分城乡居民平等，不利于保障人权，也难以体现公平正义，带来大量因“同命不同价”导致的诉讼、上访，不利于社会稳定，在实践中也不再具有现实意义。确定赔偿标准时不是以受害人户口是农业户口还是非农户口，而是以受害人是否在城镇居住、工作。随着城市化的进程加快，城乡流动越来越频繁，界限已经不再清晰，即使是农村居民也可能因其在城市工作、居住而获得城镇居民的赔偿标准，继续区分城乡标准将不再具有现实意义。

为此建议：制定新的司法解释或法律规定，对人身损害赔偿进行统一规定，体现公平正义。废除《人身损害赔偿司法解释》在残疾赔偿金、被扶养人生活费、死亡赔偿金等方面规定的城乡不同赔偿标准。残疾赔偿金、死亡赔偿金的赔偿标准，统一按照城镇居民人均可支配收入计算。被扶养人生活费统一按照城镇居民人均可消费性支出计算。

2021

关于抢救账簿文物　弘扬中国会计文化的提案

中国的古代与近代的会计文献，是显示中华文明的重要标志，是整个人类社会的珍贵宝藏。据会计史权威专家的调研发现，全国经济类档案中的账簿类档案，几乎占据全部档案的2/5—3/5，这既是中国会计文化的珍贵历史遗产，也是显示中华民族古代和近代财政、会计、审计与近代公司财务及其财务管理兴起的重要文献，像这样具有十分珍贵价值的系统文献，在全世界极其罕见。

然而，全国绝大部分单位却对这类文献收藏保管不善，研究利用程度很低，破损与毁坏现象十分严重。由于保管不善，有相当一部分账簿、凭证等已作废弃处理，其毁损、废弃之事每年都有发生。尤其是进入新世纪以来，各收藏单位具有这方面知识的保管人员已逐步退休，而新的保管人员对这类文献不能识别，甚至已不知道如何上架、下架与提档借阅，其文档利用率还达不到10%。根据保管现状分析，再过10—20年，这些分散于全国各地与各单位的财政、税务、会计、审计档案，很有可能因大批毁损而不复存在，由此将会造成不可估量的重大损失。这既是中国的损失，也是世界的损失。

为抢救这一大批珍贵文物，我国学者所撰世界第一部《中国会计通史》，已刻意选用了一百多幅十分珍贵的图片，在向国际会议展示时被外国学者视为与“圣经”一样具有同等价值的学术成就。尽管中南财经政法大学目前正通过募捐筹建“中国会计史文博馆”，从全国各地乃至国外收集一批中国流失的会计文书，以此作为抢救重要会计文献的最初举措，但此项工作时间紧迫，需要系统推进，为此提出以下建议：

1. 由相关国家部委牵头筹建“中国账簿博物馆”，将全国账簿集中起来珍藏，进行专业化保管。

2. 设置专门研究机构，统一组织开展专题研究，对账簿等文献借阅采用电子版或复制件。

3. 开展中外会计文化交流，定期召开弘扬中国会计文化的国际会议。

4. 在全国各高校开设会计史、审计史、财务与财务管理史、资本市场会计等课程，培养一批专门研究人才，培养知账簿、懂账簿，会管理历史账簿、传承会计文化的专门人才。

抢救中国古代、近代会计文献之事已是当务之急，其意义重大，造福于千秋万代。呈请国家相关部委高度重视，以期推动会计文化建设事业的发展，树立中国会计文化的国际权威地位。

2018

加快推进传统纸媒向融媒体发展的建议

在全球新闻界，过去的十年被定义为传统媒体衰落的十年。面对移动互联网及社交媒体等新兴媒介的迅猛发展，传统纸媒发行量锐减，广告流失严重，陷入生存困境。国外如美国的《西雅图邮报》、英国的《世界新闻报》等百年老报纷纷停刊。中国的传统媒体也正在经历前所未有的“纸媒寒冬”。据不完全统计，从 2008 年至今，我国休刊、停刊的传统媒体（包括报纸和杂志）达 150 多家，仅 2018 年就有 53 家报纸宣布休刊或停刊。

随着互联网时代，新媒体大量涌现，出现了全程媒体、全息媒体、全员媒体、全效媒体，社会已然进入全媒体时代。舆论生态、媒体格局、传播方式发生深刻变化。特别是自媒体的发展，使传统纸媒猝不及防，雪上加霜。

2019 年 1 月 25 日，中共中央政治局就全媒体时代和媒体融合发展举行第十一次集体学习。习近平总书记强调，推动媒体融合发展、建设全媒体成为我们面临的一项紧迫课题。“融媒体”是充分利用媒介载体，把广播、电视、报纸等既有共同点，又存在互补性的不同媒体，在人力、内容、宣传等方面进行全面整合，实现“资源通融、内容兼融、宣传互融、利益共融”的新型媒体。传统纸媒如何适应新媒体的发展，加快转型，推进融媒体发展，是所有传统纸媒面临的巨大挑战和机遇。目前，传统纸媒在推进融媒体发展中遇到如下问题和困境：

一是广告收入“断崖式”下滑，经营困难。从 2013 年开始，传统纸媒广告出现“断崖式”下滑。据国家市场监管总局发布的数据显示，2015 年互联网广告收入首次超过传统媒体，2017 年和 2018 年传统媒体广告收入连续两年以超过 30% 的速度下滑，2018 年传统媒体广告只占三分之一，传统媒体已经丧失市场主导地位。

二是发行量锐减，读者大量流失。移动互联网的飞速发展，颠覆了人们的阅读习惯，人们获取信息的渠道已经从纸质等传统媒体转移到移动互联网。阅读习惯的改变导致传统纸媒发行量锐减，一些曾经号称日发行量百万份的纸质媒体的发行量锐减到十几万份，甚至几万份，大多数都市类媒体发行量只有一万多份甚至几千份。

三是传统纸媒人才流失严重，技术力量匮乏，创意人才难寻。经营困难，薪资下降、福利减少，许多优秀人才、资深的媒体人纷纷离开传统纸媒，有的自主创业，有的转战自媒体，人才流失导致传统纸媒在内容方面优势不再。对比新兴互联网企业，传统纸媒技术力量非常薄弱，因财力限制、薪酬标准、成长通道单一等原因，难以招录优秀专业技术人才。同时，新媒体变化日新月异，但目前高校培养的新媒体人才尤其是产品方面的创意人才不多，远远不能适应现实需求。

四是媒体管控尺度不一，版权保护不力。虽然主管部门要求网上网下一个标准，传统纸媒与新媒体一个尺度。当一件新闻事件发生时，不少自媒体屡屡突破界限，受到的处罚却较少较轻，管控尺度不一对传统纸媒的传播力和影响力造成不利影响。传统纸媒从业者辛苦采集的新闻报道被各种网站和公众号随意免费转发，维权成本极高。

五是评奖标准模糊。目前，中国新闻奖还没有单独的新媒体作品尤其是移动端作品，各省市对新媒体作品定义不一。新媒体究竟是思维新、内容新、形式新、平台新还是技术新，没有统一标准。

为此建议：

一、国家出台相关政策，对传统纸媒给予减税、融资等优惠措施，加强舆论阵地建设

减轻传统纸媒的财务负担，使传统纸媒有资金投入融媒体建设。有了资金投入，传统纸媒才能借助移动互联网技术，通过流程优化、平台再造，实现各种媒介资源、生产要素有效整合，实现信息内容、技术应用、平台终端、管理手段共融互通，催化融合质变，推动媒体真正融合。

二、对传统媒体与技术企业联姻方面给予更多的政策扶持

使更多的新兴互联网企业参与到传统纸媒的融媒体建设，如采用合资参股

等形式，弥补传统纸媒在融媒体建设中技术力量和资金的不足。

三、对媒体作品加大知识版权保护力度

对自媒体账号严加管控，出现问题要从严处理，真正做到“一把尺子”。让侵权者付出极大的成本，培养大众的知识产权意识，为内容付费营造舆论环境和提供制度保障。

2019

关于传统媒体与新兴媒体有效融合发展的建议

依照中央有关媒体融合的指导精神，传统媒体融合必须推进且势必达成。传统媒体是“中心化传播模式”，而新兴媒体具有技术决定优势。传统媒体与新兴媒体融合不仅仅是技术层面与操作层面的融合，更深层次颠覆性改革创新将体现到传统媒体身份定位、目标群体、内容创新、载体革命、技术迭代、资本多元、管理现代化、商业模式、政府规制、传媒角色等方面，且大型传统媒体同中小型传统媒体融合创新路径也不尽相同。为促进传统媒体迭代升级为新兴媒体并进行有效融合，提出如下建议：

一、改变身份定位

传统媒体尽快抛弃原有的落后身份定位，摆脱原有的传统媒体标准和规制来衡量融媒。不能把融媒体仅仅看作是一种手段或形式，要有反思意识，也不能用一种求“包养”的方式，抑制了应有的想象力和创新能力，应尽快依照市场上成功新兴媒体标准加以改造，在战略规划和人、财、物等资源配置上高度倾向与发展新兴媒体，将传统媒体降为副业。

二、更新新产品理念

跳出媒体做媒体，用产品理念做媒体，用服务读者变为用户体验。强调产品的消费者与提供者的主动性、互动性和平等性。增强黏度，国外的很多传统媒体转型不仅仅限于信息传播领域，还可以进行购物、电子支付、娱乐等日常生活领域，甚至通信、游戏、资讯、订票、金融、交通、寻医等与民众日常工作密切相关联。

三、转变生产模式

抛弃传统媒体的“日报体”和“播音体”。将“平民精神”输入内容生产的血液里，真正做到“三贴近”，站在广大老百姓的视角来选择、制作和传播，尽可能让广大网民参与制作、分享，建立新的话语语法体系。

四、打造特色自主平台载体

载体是传统媒体的短板，嫁接数字化技术只是传统内容的转移，没有特色，可替代性强。传统媒体融合必须打造“自主”和“特色”平台，具有平台的自主建设、更新和撤销权，不能“在别人的灶台上生火做饭”。

五、与科研院所合作

技术原创可以联合高校科研机构，共同成立研究院等，也可以与技术公司成立合资公司，为传统媒体融合转型提供技术原创性智力资源。

六、试行资本运营

在体制革新方面应该大胆引入民间资本，按市场化规划及运营模式进行资本运作，不能单一指望财政资金拨款，减轻财政压力。

七、改变商业模式

从“一二次售卖”到“平台经济”为主，“一次售卖”是指传媒产品的成本和收益在一次交易中完成，如图书、音像等；“二次售卖”是指传媒产品在第一次交易中免费或低于成本价的方式出售给消费者，然后将消费者的时间或注意力卖给广告商或广告主，如报纸、广播、电视等，因为传统媒体有着数量庞大的存量和增量优质内容，可以实现在线付费等特质，但往后的融媒产品盈利空间越来越小；新兴媒体市场中，广告商或广告主大多被分流到大型商业新兴媒体平台。所以，平台经济是世界上绝大多数新兴媒体公司成功的关键。比如，“一网两微一端”四大融媒产品中，“一网两微”走的是“二次售卖”模式，但赔钱赚吆喝；“一端”（新闻客户端）采用“平台经济”，有着商业模式的雏形。

八、加强管理制度建设

打破政府规制中的审批制、主管主办制、属地管理制、行业管理制等条块分割状态，强调开放、自由、平等为核心文化基因的新兴媒体融合。

九、转换媒体角色

可以从“耳目喉舌”到“以耳目喉舌为主的多功能服务提供者”。经过融媒后的媒体将越来越多地成为“党和人民的多功能服务提供者”。比如济南日报报业的舜网成为“地方政府的PR（公共关系）”、南方日报的“媒体智库”转型等，围绕成为“党和人民多功能服务提供者”开发融媒体产品也是融合创新的出路。

2019

关于加快湖北省生态保护绿色发展的建议

十九大报告明确提出“以共抓大保护、不搞大开发为导向推进长江经济带发展”。湖北是长江经济带11省市中沿江岸线最长的省份，推进长江经济带生态保护、绿色发展是我省的重要使命。近年来，省委、省政府扎实践行生态优先、绿色发展理念，编制了全国第一个省域生态保护与绿色发展总体规划，与国家开发银行共同编制了《湖北长江经济带生态保护和绿色发展融资规划》，初步建立了总投资1.14万亿元的项目库；围绕长江大保护的目标，实施了《九大行动方案》和“双护双促”综合执法行动；围绕打造滨水生态绿城总体目标，在武汉市全面推进“四水共治”行动；与湘赣两省建立了长江中游地区省际协商合作机制，共同签署了《长江中游湖泊湿地保护和生态修复宣言》；武汉与长沙、南昌、合肥联合签署了《长江中游城市群省会城市合作行动计划（2017—2020）》。

这些生态保护绿色发展规划、方案为我省开展生态保护、促进绿色发展做出了巨大贡献。如今，我省沿江1公里内已被设为生态保护红线区，红线内禁止16类重污染项目，通过“6大专项整治行动”，全省共清查整顿488家沿江重化工和造纸企业，关停1189家“十小”企业，取缔367个非法码头，对梁子湖已实施永久性退垸还湖，增加水域面积100余平方公里，率先在全国全面推行“河（湖）长”制，对全省5公里以内4230条河流和列入省政府保护名录的755个湖泊实行全覆盖。截至今年9月，全省累计建成自然保护区82个，建立各级湿地保护区54个，空气质量改善幅度位居全国前列，中部第一，优良水质比例较去年提升2%。

然而，在我省通过生态保护绿色发展，形成人与自然和谐发展的现代化建设新格局还任重道远。通过调研发现，我省在推进长江经济带生态保护、绿色发展方面，仍然存在一些问题。如：生态保护和绿色发展理念共识不足；“1+5+N”专项规划有待尽快拟定；亟待构建科学的自然资源产权制度；生态保护与绿色发展绩效考核体系与责任追究制度有待优化；现代科技在促进生态保护绿色发展中应用不够深入，等等。为此提出如下建议：

一、创新生态环境监管体制机制

（一）在全国率先试点成立湖北省国有自然资源资产管理机构，健全自然资源资产管理体制

国有自然资源资产管理机构统一行使全民所有自然资源资产所有者职责，统一行使所有国土空间用途管制和生态保护修复职责，统一行使监管城乡各类污染排放和行政执法职责。建立归属清晰、权责明确、监管有效的自然资源资产管理体制。制定出台《湖北省自然资源统一确权登记办法（试行）》，重点界定河流、森林、荒地等产权主体，探索国家所有权和代表行使国家所有权登记的途径和方式。制定产权主体权利清单，清晰界定各类自然资源资产的产权主体权利。

（二）建立全省“生态云”大数据平台，健全生态环境监测网络和预警机制

开展生态环境大数据分析应用，推动建立生态环境质量趋势分析和预警机制。

（三）积极推广产业正面清单、负面清单制度

坚定不移实施主体功能区制度，从省级层面完善主体功能区配套政策，推动主体功能区战略在市县层面精准落地，建立健全资源环境承载能力监测预警的长效机制。在沿江地区推广产业正面清单制度，促进沿江地区绿色产业发展、产业绿色化发展。在国家级、省级重点生态功能区推广产业准入负面清单制度。

（四）以实行排污许可证制度为重点，建立健全以改善环境质量为核心的环境保护管理制度

开展固定污染源的排污许可证核发工作，实行对污染源的一证式管理，落实企事业单位污染物排放许可制，推进火电、造纸行业排污许可证申请发放工作，实施农用地分类管理和建设用地准入管理。建立耕地土壤环境质量类别划定分类清单、污染地块名录及其开发利用的负面清单，建立建设用地调查评估

制度、土壤污染治理及风险管控制度；强化针对危险废物收集、运输、处理的监管和问责机制，建立覆盖城乡的集中式饮用水水源地保护机制。

（五）实施生态环境公益诉讼，健全跨区域环境联合执法协作机制

健全法院、检察院环境资源司法职能配置，完善环境资源民事、行政、刑事案件“二合一”“三合一”归口审理模式。规范环境损害司法鉴定管理工作，努力满足环境诉讼需要。建立环境资源领域专家库，保障专家通过担任人民陪审员、人民监督员、专家证人等方式参与环境资源司法活动。

二、完善促进绿色产业发展的制度体系

（六）建立以绿色生态为导向的农业补贴制度

打造绿色有机农产品示范基地、农业可持续发展试验示范区。推进农产品绿色化、品牌化生产，加快农产品标准化及可追溯体系建设。

（七）以绿色科技创新引领绿色产业发展

打造一批新型光电、新材料、新能源汽车、节能环保等产业创新平台和载体，选择部分高耗能行业企业开展能耗总量和强度双控、电机能效提升、绿色工厂（园区）等试点示范，建立传统制造业“机器代人”奖励机制。

（八）倡导简约适度、绿色低碳生活方式

制定城市综合体、公共机构办公场所等能源使用定额标准和能效标准，推行公共交通优先，鼓励自行车绿色出行。实施新能源汽车推广计划，支持有条件的城市推行新能源汽车租赁；建立生活垃圾分类收运回收处理体系，推动出台生活垃圾强制分类试行办法。

三、实施生态保护绿色发展的绩效考核和责任追究制度

（九）进一步完善县域经济工作考核指标体系

根据国家主体功能区制度、十九大精神，在 2014 年、2016 年版湖北省县域经济工作考核指标体系的基础上，按照主体功能区定位，适时进一步完善县域经济工作考核指标体系，突出生态保护、绿色发展指标的导向作用。

（十）出台湖北省自然资源资产负债表编制指南和自然资源资产负债表

推进水、土地、林木等主要自然资源资产核算工作，完善自然资源资产相

关统计制度，探索建立实物量核算账户，科学反映自然资源规模和质量变化，为实施生态保护绿色发展的绩效考核和责任追究提供实物支持。在试点基础上，推广领导干部自然资源资产离任审计制度。

（十一）健全领导干部生态环境损害责任追究制度

确定各类生态环境损害的分级调查权限，实现精准追责。对领导干部离任后出现重大生态环境损害并认定其需要承担责任的，实行终身追责。

四、完善环境治理和绿色发展的市场体系

（十二）加快培育环境治理和生态保护市场主体

推动全省污水垃圾处理设施运营管理单位向独立核算、自主经营的企业转变；逐步完善环境治理和生态保护市场化机制。

（十三）建立自然资源资产有偿使用制度

完善自然资源资产价格形成机制，健全土地、水、森林等自然资源资产价格评估标准和评估方法。探索建立排污权交易制度、碳排放权交易市场体系、水权交易制度等。

（十四）健全绿色金融服务体系

探索创新绿色金融推动绿色经济发展的有效机制。完善企业环境信用评价制度，推动企业环境信息纳入金融信用信息基础数据库，向金融机构开放共享。支持和引导金融机构建立符合绿色产业和项目特点的信贷管理制度。推动建立银行绿色信贷业绩评价机制，积极推进发行绿色金融债券和绿色信贷资产证券化，鼓励银行等金融机构将信贷资金投放于环保、节能、清洁能源、清洁交通等绿色产业。稳妥有序探索环境权益交易市场机制，依托省级公共资源交易平台，推动环境权益统一交易、信息共享，探索环境权益抵质押融资模式。完善与绿色金融相关的监管机制，加强对绿色金融业务和产品的监管。

五、厚植生态保护绿色发展理念

（十五）培育生态保护文化

深入挖掘生态文化底蕴，积极培育生态道德，将生态文化培育作为文明城市、文明村镇和文明单位（社区）创建的重要内容，推动生态文明成为全社会

共识。把生态文明纳入国民教育体系和干部教育培训体系，在中小学校开展绿色学校创建活动，在政府机关、企事业单位设立生态环境监督员。编制湖北生态文化史，创作一批体现生态文明理念的优秀文化作品。

建设生态文明是中华民族永续发展的千年大计，必须牢固树立社会主义生态文明观，创新生态保护，提供更多优质生态产品以满足人民日益增长的优美生态环境需要，形成节约资源和保护环境的空间格局、产业结构、生产方式、生活方式，为长江经济带生态保护绿色发展提供经验与智慧。

2018

关于加快建立自然资源管理监督工作的建议

党的十九大报告提出设立国有自然资源资产管理和自然生态监管机构，完善生态环境管理制度。做好自然资源资产管理与监管工作，是保持绿水青山的生活环境，促进生态文明建设的重要举措。如何落实党中央的这一重大决策和部署，是摆在各级政府面前的一件大事。实施自然资源资产管理与监管，重在建立起科学的管理和监管机制。如何建立起科学有效的机制，又是管理和监管工作的一大难点。调研发现，当前我国自然资源资产管理和自然生态监管确实存在不少问题，亟待解决。

一、管理责任模糊，导致管理失职渎职

自然资源资产范围广泛，类别繁多。各级政府都负有维护和使用好自然资源资产的监管责任。但这种责任具体由谁来承担，又如何去落实这种管理责任并行使管理权力，从现有法律法规来看，并没有明确的规定，从而导致一些地方政府想管不知道怎么去管，想作为而无法作为的现状，这是管理责任模糊的主要原因。

二、管理手段有限，导致管理效率低下

国有自然资源资产种类多、分布面广，必须利用现代科学技术和手段进行监管。但由于这种管理是一项全新的内容，既无成功的经验借鉴，也无现成的理论指导。因此，各地各级政府主要停留在安排相关部门填写报表、数据，管理主要停留在一般性号召上。中央非常重视国有自然资源资产的管理和监管工作，但地方在管理上又缺乏相应的手段，目前的部门统计数据、填写报表，管理出来的数据难以作为考核、评价的依据，更谈不上效率。

三、管理机制缺失，导致管理难度增加

对于国有自然资源资产的管理，应当有一套完整的可供操作的制度和流程。

但现实的情况是既无相关具体规定，也无具体的操作流程，表现为管理机制缺失。各级政府及相关部门管理自然资源资产，不知道从什么地方下手，比如说如何界定自然资源资产的范围，自然资源资产实物量如何测算，自然资源资产如何开发利用等。这种管理机制必须而且只能由更高层面的机构和专家进行编制，地方各级政府及其相关部门依照国家层面的规定，认真执行。这种现实而尖锐的矛盾，是由于管理制度不完善，引发管理机制缺失，导致管理矛盾。

四、监督依据不足，导致监督动力缺乏

监督是执行的保障，自然资源资产的管理同样需要强有力的监督。但在自然资源资产管理尚不明确的情况下，对自然资源资产管理的监督就更谈不上。目前均没有关于对自然资源资产管理的监督规定。因此，地方政府及相关部门在关于如何监督自然资源资产管理的问题上，不知依据什么开展，也不知道该如何开展，对自然资源资产管理监督动力缺乏。在监督依据不足的情况下，应当实施监督的部门和人员多流于形式。

五、监督渠道不畅，导致监督机制缺失

自然资源资产是国家的资产，也是全民的资产，对自然资源资产的管理必须实行监督。谁来履行监督职责？但在现实中，很多破坏自然资源资产的行为，平时都没有机构和人员去监督，最后仍然依靠巡视组的巡视，才真正被监督曝光。人民群众想监督，但缺乏监督的渠道，公众监督很难实现，监督渠道不畅。

为此建议：

一、完善法治规定，明确界定管理责任

我国已经进入法治建设新时代，无论是政府还是民众都应当依法办事，树立法治的权威。为此，建议启动立法程序，可以先制定行政法规，试行一段时间。待探索出成熟的经验后，再行修改上升为法律。通过立法，明确界定国家自然资源资产的范围，明确授权国家自然资源资产的管理部门，清晰界定其管理职责、管理权限、管理手段。同时，准确清晰界定管理者失职渎职的构成要件，承担责任的形式和种类，从而把自然资源资产管理与监督纳入法治建设的轨道。

二、强化科技手段，提升管理水平能力

自然资源资产涉及种类多，不仅涉及矿产，而且还涉及水源、山川等。这些资源遍布每个地区的偏僻地带。如何管理好这些资产，促进其保值增值，既是管理工作的重点，也是管理难题。仅凭常规的人工视察、检查很难管理到位。为此，必须强化科技手段，对管理机构进行高科技装备。可以利用遥感技术全天候监测，利用大数据进行计算，结合大众监督，适时发现问题，及时纠正和处理，从而把自然资源资产管理上升到科学管理的层面上，并纳入对地方行政领导的常规管理和考核之中。

三、建立管理机制，实行管理监督有序

新时代开启了法治建设的新局面，对管理也提出了新要求。为此，必须建立自然资源资产管理机制，促进管理工作有序开展。建立自然资源资产管理机制，必须做到：（1）明确从中央到地方自然资源资产管理的机构、职责；（2）明确管理的具体措施和办法；（3）明确管理的具体流程；（4）明确管理的责任及考核；（5）明确管理中渎职的惩处。自然资源资产管理机制是对地方主要行政领导考核和监督的主要依据，其内容必须严谨务实、可操作。

四、明确监督权责，增强各方监督动力

监督是保证管理工作落实到位的重要举措，离开了有效的监督，自然资源资产管理就难以落实到位。为此，必须明确不同部门的监督权责。（1）明确党委监督的机构和具体职责，强化监督的有效性；（2）明确监察委员会在自然资源资产管理中的监督职责，强化监督工作的专业性和分工合作性；（3）明确部门内部监督的职责、监督的方式方法，强化监督工作的及时性。

五、广开监督渠道，公开监督处理结果

做好监督工作，既要靠职能部门的履职尽责，更要靠人民群众的广泛参与，必须广开监督渠道，公开监督处理结果，鼓励人民群众积极参与。（1）广泛进行媒体宣传动员，号召人民群众参与监督。可以通过广播、电视、报纸和网络，宣传自然资源资产管理工作的重要性，参与监督的光荣性；（2）开通网上监督渠道，公开监督举报电话、邮箱、地址，鼓励人民群众积极参与监督；（3）公开监督结果，实施有奖监督。对于举报案件的查处，必须及时公布结果，予以公开。

2018

关于加快推进长江流域禁捕工作的提案

实施长江流域重点水域禁捕退捕，是以习近平同志为核心的党中央从中华民族长远利益出发作出的重大决策，是共抓长江大保护、推进长江经济带绿色发展的关键举措。随着长江流域禁捕规定下达执行，一场力度空前、影响深远的禁渔大幕随之开启。但长江流域和沿岸湖泊纵贯 8100 公里水面上近 30 万渔民即将彻底告别江湖，也带来了上岸生活、转业生产等新问题。为实现长江大保护战略，保护母亲河生态环境、恢复渔业资源，提出如下建议：

一、拓宽上岸渔民出路

因全面禁捕涉及的渔民数量太大，单靠个别部门努力和渔民自身解决不了问题，在解决渔民上岸出路上，仅靠个别方式也无法安置难以稳定。因此，需要寻求多元途径、多管齐下为渔民寻找出路。

（一）鼓励渔民从事养殖业

地方政府供应一定的水域，设立养殖村，形成规模养殖，或是渔民承包鱼塘，给上岸渔民转业生产的机会。养殖业既可以根据长江禁捕鱼类的特征，由相关机构研制培育出同类鱼种进行养殖，供市场消费之需，满足百姓对长江特有鱼类的“口福”，也可以为通过养殖为长江培养鱼苗。在当地政府的支持下可以成立渔业养殖专业合作社，形成渔业养殖、鱼产品加工、鱼类项目休闲等鱼类产业链，更大程度上给上岸渔民更多转业机会。

（二）开发休闲旅游服务业

渔民可以在不违背长江生态保护的前提下，在长江沿边选址开办类似于渔家乐的休闲场所，也可以由当地政府创建小型鱼类博物馆，由一生知鱼懂鱼的上岸渔民讲解长江已经灭绝或濒临灭绝鱼类情况以及珍稀鱼类的保护意识和措施，既起到教育警示和宣传作用，也补充地方生态旅游景点。

（三）补充长江巡护队伍

在长江禁捕形势下，增加了地方渔政部门监察的工作量，应加强监察力量，配备更多监察队伍，而这些上岸渔民的打鱼经验，熟悉当地水性环境，可以吸收部分上岸渔民以全职或兼职等方式参与到巡护队伍中，补充巡护力量。同时，有关部门可以倡导或主导成立长江流域巡护联盟或长江清漂队，让上岸渔民以志愿者的身份加盟。

（四）加强对渔民转业培训力度

一是由农业农村部门培训大宗鱼类养殖技术、特色品种养殖技术以及养殖新模式，便于上岸渔民从业养殖业；二是由当地人社部门免费组织就业培训班，培训渔民学习其他手艺或技术，增强其自主创业或就业能力。

二、提供渔民上岸保障

长江禁捕政策发布后，有关部委出台了政策，但仍需更加强有力的支持政策予以扶持。

（一）在保障住房方面提供支持

对长期在船上生活而在陆地上无房的，地方政府应统一规划，实行渔民安居工程，自然资源管理部门提供宅基地，财政提供补贴，其他部门在政策范围内予以扶持，以及上岸渔民自筹等组合方式解决建房问题。

（二）保障脱贫标准的过渡性补贴到位

在目前我国已经全面脱贫的背景下，避免因渔民上岸导致新增贫困户，因此建议实行退捕渔民建档立卡，在回购渔民渔船、渔具时，按脱贫线标准采用中央和地方共同出资给予过渡性补贴，办理医保和社保，为保障均衡，对同一区域采用比较补贴标准。

（三）提供保险办理和创业贷款等优惠政策

针对上岸渔民这一特殊群体，特事特办，在办理医保和社保方面予以特殊对待，对符合当地规定条件的退捕渔民家庭，按程序纳入城乡低保范围；有关金融部门对有意愿有条件的上岸渔民在创业贷款方面予以优惠。

三、强化渔政执法力量

长江流域，禁渔范围广，禁渔难度大，持渔业行政执法证少，执法装备严重不足，执法监管能力与长江十年禁捕工作任务要求明显不匹配。为如期实现清船、清网、清江、清湖目标，有效遏制非法捕捞行为，必须加强执法力量。

（一）加强渔政执法队伍建设

成立独立渔政执法机构，配备足够的人员力量从事渔政执法工作，提高基层渔政执法能力，包括将退捕渔民吸纳到巡护员队伍。

（二）加强渔政执法基础设施建设

建设渔政执法码头趸船，配备执法船艇、无人机、监控系统，加强渔政执法能力建设和条件保障。

2021

矿产资源勘查与开发利用应把好“绿色”立项关

2018 年 6 月 22 日，自然资源部发布已通过全国国土资源标准化技术委员会审查的《非金属矿行业绿色矿山建设规范》等 9 项行业标准进行公告，于 2018 年 10 月 1 日起实施。中国矿业联合会于 2018 年 8 月 1 日制定并发布实施《绿色勘查指南》团体标准。2020 年 5 月 1 日，自然资源部组织专家修订并发布实施的《固体矿产地质勘查规范总则》（GB/T 13908—2020）对绿色勘查单列章节并作为规范要求，《绿色勘查规范》也进入报批阶段。但在工作实践中，仍有不足之处，尤其是在地质矿产绿色勘查与矿产利用的可行性研究方面还有需要改进的地方。

一、绿色矿山建设大多着力于在建矿山企业的恢复治理，对新立矿山项目在立项论证环节政策监管不到位

因经济发展的阶段性因素，我国在绿色矿山建设方面起步相对较晚，绿色矿山概念于 2011 年提出并小范围内试点，大多省份在 2018 年左右才开始全面推广绿色矿山建设。主要着力于以下六个方面：一是矿区环境：功能分区合理性问题，生产区标牌数量及规格问题，主干道路面情况，矿区绿化；二是资源开发方式：开采工作面质量，破碎车间、输送廊道等全封闭并配备收尘、降尘设备，矿山环境恢复治理与土地复垦；三是资源综合利用：废水处置与综合利用；四是节能减排：地面运输过程的粉尘排放，雨污分流；五是科技创新与智能化矿山：研发及技改投入，先进技术和装备，资源储量管理系统；六是企业管理与企业形象：绿色矿山文化建设。可见，我国全面推广绿色矿山建设大多着力于在建矿山企业的恢复治理方面，而对新立矿山项目在立项论证环节相关的政策或监管措施等尚需建立或完善。

二、在项目立项的论证环节没有体现“绿色”理念

我国关于新立矿山项目需要提供的资料包括：采矿权申请登记书（原件 1 份）；详查（含）以上储量地质报告及评审备案证明（探矿权转采矿权的不需提交）；经审查通过的矿产资源开发利用、地质环境恢复治理与土地复垦方案（“三合一”方案）或单独编制并经审查通过的以上三个方案；具有与矿山建设规模相适应的技术和设备条件的证明材料；采矿权（招拍挂）成交确认书、采矿权出让合同（探矿权转采矿权的不需提交）；缴纳采矿权价款票据（应为盖有国库章的缴款书第四联原件，分期缴纳的，应提交主管部门分期缴纳的批复。探矿权转采矿权的不需提交）；环境影响评价报告及批准文件；水土保持方案及批准文件；工商营业执照；占用储量登记书；矿区范围图；在预留期内的规划矿区范围批复的复印件（招拍挂竞得人不需要提交）等。显然，这些需要提供的资料中，多注重于地质勘查的资料及对环境污染后处理，且多从矿山矿产综合利用价值方面进行考虑及利用，而未考虑综合治理成本。在项目立项的论证环节没有体现“绿色”理念，不符合自然资源部、财政部、环境保护部、国家质量监督检验检疫总局、中国银行业监督管理委员会和中国证券监督管理委员会六部门联合下发的《关于加快建设绿色矿山的实施意见》（国土资规〔2017〕4 号）关于切实推进全国矿产资源规划实施、加强矿业领域生态文明建设、加快矿业转型与绿色发展的精神或要求，也不符合习近平总书记“绿水青山就是金山银山”关于生态文明的科学论断。会产生治标不治本、后期综合治理成本接近或高于矿产利用价值等负面影响。

三、立项审查监管方面问题重重

一是地质勘查资料审查由自然资源部门组织审查，开采利用方案由企业或设计院组织审查。二是“三合一”方案及绿色矿山生态修复方案多由企业或编制单位自行组织审查，且多建立在已选定的开拓方式基础之上进行编制。三是环境保护部门在立项期参与度不高或未参与，主要为开采中后期监管治理。四是工程水文环境地质评审主要建立在自主选取的开拓方式基础上进行评价，而未对可选取的采拓方式进行异化比较分析。五是立项审查的经济评价未涉及综合治理成本，也未对矿山综合治理成本与矿石经济利用价值进行比较分析。

为此，建议：

1. 提升地质矿产勘查阶段中矿产开发利用的地位，将绿色矿山建设方案纳入矿产资源量评审业务。普查阶段，在坚持绿色勘查的基础上，提升矿床开采技术条件的地位和研究，改变以往可研报告独立审查和偏重于经济的模式，增加可行性研究报告对生态环境预防、治理的可行性论证。研究和论证矿床充填式开采的可能性，依据矿床开采技术条件评估其可能的开拓方式对环境的破坏力度和扰动，并研究和制订等级划分标准。并依照矿产的重要程度和在国民经济中的战略地位，作出该矿床探转采可行性研究并对该矿床作出可开采利用或仅作为战略储备矿床的结论。

2. 对在普查期依据矿床开采技术条件可探转采的矿床，在详查或勘探阶段，将该矿床的可行性研究作为前置条件，其选择的开拓方式或设计方案是否经济、是否将对矿床的自然景观、地形地貌、自然水体的破坏降到最小，对环境的扰动是否降到最低，对自然或环境的破坏能否恢复等进行综合评价后，再对其提交的资源报告作出评审备案。

3. 对在普查期依据矿床开采技术条件目前尚不能探转采的矿床，在详查或勘探阶段，对针对该矿床提交的资源报告作出评审备案时，注明为战略储备矿床，并建议矿产资源管理部门建立战略储备矿床矿产库，进行分类管理。

4. 对已开工建设的矿山企业，对其建设程度、保有资源量情况、开采现状等作出评估，再作出保留原采拓方式或更改采拓方式的决定。

5. 对充填式开采开展充填物的检测工作，以防对地下水造成污染。加强对采拓方式的研究力度，在非爆炸连续开采、阶梯充填采矿等领域加强研究。力争在后期矿业开发活动中，做到边采矿边恢复、采矿不留痕、采完不破坏，有序开采。

2021

关于将荆州纳入山水林田湖草沙一体化保护修复试点的建议

2016年1月以来，湖北荆州市认真贯彻落实习近平总书记“把修复长江生态环境摆在压倒性位置，共抓大保护、不搞大开发”重要指示精神，强力推进生态修复、环境保护、绿色发展，取得了实质成效。2018年4月，习近平总书记视察长江，在荆州登船时亲切嘱咐“荆州很美，看起来很漂亮。要把长江大保护做好，这是我们共同的责任”。随后，在武汉召开的座谈会上，又专门强调“要把洪湖保护好”。持续推动长江荆江段及洪湖的生态保护，是荆州必须完成的重大政治责任，但面临投入缺口大、地方财力薄弱等实际困难。目前，财政部会同自然资源部、生态环境部印发了《关于组织申报“十四五”期间第二批山水林田湖草沙一体化保护和修复工程项目的通知》，重点支持“三区四带”重点生态地区开展山水林田湖草沙一体化保护和修复项目。荆州正属于国家“双重”规划“三区四带”中的“长江重点生态区”，是重要的江汉平原湖泊湿地洪水调蓄生态功能区，面临着极其紧迫的治理任务，亟需将荆州市纳入山水林田湖草沙一体化保护修复试点予以财政支持。

案据：

一是荆州是长江大保护的主战场。项目实施区域横跨长江、汉江、洞庭湖三大流域，长江荆江段横贯东西，境内有国际重要湿地、湖北第一大湖洪湖和第三大湖长湖，荆南四河直入洞庭湖，引江济汉渠连通汉江，形成环形生态水网，担负着长江生态安全、水安全、国家粮食安全和生物多样性保护的重大责任。

二是荆州是国家生态安全格局重要组成部分。荆州全域属于国家“双重”规划“三区四带”中的“长江重点生态区”，在国家和省级生态功能定位中均为湖泊湿地洪水调蓄重要生态功能区。长江横贯荆州483公里，荆州天然湖泊有 184 个，是江汉平原湖泊湿地集中地。今年国务院发布的《中国生物多样性保护》白皮书中，荆州的白鱀豚、江豚、麋鹿等国家级自然保护区位列其中，是全国珍稀濒危物种核心保护区。从全国大生态格局来看，荆州市可与湖北三峡库区山水项目、湖南湘江流域和洞庭湖山水项目连片成体，协同增效，形成 11 万平方公里国土集中治理面积，进一步锚固长江中游大生态屏障，维护国家生态安全。

三是荆州在国家支持革命老区生态保护修复方面有政策依据。2018 年 4 月 26 日，习近平总书记在武汉主持召开深入推动长江经济带发展座谈会并发表重要讲话，指出当前长江经济带发展中，市场化、多元化的生态补偿机制建设进展缓慢，中部蓄滞洪区和 7 个集中连片特困地区脱贫攻坚任务还很繁重；有关部门涉及长江经济带生态环境保护资金安排的统筹程度不强、整体效率不高等。2021 年 1 月，国务院《关于新时代支持革命老区振兴发展的意见》明确指出，开展试点示范和安排中央补助时对革命老区给予倾斜支持，统筹推进革命老区山水林田湖草沙一体化保护和修复。作为湘鄂西苏区的中心地带，作为洪湖赤卫队故事的发生地，荆州全域都是革命老区，遍地都是红色印记，处处见证革命历史。这为荆州纳入山水林田湖草沙一体化保护修复试点提供了强有力政策依据。

2016 年以来，荆州市为筑牢长江大保护“补给线”，已投入 116.05 亿元用于森林湖泊湿地生态修复、生态湿地公园建设、工业污染防治和产业园区绿色改造、污水垃圾处理设施建设和水上污染综合治理等。到 2018 年底，全市水环境质量总体良好，10 个集中式饮用水源地达标率为 100%，纳入国家考核的 14 个地表水断面达标率由 2016 年的 71.4% 提高到 85.7%。

建议：

鉴于荆州在长江中游生态修复与保护中的独特区位、突出贡献，以及补助不足的现状，建议将荆州市长江荆江段及洪湖山水林田湖草沙一体化保护修复项目作为试点予以财政支持，加大生态保护和绿色发展的补助力度。

2022

关于完善第三方治理加快推进国家治理能力现代化的提案

近年来，随着政府职能转变，“放管服”改革深入推进，大量事务由“第三方”承接，几乎所有行业和部门的工作均与第三方有关，第三方所涉及的领域也不断扩大，既包括协会学会商会、基金会等非营利性社会组织和社团，以及联合会、研究会、促进会等智库机构，也包括第三方评估、第三方鉴证认证、第三方担保、第三方支付、第三方参与立法、第三方物流、第三方环境治理等营利性组织。目前，第三方组织数量日益增多、规模不断扩大，服务质量和水平也逐步提高，形成第三方组织无处不在的全覆盖格局。

一、第三方组织存在的问题

（一）第三方治理的系统性有待提高

第三方涉及范围广泛，工作涵盖所有行业或部门，业务渗透到所有领域。中央国务院针对第三方评估、社会组织党的建设和健康有序发展、行业协会商会脱钩改制等出台有关文件，部委制定了指导意见，有关行业也发布文件规范第三方治理，指导第三方组织发展，规范市场行为。但第三方涉及行业、部门多，业务领域覆盖面广，需要在顶层制度上作系统性规范。

（二）政府对第三方组织指导与监管有待完善

尽管文件要求第三方与行政机关脱钩，实行机构分离、职能分离、资产财务分离、人员管理分离、党建和外事等事项分离，据调研，依然存在着名义上脱钩实际“藕断丝连”，如在基层存在着有些职能部门指定中介机构、与第三方存在潜在的利益关联；政府职能部门对第三方收费标准指导、业务监管、人才服务、评估考核等不够；社会服务体系不健全或缺位；对第三方市场的培育不够，在县市地方还存在着第三方服务机构较少，特殊行业甚至缺乏，导致部分行业第三方市场竞争力不强、价格高；对第三方事中事后监管不够，存在收费乱象；政府职能与第三方市场的边界模糊，放管服仍有改革空间。

（三）第三方组织健康运行有待规范

针对非营利性第三方组织，参与社会治理的能力有限，有些因经费来源有限、专业人才缺乏、自身建设能力薄弱，导致能力不到位；有些因内部管理不规范、存在行政化色彩，提供的服务不能完全满足社会需要；有些认识不到位，依然依附于业务主管单位领导。针对营利性第三方组织，有些机构收费随意性大、人员素质有待提高、职业操守有待改进，甚至出现有些第三方参与造假、腐败而存在着信用问题。特别是针对新业态新模式新经济，有些第三方在制度建设、规范管理、业务拓展等方面还不能跟上时代步伐。

二、建议

（一）颁布出台《第三方治理条例》

认真梳理和总结近年来各部委关于涉及第三方治理的经验和做法，将实践证明行之有效、人民群众满意、政府职能转变有效、市场主体支持的改革举措以法规制度固化下来，重点针对目前第三方治理的突出短板和问题，从完善体制机制的层面作出相应规定。为进一步推进第三方服务规范改革，加强第三方服务规范管理，加大对第三方监管力度，有必要制定专门行政法规，制订《第三方治理条例》，从制度层面为推进国家治理和治理能力现代化、坚持和完善共建共治共享的社会治理制度提供更为有力的保障和支撑。

（二）持续深化改革为第三方治理提供良好环境

政府部门应按共建共治共享社会治理格局的要求，统筹、规划、协调、指导第三方组织工作，培育第三方市场，开发第三方机构人才，制定完善第三方服务的规范和标准，规范第三方机构和从业人员执业行为，建立第三方服务绩效考评与监督，推进第三方社会服务体系建设，建立第三方管理服务平台，利用区块链新技术，建立第三方信用机制，深化第三方评估制度改革以促进政府管理方式改革创新。

2020

关于规范招标代理机构健康发展的提案

招标是一项复杂的系统工作，其专业性强，涉及行业广泛，环节较多，组织工作繁杂，对项目的执行效果起着决定性作用。招标代理行业从 20 世纪 80 年代在国内诞生，经过几十年的发展，综合实力较强的招标代理机构，熟悉法律法规并拥有良好的把握运用能力，能够更好地落实和贯彻法律法规的各项要求，如合法合规编制招标文件、及时向主管部门进行招投标项目备案、规范组织评标活动等工作。因此，多数招标人在招标活动实施中，都会选择引入招标代理机构提供专业化咨询服务，保障招标活动规范和高效。所以招标代理机构成为招标活动中的重要参与者，与招投标各方权利是否得到正当维护息息相关。

一、招标代理行业存在的问题

随着“放管服”改革的深入推进，2014 年财政、住建、商务、工信及发改委等部门陆续取消了各行业招标代理机构的资质行政审批，招标代理行业门槛大幅降低，催生了大量从事招标代理业务的企业，招标代理机构数量急剧增加，据统计，2021 年招标代理机构数量比 2020 年增加了 64.5%，招标代理从业人员超过 70 万。招标代理行业蓬勃发展的同时，上位法及监管缺位也导致该行业出现诸多问题。

（一）招标代理机构及其从业人员业务能力良莠不齐

招标代理门槛降低，招标师职业水平考试取消，从业人员没有专业要求，大多半路出家，入职后培训不到位，专业素养偏低，部分代理机构和从业人员编制出的招标文件只是简单地生搬硬套，无法为招标人提供精准的法律服务，更无法替甲方管控风险，阻碍招标制度优势的发挥。

（二）招标代理服务费收取标准混乱问题

2015年之前，招标代理服务费实行政府指导价，按照中华人民共和国国家计划委员会计价格〔2002〕1980号文《招标代理服务收费管理暂行办法》规定的标准收费。2015年该办法废止，实行市场调节价。虽然大部分招标代理机构目前依然参照该办法执行，但收费标准明显混乱，恶意竞争层出不穷，甚至出现零服务费现象。招标人与代理机构约定不明确的情况下，还出现各种名目的收费，如：工程量清单及控制价编制费、专家评审费等，甚至有招标代理公司私设协会而收会费，不利于招投标活动有序进行、招投标市场的健康发展。

（三）投标保证金监管问题

随着一些省份改革，公共资源交易中心停止收取政府采购工程投标保证金及履约保证金，但大量非政府采购项目因实际情况，仍存在由招标代理机构代收取投标保证金的情况。而招标人普遍缺少对招标代理机构投标保证金接收和退还的监管手段，保证金清退不及时或挪用现象时有发生，损害了招标人及投标人的权益，在社会上造成一定的负面影响。

（四）与招标人、投标人合谋问题

招标代理机构本应是独立于招投标各方的第三方主体，招标人为了规避风险，大小业务均希望通过招标代理机构代理，体现名义上的公平公正，但是部分法制观念不强、职业道德低下的代理机构在巨大的利益驱使下，通过各种方式成为招投标活动中利益集团的工具，协助其围标、串标。而现有制度下，失信惩戒制度不完善、违法成本低，为招标代理机构及人员违法违规提供了可乘之机，严重损害国家利益。

二、加强对招标代理行业监管的建议

（一）建立健全法律体系

为规范招标采购行为，国家颁布了《中华人民共和国招标投标法》《中华人民共和国政府采购法》以及两法配套的实施条例、管理办法等规范文件。虽然目前的法律法规对于招标采购各方主体的职责、违规行为惩罚进行了较为明确的规定，但是对于操作的细节及标准并未规划到位，当前规范法律层级不够，而招标人的监管意识薄弱、手段缺乏，导致过度地依靠国家行政部门的监管，但上位法及监管部门的缺位造成实际监督工作效果不明显，无法形成一个建立在法律基础上的完善监督管理制度。所以，有必要进一步建立一套事前审查、事中监督及事后监管的全流程监督管理法律体系，明确谁来管、管什么、怎么管，为任何违规事件的发生都可以提供相应的法律依据。

（二）建立健全招标代理机构信用评价管理体系

自从各级行政主管部门陆续取消代理机构资质要求后，对其信用评价管理成为监管主要方式之一，但是从目前来看，全国各地一方面极力完善这一监管措施，另一方面共同面临量化标准、评价周期及失信惩戒不统一等问题。因此，建议主管部门建立全国统一的招标代理机构信用评价管理体系，科学制定评价标准，评价结果全国共享互认。为了便于查询，应建立全国信用信息公示及查询平台一体化系统，改变目前多平台各自为政的局面。在对招标代理机构进行信用评价管理的同时，对其从业人员也建立相应的信用评价体系，将招标代理行业进行从上至下、分层监管，形成个体与企业互相成就、互相促进的良好联动机制。

（三）加强对代理机构及其从业人员的培养及考核，提高行业整体专业化水平

1. 目前我国招标专业人才较少，大多从业人员半路出家，所学专业五花八门，但招标代理法律属性强，也要熟悉各行业标准，具有较强的专业性。建议可以尝试在高校或机构开设招投标专业，或在相关专业建立开设相应课程体系，提高招标代理行业人才队伍建设基础水平。

2. 虽然国家已取消招标师职业能力考试，但招标代理专业性强，需掌握大量相关法律法规知识，为保证从业人员专业素养、提高行业水准，建议建立招标从业人员从业资格认证及培训考核管理制度，每一名从业人员通过职业考核后上岗，考核每年进行一次，内容包括专业素养、业务流程、职业道德、法律法规掌握等内容，未通过考核的人员不允许上岗。

（四）规范招标代理机构代理项目过程中的行为

1. 行政主管部门切实履行监督职能，包括完善监督机制，建立信用评价一体化平台，加大审查频次及违法违规惩戒力度，对招投标活动各方主体违规

违法行为形成有力震慑，切实有效规范招投标行为。

2. 在实际招标活动中，确有必要收取投标人投标保证金的，建议禁止收取现金或直接转账至招标代理机构账户的方式，可采用出具银行保函、设置第三方监管账户等形式，防范投标保证金被挪用风险。

（五）积极发挥社会组织作用，加强行业自律管理和服务

在政府管理方式转变，简政放权的大方向下，对行业自律提出更高的要求。行业协会作为服务相关企业、沟通上级行政机关的中间层组织，具有一定程度的管理权，精通专业知识，将监管部门的要求进一步转变为行业规范及准则后，能够有效弥补政府监管、自我监管及社会监管的不足。但我国目前有关行业协会自律的法律规范不够全面和完善，所以行业协会特别是招标投标行业协会的公信力及威慑力有限，无法在行业规范、行业标准、行业伦理道德、行业惩戒等方面发挥更有效的作用。

政府可以加强对协会章程与规范审查的监督和指导，建立健全招标投标协会对行业规范制定、惩戒措施设置、行业惩戒与行政处罚有机结合措施等一系列行业监管机制，通过对招投标协会惩戒权的合理配置提高社会对其认知及认可度，实现高水平行业自律管理和服务，使其真正成为政府行政监管的重要补充，在市场监管体系中切实发挥作用。

2022

科技创新“国家队”也需“以评促发展”

党和国家历来高度重视国家战略科技力量，把建设一支体现国家意志、服务国家需求、代表国家水平的科技创新“国家队”作为科技事业发展的重中之重。但是到目前为止，全国都没有关于国家战略科技力量技术创新的统计和评价数据。一般而言，没有统计和评价数据，就无法判断技术创新的绩效如何，也无法考核激励、促进发展。因此，应建立一套关于国家战略科技力量技术创新的考核评价机制。

首先，应在国家和地区统计年鉴中加入国家战略科技力量发展这一板块；其次，应组织专家建立国家战略科技力量发展、技术创新评价体系，委托第三方机构进行评价并发布信息；最后，各地区应制订以国家战略科技力量发展和技术创新评价绩效为基础的融资制度、政府资金支持政策，以及当地官员考核政策。实现以评促建、以评促发展的良性循环，最终持续增强科技创新能力，促进国家战略科技力量健康、持续地发展。

2021

网络环境下的知识产权保护

目前，网络游戏产业发展势头强劲，已成为新的增长点。网络游戏集技术、艺术、娱乐、商业运营为一体，实现与文学、影视、音乐、动漫等艺术形式和IT产业、制造业、媒体业以及展览业等产业的跨界融合，形成庞大产业链，而产业链的每一环节或要素均隐藏着巨大知识产权风险，比如，在开发网络游戏时，有些网络游戏的故事情节可能来源于某个特定人的工作或生活，可能来源于某个家喻户晓的文学作品，因此可能会侵犯到他人的著作权。

目前，对网络游戏的知识产权保护是通过化整为零的方式将网络游戏的各个要素或环节纳入了现有的知识产权保护体系，尚未单独将网络游戏作为知识产权的保护对象；网络游戏产业链覆盖面太广，知识产权风险点太多，知识产权保护缺乏系统性；有些从业者对知识产权的认识不清，界限不明，“无意”侵犯知识产权。

建议：

一是需要对网络游戏每一环节进行充分的法律风险评估，从网络游戏产业链上考虑面临的知识产权问题，完善网络游戏知识产权保护体系。

二是加强对产业链上相关人员知识产权保护知识的普及与培训，提高知识产权保护意识，让网络游戏产业从业者既要当好产业链上知识产权的防护者，更要当好守护者。

三是加强网络游戏知识产权研究，确定知识产权保护边界，只有认定知识产权，才能界定是否侵权。同时，研究从业者维权的方式和途径，加大惩处的力度。

2019

关于保障国家粮食安全的几点建议

国以农为本，民以食为天，食以粮为重。习近平总书记指出“要把保障粮食安全放在突出位置，健全粮食安全制度体系”。10 多年来，我国粮食一直保持着良好的供给水平，用全球 9% 的耕地、6% 的淡水资源生产的粮食，养活近 20% 的人口，为世界粮食安全作出了重要贡献。尽管我国粮食生产取得举世瞩目的成就，但保障粮食安全依然面临着诸多挑战。

一是耕地数量有限。我国人均耕地只占世界的三分之一，而且今后随着工业化和新型城镇化的进一步推进，还可能占用部分耕地，生态修复也需要部分耕地退出生产。

二是耕地质量不高。为增加产量，农业生产投入化学投入品，对耕地质量和农业生态环境造成较大损害。

三是水资源短缺。我国人均水资源仅为世界平均水平的四分之一，加之农业水资源的不合理利用，加剧了农业用水的紧张局面。

四是农业劳动力供给不足。大量农村劳动力涌入城镇务工，农村人口老龄化现象严重，年轻人既不愿意从事农业生产，也缺乏农业生产的基本技能。

五是供给结构问题突出。农业的主要矛盾由总量不足转变为结构性矛盾，突出表现为阶段性供过于求和供给不足并存。

六是国际贸易的不确定性增加，全球粮食市场供求充满不确定性。

建议：

1. 守住耕地红线，推动藏粮于地。守住耕地红线，不能突破，也不能变通突破，粮食安全既要考虑耕地数量的安全，还要考虑耕地保有量、耕地质量的安全，保护培育高质量的土壤。

2. 加大农业科研投入，推动藏粮于技。增加投入，注重创新机制，抓紧培育具有自主知识产权的农业优良品种，从源头上保障国家粮食安全，解决好科研和生产“两张皮”问题。

3. 提升农业装备技术水平。作为“四化同步”的农业仍处于传统农业向现代农业转型升级阶段，与发达国家相比，我国农业科技水平仍有较大差距，应提升自主创新的农业装备技术水平，加快推进农业现代化步伐。

4. 建立粮食储备和市场调节储备，提高防范和应对能力。应保证一定规模的中央储备粮规模，建立一定规模的市场动态调节储备粮和成品粮储备。同时，为减轻国内农业资源环境压力、弥补部分国内农产品供求缺口，应适度放开进口，畅通进口渠道以多元化解决粮食进口来源问题。

5. 打造中国自己的国际大粮商。应提升粮食产业核心竞争力，加大海外涉粮产业投资力度，加强对全球粮食产业链的布局，借助“一带一路”倡议打造中国自己的、极具规模和影响力的国际大粮商，为服务国家粮食安全战略提供有力保障。

6. 建立国家粮食应急保障体系。应建立平战结合、专常兼备、反应灵敏的国家粮食应急保障体系，将原粮储备、成品粮储备，加工能力以及物流运输结合起来，一旦有需要，能够做到快速精准投放，确保粮食供应充足，稳定市场预期，积极应对各种突发事件。

7. 大力培育新型职业农民。针对高成本增长导致种粮效益日益下滑、农村劳动力呈现净流出趋势，应提升农业的吸引力，推进农业从增产向提质转型，增加补贴以调动农民种粮的积极性，比如将当前的农业支持保护补贴改为国家高价收购粮食，将差价款补贴给农户，鼓励农户多种粮种好粮。

2020

关于综合施策防止耕地“非粮化”的提案

粮食是民生之本，耕地是粮食的生命线。2020 年 11 月，国务院办公厅发布《关于防止耕地“非粮化”稳定粮食生产的意见》，要求充分认识防止耕地“非粮化”稳定粮食生产的重要性紧迫性，把确保国家粮食安全作为“三农”工作的首要任务。2022 年中共中央和国务院印发《关于做好 2022 年全面推进乡村振兴重点工作的意见》强调的两条底线之一就是牢牢守住保障国家粮食安全。全国各地坚决贯彻习近平总书记关于严格耕地保护指示批示精神，采取强有力措施，遏制耕地“非粮化”取得显著成效。农业结构不断优化，区域布局趋于合理，粮食生产连年丰收，为守住粮食安全、稳定经济社会发展大局提供了坚实支撑。

但是，我国部分地区仍然存在耕地“非粮化”倾向，主要表现为：

一是农民种粮收入较低，积极性不高。种粮生产要素成本增长的幅度远超过粮价上涨幅度，种粮收益低；进城务工农民收入与农村居民收入、种植粮食作物与经济作物的收益存在明显差距，种粮比较效益低。种粮没有积极性，出现季节性撂荒和全年性撂荒现象，或改种其他收益更高的经济作物。

二是土地结构调整挤占耕地空间。第三次全国土地调查数据与 10 年前第二次调查相比，累计消失耕地面积超过 1 亿亩，耕地主要净流向了国土绿化和农业种植。

三是永久基本农田和粮食功能区界定不清晰。按地块信息分类，数据需要从自然资源与规划部门查询，此类信息未公示公开且未树立保护标志，难以分类，导致种植主体无意间触碰“非粮化”底线。

四是强制解决“非粮化”可能与乡村振兴产业发展相悖。有些地方推动区域特色产业发展，在实施耕地“非粮化”之前，地方政府或农业经营主体已投入大量资金于非粮食作物生产，“一刀切”容易引发社会矛盾，不利于巩固脱贫攻坚成果和实施乡村振兴。因强制清除“非粮化”产品及设施，缺乏费用负担或经济补偿等成本分担机制。

五是工商资本流转耕地，追求经济利益改种非粮作物。土地流转价格上涨，工商资本为提高产出效益，发展非粮经济作物，甚至出现“房地产化”“圈地化”苗头，造成粮食生产耕地面积减少。

六是现行补贴政策对农民种粮积极性的激励效果有限。支持耕地地力保护补贴直接发放给拥有耕地承包权的种地农民，粮食适度规模经营补贴主要用于支持建立健全农业信贷担保体系，两项补贴对种粮的激励效果有限。

为防止耕地“非粮化”，确保国家粮食安全，提出如下建议：

一、提升种粮农民收益水平和种粮积极性

一是加强高水平农田建设、改善基础设施，提高生产效率。二是大力发展农业装备、农产品加工业、农产品仓储物流业和社会化服务体系等，降低生产成本、提升附加值，克服粮食等农产品比较效益低的问题。三是适当提高粮食最低收购价，稳定粮食生产者补贴政策。四是全面普及永久基本农田和粮食功能区保护标志建设，逐步做到地块“四至”标志清晰，便于就近查询地块类型，也利于提前预警并监督制止耕地“非粮化”行为。五是加大粮食生产技术推广力度，提高粮食生产效能。六是强化粮食生产的社会化服务体系建设，减少农民种粮劳动力投入。

二、压实主销区和平衡区的粮食安全责任

保障粮食安全不只是主产区的责任，同样是主销区和平衡区的责任，应全面落实粮食安全党政同责，主产区、主销区、产销平衡区均要保面积、保产量，不断提高主产区粮食综合生产能力，切实稳定和提高主销区粮食自给率，确保产销平衡区粮食基本自给。

三、完善粮食生产保险、信贷与补贴政策

尽快实现三大粮食作物完全成本保险和种植收入保险主产省产粮大县全覆盖，积极发展农业保险和再保险。强化涉农信贷风险市场化分担和补偿。优化粮食补贴政策，加大精准粮食补贴和补贴力度，保障补贴真正发到种粮主体。完善主产区利益补偿机制，加大对粮食主产区、产粮大县的财政转移支付和奖补力度。

四、加强对工商资本下乡和耕地流转引导和监管

鼓励和引导工商资本到农村从事粮食生产、加工、流通和良种繁育，支持其与农户建立紧密利益联结机制，形成利益共同体，参与粮食全产业链发展。加强对耕地流转的监督管理，在土地流转合同中增加必须种植一定比例粮食作物的条款，保障粮食播种面积。建立健全工商资本流转农村土地审查审核和风险防范制度。

五、严格考核制度，对耕地“非粮化”实现一票否决

一是加强监管和巡视制度。耕地保护和利用监管机构、执法部门要采取长牙齿的硬措施，落实最严格的耕地保护制度。二是实现严格考核制度，调整政府政绩唯 GDP 论，加大农业工作考核分值权重。三是建立预警机制，通过预警组织系统实时监控耕地“非粮化”状况，对不同情况做出相对应的预防和处理措施的机制。四是探索加强耕地数据要素管理，打造数据基础支撑平台，推动人工智能、区块链等技术实行耕地数据采集标准化。

六、成立国家粮食安全局

隶属农业农村部，专门负责国家粮食安全。

2022

关于进一步加强粮食流通监管的建议

当前，粮食流通监管存在一些障碍和盲区，主要体现为：

一是法律效力不强。目前，没有一部专门法律规范粮食流通行为，粮食监督检查主要依据2004年出台的《粮食流通管理条例》等行政法规和部门规章，不仅震慑力不强，强制力不够，而且执法督查手段有限，已不适应新形势，急需修改完善。

二是体制设计脱节。粮食安全监管在体制设计上既分段，又分块。按环节，分别由农业、粮食、卫生、市场监管等部门监管。按事权，中央储备粮、国家临储油由中央有关部门监管，其他事权粮食由地方监管。国家将粮食托市政策执行权赋予了中储粮，又要求地方加强监管，权责不统一，地方难以实施有效监管。

三是监管执法保障不足。以湖北为例，全省98个市（州）县（市、区）粮食行政管理部门，单独设立粮食监督检查机构67个、执法大队39个，覆盖面分别只有68.4%和39.8%。有的虽设立了监督检查机构，但只有1人从事监督检查工作，无法聚焦执法督查主业主责。近年来，湖北省粮食产量在510亿斤以上，收购量在320亿斤以上，常年库存量保持在300亿斤左右，纳入统计范围的粮食经营企业2400多户，还有大量流通性强、稳定性差的粮食经纪人，而从事粮食流通执法检查人员只有236人，大多数是兼职，其中不少还是编外人员。粮食行政监管力量不足与监管任务不断加重的矛盾十分突出，有的地方甚至无法派出两个具备行政执法资格的人员办理案件。湖北省从事粮食执法检查工作的人员平均年龄在50岁以上，人员老龄化，能力不足，存在不敢管、不会管的问题。2017年，湖北省市、县级财政共安排粮食执法工作经费363万元，平均每个市县不到4万元。经费严重不足，还普遍缺乏行政执法装备，如执法记录仪等调查取证设备。执法办案用车更是难题。

四是利益上相互关联。由于中储粮在托市收购布点、中央储备粮代储等方面有决定权，在收购费、保管费、监管费拨付方面有主动权，为解决农民卖粮难，地方还得依赖中储粮。市县粮食局为了地方粮食企业生存，也有求于中储粮。中储粮直属企业、地方国有及民营粮食企业、大小粮食经纪人相互之间有着千丝万缕的利益关联，导致部分市县粮食部门不愿管、不敢管，监管工作难以拉开情面，动真碰硬。

五是质量安全监管存在盲区。农产品质量监管由于涉及农业、粮食、食药监、检验检疫等多个部门，在收购、储存、销售出库、进口环节的质量安全监管仍有盲区，还存在职责不明、合力不够、监管不力的问题。

建议：

一、转变职能

利用机构改革、政策性粮食库存数量和质量大清查试点契机，切实转变粮食部门职能，把粮食流通监管作为粮食部门核心职能，从协调收购、争取项目为主转向监管与收购并重，更加突出监管；从政策性粮食监管为主转向社会粮食监管，重点管好政策性粮食；从地方国有粮食企业监管为主转向各类粮食经营主体监管，重点管住各类政策性粮食收储库点，把有限的行政资源聚焦到流通监管这个主职上来。

二、健全执法督查体系

尽快出台加强粮食流通监管的意见，建立部门监管、层级监管机制。加强各地粮食执法督查体系建设，健全机构，充实力量，解决机构、人员、经费、装备等问题。

三、完善监管制度

发挥粮食流通监管热线作用，及时受理各类粮食流通违法违规问题举报和对举报案件调查工作的投诉。完善案件协调与线索移交机制，加强与相关部门沟通协调，开展部门间联合执法。严格实行违规惩戒制度。对屡查屡犯的监管对象，严厉查处，严肃追责问责，让其付出高昂违规代价。对问题多发频发，或发生重大涉粮案件的地方，对市县政府和相关部门要进行约谈。对重大涉粮案件要一查到底，严厉惩治，形成震慑。探索创新监管方式方法，用好“双随机一公开”“信用监管”等机制。

四、加强政策研究

对现有政策法规进行全面梳理，对实际工作中出现的新情况新问题进行研究，如粮食经纪人的概念及行为界定，“打白条”的政策界定等，制定和完善相关政策，及时提供制度保障。

五、提升人员素质

抓好执法督查人员粮食流通法律法规和政策业务培训，对近年涉粮案件进行整理、汇编，供粮食执法人员学习借鉴。通过集中学习、参观交流、考试考核等形式，提高行政执法人员的业务能力。加强对执法人员的管理和监督，严格要求，严肃纪律，提高执法队伍整体素质。

六、凝聚社会共识

通过新闻媒体宣传粮食流通政策法规，对典型案例和失信粮食经营主体进行公开曝光，争取社会各界对粮食执法督查工作的理解与支持，营造良好的社会氛围。加强对广大粮食经营者的法规宣讲、政策解释和业务培训等工作，提高粮食经营者守法经营的意识，逐步规范其经营行为。

2019

关于加大财税政策支持力度支持种业振兴的提案

针对我国种业方面存在的短板，2021 年中央一号文件提出“打好种业翻身仗”，各地随之开展种业“大摸底”。随着摸底工作的深入，我国种业问题也随之暴露出来。为促进我国种业高质量发展，提升种业自主创新能力，需优化各类要素投入的政策环境，实现我国种业从“有种子”向“有好种子”转变。

一、存在的问题

（一）科研周期长、见效慢，缺乏合力

自主研发种业新品种需要漫长过程，少则几年，多则十余年、数十年，很多科研人员不愿花费长时间精力“坐冷板凳”去等待未知的结果。同时，国内一些育种科研单位单打独斗，成果同质化比较突出，多数处于低水平重复，如国内番茄育种科研工作，各省农科院、农业大学、企业等单位的研究人员近千人，而前沿成果并不多。科研单位与企业之间没有形成良性互动，缺乏优势互补、利益共享的产学研联结。

（二）企业创新少、引进多，缺乏动力

世界种业巨头的研发投入均在数十亿元、上百亿元，而我国种业一些大公司研发投入为几亿元，有的不足千万元。因新种培育投入大、周期长、知识产权保护难，种业企业缺少原创动力，部分种业公司为抢占市场“赚快钱”，倾向于购买国外新品种，成为国外公司的分销商和推广站。如有的种猪场因育种投入大，基本是亏损，靠扩繁场、养殖场反哺维持运转，不如直接引种；甘肃专门化肉羊品种、白羽肉鸡等畜禽种源全部依赖进口，核心种猪每年要进口 1 万头以上；宁夏近两年新建奶牛养殖场补栏尤其依赖进口。

（三）保护设施差、投入少，缺乏财力

新一轮畜禽遗传资源普查发现，部分地方传统畜禽品种种群数量明显减少，如2006年宁夏八眉猪还有约360头，现已基本灭绝，西吉驴从2006年的4.4万头减至不足2000头，静原鸡从41.5万羽减至约5000羽，这与种源保护有关。甘肃13个市州现在种质资源库多数设施陈旧，缺乏低温储藏设施，我国杂交玉米种重要产地张掖2万多份作物种质资源只能常温储存。保种设施普遍落后，保护的同时又因技术、人才、资金等短缺难以高效选育，一些地方畜禽品种选育停滞甚至倒退。

二、建议

（一）加强种业财税政策支持力度

围绕保护补贴、关键共性技术攻关奖励、重点品种培育支持、企业科研投入奖补、企业融资保障、制（扩）繁种基地补助、优异品种推广后补助等方面，采取财税优惠支持政策，健全持续稳定的种业振兴投入保障机制。

（二）建立种业产学研联盟

一是以种业品种分类，加强科研院所的合作研究，招标形成科研联合体，集中投入资金攻关，建立科研阶段性成果认定考核机制。二是以企业为核心，聚合科研、企业、农业部门等单位建立产学研育种联盟，设立种业产业基金，开展区域性联合育种，建立一批竞争力强的育种产业基地，建立育种联盟内部利益分配、知识产权保护、成果转化、监督管理等协作机制。

（三）加大种质资源保护力度

加大种质资源保护投入，加快本土种质资源保护开发力度，建立健全国家农业种质资源数据库，构建全国统一的农业种质资源大数据平台，对种质资源保护进行跟踪监督管理。

2022

关于加快推进农村土地经营权流转助力农业供给侧改革的建议

以“三权分置”为重点的农村产权制度改革是农业供给侧改革的重要内容，也是推动农业供给侧改革的重要推动力量。在农业供给侧改革大背景下，深入推进农村土地经营权流转，对推动农业适度规模经营、提高农产品质量、提升农业现代化水平都具有重大意义。目前，深入推进三权分置，切实保护“三权分置”中集体、农户和新型经营主体三方利益，还存在一些制约因素。

一是土地经营权流入方结构不合理。中央文件鼓励土地经营权更多地流向农民合作社、家庭农场、种粮大户等以新农民为主体的新型农业经营主体，对社会资本大规模下乡圈地持谨慎态度。但从地方土地经营权流转实际来看，虽然出现了一些较为典型的农民合作社、种粮大户，但大部分的土地经营权还是流入了资本雄厚的农业企业手中，以武汉为例，有 80% 左右的土地经营权流入农业企业。

二是农村产权交易机构定位较为混乱。农村产权交易机构为非营利性机构，需要财政资金投入，部分地区对市场建设的积极性不高，尚未建立起农村产权交易机构，同时已建立的产权交易机构有的是事业法人，有的是企业法人，并且有的是国资背景，有的是股份制，并且管理部门不一，分属农业部门、国土部门、公共资源交易管理部门等不同部门，全省统一管理较为困难。

三是金融机构参与土地经营权抵押贷款程度不一。土地经营权抵押融资需要金融机构的支持，金融机构要认可土地经营权交易鉴证书或土地经营权证的抵押属性。以武汉市为例，从目前发展来看，武汉市金融机构的参与度最高，有 10 家金融机构已参与土地经营权抵押贷款业务；但有的地区土地经营权抵押贷款尚未破局，有的地区仅开始了试点工作，无论是参与的金融机构数量还是提供的贷款额度都较少，对解决新型经营主体资金难题的帮助不大。

为此建议：

一、加快培训新型农业经营主体，促进农业适度规模经营和现代化

新型农业经营主体是土地经营权流转的主要流入方，也是发展现代农业的主力军。支持新型农业经营主体为扩大生产规模而流转土地，为其流入土地提供政策、金融等方面支持。加大信贷支持，创新农村信贷担保方式，允许以联合担保、农村土地承包经营权证、林权证抵押等形式办理贷款手续，加快探索农民合作金融试点与推广的步伐，鼓励农民专业合作社等有实力的经营主体开展信用合作和创办农村资金互助社，建立灵活高效的农业融资保障体系。支持新型农业经营主体参加农业保险，提高财政对新型农业新型经营主体购买农业保险的保费补贴比例，鼓励开展以土地流转规模经营主体为服务对象的涉农保险业务。给予项目支持，各部门对农田水利设施建设、优势农（林）产品基地、农业综合开发、土地整理等建设项目和农业科技入户、农机补贴等专项补助项目，尽量与土地流转规模经营相结合，优先向新型经营主体安排项目资金，以增强示范带动作用。

二、加快农村产权交易机构建设，完善农村产权交易市场体系

按照农村产权流转交易市场建设总体部署，加强顶层设计和督导考核，严格按照时间表推进各地农村产权交易机构建设，尽快搭建起地方农村产权交易网络平台。建立“市、区、乡”三级市场体系，市级重点建设农村产权流转交易服务中心，区（县）、乡（街镇）联网接入市级信息服务系统，实现信息互联、资源共享。推进农村产权流转交易市场制度化建设。建立健全规范的农村产权流转交易市场管理制度和交易规则，对市场运行、服务规范、中介行为、纠纷调处等作出具体规定，实行统一规范的业务受理、信息发布、交易签约、交易中（终）止、交易（合同）鉴证、档案管理等制度。

三、支持金融机构开展土地经营权抵押贷款，解决新型农业经营主体融资难问题

建立健全农村资源资产评估机制，聘请有资质的专家组建第三方农村产权价值评估机构，探索建立农村产权价值评估体系。加强与金融机构合作，设立财政风险补偿基金规模，提高风险补偿标准，消除金融机构后顾之忧。支持

保险机构参与进来，降低金融机构贷款风险。支持各地出台农村产权抵押融资贴息政策，根据财政规模设立贴息额度，降低新型农业经营主体融资成本。完善新型农业经营主体信息库，加强新型农业经营主体信用建设，为开展产权抵押融资提供基础。针对首次参与农村产权流转交易的新型农业经营主体，加大产权抵押业务宣传推介，让新型农业经营主体知晓、了解和熟悉农村产权抵押业务。

2018

关于做优做强长江中游油菜产业的提案

中国是食用油消费大国，但我国食用植物油进口逐年扩大，国产自给率不断下降，供需风险很大。油菜是我国第一大油料作物，是最健康的大宗食用植物油。油菜产油量占我国油料总量半壁江山，我国油菜每年提供的食用油占国内油料作物总量的55%。油菜不与粮争地，是最为理想的轮作休耕作物。

长江中游地区油菜产业发展潜力大，湖北、湖南、江西、安徽等省是油菜产业的主要区域。“十三五”时期，四省种植面积6000万亩左右、总产700多万吨，分别占全国的55%和51%，其中“两湖”面积占全国的1/3，占世界的1/14。此外，长江流域约有1亿亩冬闲耕地和滩涂，其中6000万亩可以利用种植油菜，每年至少可产出900万吨油菜籽，通过单产提升和冬闲田利用，每年增加1000万吨油菜籽，可减少1800万吨左右的进口大豆，约占进口大豆的1/5。长江中游油菜产业发展具有明显的优势：一是生产优势。油菜是长江流域内除水稻外的第二大作物，是冬季农业开发最有优势的作物，是开春后收获的第一季作物，是夏季农业收入的主要来源之一。二是科技优势。中国农科院油料所和中游省份重点高校在油菜品种选育和菜籽精深加工技术的优势明显。三是区位优势。长江流域水运发达，江海互通，铁路公路网络密织，流通优势明显。

为保障我国食用油供给安全，促进长江中游地区油菜产业发展，建议：

一、加大力度，推进双低优质油菜保护区建设

以粮食生产功能区和重要农产品保护区建设为契机，以7000万亩油菜保护区为重点，更大力度建设世界知名的优质油菜保护区，实现以油促粮、粮油兼丰。建议中央财政统筹安排优质油菜产业发展资金，集中用于油菜统一供种、技术示范以及良种繁育。

二、狠抓创新，把科技优势转化为产业优势

一是狠抓种业创新。组建高端育种团队，突出高含油、高油酸、抗根肿病和多功能等育种方向，加大功能性育种和油菜种子产业化开发支持力度，建立和完善油菜原种繁育基地、种质资源保存基地，培育中国油菜种业航母。

二是狠抓装备创新。大力支持农业科技创新，加快研制具有自主知识产权的油菜多用途种肥同播机械装备，建立规模化生产线，提高增加播种机具保有量，打造全国性的油菜机具装备龙头。

三是狠抓技术集成创新。加快多功能利用、种子包衣、缓（控）释肥、新型农机等油菜绿色高产高效关键新技术的集成组装，不断提高油菜规模化、机械化、标准化生产技术水平，降低生产成本。

三、出台油菜籽收购、加工扶持政策

加大对粮油加工企业贷款支持，对菜籽收购资金按生产面积核定贷款额度，并给予低息和贴息支持。支持油菜籽加工企业进军资本市场直接融资，将油菜籽加工企业纳入上市公司培育名单，推进“金种子”公司上市。加大财政补贴支持力度，对加工销售国产菜籽的企业给予加工补贴。

四、支持国产菜籽油品牌做大做强

鼓励支持加工企业开展加工设备与工艺的提档升级，打造小榨菜籽油等特色品牌。加快制定优质菜籽油国家标准、地方标准，引导企业执行功能性菜籽油团体标准。加强植物油标识管理和监督。加强对进口菜籽油的转基因标识管理。

五、积极创建长江流域油菜综合示范区

一是加大财政补贴。建议国家参照稻谷补贴政策，对长江流域油菜保护区出台油菜籽补贴政策。

二是加大金融政策扶持。推进政策性油菜保险提标扩面降费，进一步降低县级保费补贴比例和农户自交保费比例。

三是对粮油加工企业加大贷款支持。

四是加强储备调节。完善大豆、油菜及食用植物油中央和地方两级储备体系，建设菜籽油储备基本保障区，当国产植物食用油自给率低于30%时，适时启动食用油储备措施。

2021

按下申遗快进键，“万里茶道”谱新篇

万里茶道是“一带一路”的重要组成部分，开展万里茶道申报世界文化遗产工作，对于整合沿线8省与茶道相关的文化遗产资源，对接“一带一路”倡议，促进沿线国家和地方经济社会全面、协调、可持续发展，都具有十分重要的现实意义。同时，因万里茶道在境外线路上，与蒙古国提出“草原之路”基本重合，与俄罗斯历史上的“西伯利亚通道”也基本一致，使万里茶道在中、蒙、俄三国文化交流与合作中具有天然的优势。借助万里茶道申报世界文化遗产工作，推动“一带一路”倡议，以文化交流为媒介，促进中、蒙、俄三国全方位合作，文明交流互鉴，容易得到国际社会的广泛认同，也符合中、蒙、俄三国国家的实际需要。2019年，“万里茶道”已被列入《中国世界文化遗产预备名单》，正式具备申遗资格。

为加快“万里茶道”申遗，建议：将“万里茶道”申遗正式列入国家申遗计划，明确申遗时间进度要求，在“十四五”时期将“万里茶道”列入《世界遗产名录》；进一步完善“万里茶道”申遗联动协调机制，由国家文物局牵头，沿线8省（区）政府参与，正式与俄罗斯、蒙古建立联合申遗联动协调机制，明确申遗目标、工作任务、进度要求等，统筹推进“万里茶道”申遗工作；按照申遗要求，由国家文物局牵头，委托中国古迹遗址保护协会，对“万里茶道”（中国段）各遗产点进行遴选，正式确定“万里茶道”的遗产构成要素（清单）、遗产区和缓冲区范围、保护管理要求等，指导各省（区）政府对申遗工作任务进行分解，明确工作任务和进度要求，切实加快申遗进程。

2021

关于实施“乡村振兴委员助力工程”的建议

民族要复兴，乡村必振兴。全面建设社会主义现代化国家，实现中华民族伟大复兴，最艰巨最繁重的任务依然在农村，最广泛最深厚的基础依然在农村。中共十九大报告指出，实施乡村振兴战略是新时代“三农”工作的总抓手。中共十九届五中全会审议通过的《中共中央关于制定国民经济和社会发展第十四个五年规划和二〇三五年远景目标的建议》，对新发展阶段优先发展农业农村、全面推进乡村振兴作出总体部署。按中央要求，新时代实施乡村振兴战略需要汇聚全社会力量，鼓励社会各界投身乡村建设。《中国人民政治协商会议章程》第三十四条规定，“中国人民政治协商会议全国委员会委员和地方委员会委员要密切联系群众，了解和反映他们的愿望和要求。”政协委员在界别中有代表性、有社会影响和参政议政能力。习近平总书记指出，广大政协委员要坚持为国履职、为民尽责的情怀，把事业放在心上，把责任扛在肩上。实施乡村振兴是国家战略，委员应当在乡村振兴中为国履职；实施乡村振兴战略是让广大农民过上更加美好的生活，委员应当在乡村振兴中为民尽责。

为深入贯彻《中共中央、国务院关于实现巩固拓展脱贫攻坚成果同乡村振兴有效衔接的意见》，落实中央关于加强和改进新时代市县政协工作的意见要求，为充分发挥政协委员在全面推进乡村振兴加快农业农村现代化中的作用，建议实施“乡村振兴委员助力工程”。

由全国政协农业和农村委员会和国家乡村振兴局以及相关部门搭建平台并负责组织实施，制定实施方案，就帮扶任务、实施方案、总结评估、激励机制和宣传引导等方面作出规定，推动委员在巩固脱贫攻坚成果同乡村振兴有效衔接中发挥更大作用，持续巩固拓展脱贫攻坚成果，持续推进脱贫地区乡村振兴。具体由全国政协委员、省政协委员、市（州）政协委员和县政协委员四级委员组建若干个委员助力乡村振兴团队，每个团队约8人左右，对口帮扶1—2个乡村。鉴于全国乡村体量大、发展不平衡，可以先期进行选村试点，选择脱贫摘帽县的贫困出列村进行帮扶，巩固脱贫攻坚成果，实现与乡村振兴有效衔接；选择条件好的乡村予以助力，打造乡村振兴促进共同富裕的样板工程。

实施“乡村振兴委员助力工程”的意义还在于：

一是不同层级的委员视野和知识面不同，对国家和地方政策把握和理解程度不同，四级委员组成的委员团队，既有对国家层面、省级层面、市县层面政策形势、产业发展、人才建设等方面的了解，也有基层委员对当地实际的掌握，委员团队成员联动，有助于为对口帮扶点乡村振兴把脉问诊。

二是针对目前处于巩固拓展脱贫攻坚成果同乡村振兴有效衔接的关键五年期，委员团队有助于动态监测预警返贫状况，便于有关部门及时出台帮扶机制，巩固拓展脱贫攻坚成果。

三是委员深入基层可以了解和反映群众的所思所想、所盼所愿，协助党和政府做好解疑释惑、理顺情绪、化解矛盾、凝聚共识工作。

四是便于委员深入实际、了解实际，“身入”基层，“心到”基层，做实调查研究之风，更好地履行委员职责，有助于委员提出更高质量的提案和社情民意信息，促进政府部门科学决策。

五是委员在帮扶助力中通过了解国家有关政策在基层的贯彻落实情况，掌握乡村振兴基本状况，有助于发挥政协委员民主监督作用。

六是委员在帮扶助力中，与村民一起参加党史学习教育，宣讲党的二十大精神、十九届六中全会精神等，提高村民政治素质，进一步坚持“两个确立”、做到“两个维护”；宣讲习近平总书记关于农村工作的重要讲话精神、党中央关于“三农”的文件精神，以及省委省政府关于农村工作的决策部署等，推动决策部署和文件精神在乡村落实到位、落地生根。

2022

关于破解乡村振兴人才瓶颈制约的提案

乡村要振兴，人才是根本。中央文件明确提出，实施乡村振兴战略，必须破解人才瓶颈制约。据调研，乡村人才建设还远远不足以支撑乡村振兴战略的需求，人才瓶颈制约已成为乡村振兴的突出障碍，主要表现在乡村各类人才队伍“青黄不接”、人员缺口很大，现有乡村人才不稳定，人才结构单一，年龄老化严重，学历、职称和能力偏低，乡村对人才没有竞争优势和竞争力，缺乏乡村人才工作的环境、培养人才的条件、吸引人才的载体。实施乡村振兴战略优先，必须强化人才支撑破解人才瓶颈制约。

一、乡村振兴中人才队伍存在的突出问题

（一）乡村人才不稳定，缺乏长期性

各级政府尽管高度重视乡村人才队伍建设，乡村却始终留不住人才。乡村特岗村官、大学生村官以及“三支一扶”大学生以乡村为跳板，达到政策要求时限，或考或转，乡村人才缺乏城乡交流的体制机制，晋升的机会少。

（二）乡村缺乏吸引人才的优势

“打工经济”、城乡二元体制、城市争抢人才等均驱使乡村人才资源向城市单向流动。高考出去的多，回乡的少；农民工外出剩下“留守老人”“留守妇女”“留守儿童”；优质教育、医疗资源集中在城市，令农村教育医疗卫生事业成为短板。

（三）各类乡村人才不同程度地存在问题

1. 农村实用人才总量不足，结构不合理。农村缺乏专业技术服务人才，在农作物种植规划、农技培训等方面，农民盲目跟风。例如某地市截至 2017 年底，农村实用人才总量为 7.5 万人，仅占农村劳动力总量的 4.9%。在结构

上，生产型人才偏多，懂经营、有技能、会管理服务型人才偏少；从事种养殖业的传统产业领域多，从事农产品加工、流通以及服务业的少。

2. 新型职业农民比重较低，发育较慢。农业比较效益低、传统轻农观念束缚、城乡人才流通渠道不通，导致新型职业农民队伍数量少、发育慢。例如某地市现有农村劳动力 153 万，其中 50 万人从事农业生产，而政府每年培训的新型职业农民不足 5000 人。

3. 基层农技推广队伍体系弱化，能力下降。基层农技人员队伍青黄不接、年龄老化，学历偏低，有专业职称的更少。例如某县级市基层农技推广机构 527 人中，50 岁以上 129 人，占 24.5%。某县 30 年来仅招录过一名农学专业本科生，不久即离职。

4. 农村领头雁人才欠缺，职业化模糊。村干部存在年龄普遍偏大，学历偏低，文化素质普遍不高。尽管多数地方对村干部待遇有所提高，但职业化模糊，边界不清。村干部待遇虽有改观，但既非公务员，又因职业化后与农民有区别，村干部没有晋升空间。

5. 教育人才缺人缺编，引才条件不足。乡村教育问题不解决，子女入学升学条件差，不但引进不了外来其他类别人才，还留不住现有人才。一是乡村教师总体缺编。按照教育部印发的三年行动计划规定每镇建一个公办幼儿园，要求有 20 个编制，实际仅四五人。二是结构性缺编严重。教师年龄结构老化，某县级市有中小学教师 3049 人，其中 50 岁以上的老教师占 49.3%。

6. 乡村医疗人才严重不足，三缺三多。一是缺医护编制，临时聘请人员多。某县应配卫生人员 5900 人，只有编制 2400 人，但实际有卫生人员 3769 人。某卫生院服务群体涉及 5 万多人，应有 80 名医生，但实际在职仅 10 人。二是缺高素质人才，低学历人员多。某县在职医护人员，中专及以下学历人员占 41%，难以胜任现有医护任务。三是缺年轻医护人员，老年医护人员多。某县 251 个农村村级卫生室，700 名医生，50 岁以上医生占 40% 以上。

二、加强乡村人才队伍建设的几点建议

（一）加强顶层设计与整体规划

中共中央、国务院先后印发《关于实施乡村振兴战略的意见》《乡村振兴

战略规划（2018—2022年）》对乡村振兴人才支撑作了部署，乡村人才建设是系统工程，人才类别多，涉及部门多，现有人才参差不齐、结构不合理、素质普遍偏低，主客观因素复杂，人才数量、结构、素质均亟须提高和加强，人才体制机制建设尚需系统思维。因此，建议专门出台乡村振兴人才规划或纲要，明确“三农”工作队伍的总量供给和结构需求，对乡村振兴所涉及的人才进行科学分类或梳理，设立乡村人才大数据平台，优化乡村人才队伍的素质构成、营造人才队伍建设社会环境，既体现乡村振兴人才工作的系统性、协调性、统一性，也为省市县乡村人才建设提供指导。

（二）实行统筹推进与分类施策

不同类型人才有其不同的特征和规律，不同人才缺乏有着不一样的环境和原因。实现乡村振兴全面系统工程，所需人才不仅规模大、门类多、层次差异性大，而且投身于涉农工作的各类专业人才都要有，管理、教育、科技、卫生等方面人才都不能缺，不同类型人才有其不同的特征和规律，不同人才缺乏有着不一样的环境和原因。因此，建议针对不同类型人才提出差别化方案，分类施策，采取有针对性的政策举措，定向发力，将乡村人才划分为管理人才、经营人才、科技人才、技能人才、社会服务人才、综合专业人才等类别，分类研究、分类建设、分类考核。

（三）创新工作机制与管理体制

1. 遵循人才规律创新乡村人才建设。乡村人才队伍具体涉及人才的培养、留用、开发、引进、管理、使用等环节，需要区别不同情况相应对待。建议建立乡村人才培训机制，实施乡村科技人才知识更新培养工程，加强社会领域人才的培养，加强新型职业农民培养，落实乡村人才教育培训制度，建立城乡干部流动机制，创新人才开发利用机制，完善乡村人才吸纳机制，建立社会人才引进使用机制，建立人才分类评价考核激励机制，建立省级统筹的农村义务教育学校教师补充机制等。

2. 创新乡村振兴人才管理模式。人才建设涉及管理体制问题，建议应对不同类别人才分类管理：在模式方面，或采取政府指导、市场主导，或完全市场主导，或发挥社会组织作用成立行业协会主导；在管理方面，或乡镇政府管理为主、行业部门业务指导；或行业部门垂直为主等不同模式；在人才服务范围方面，或本区域管理，或跨乡镇区域管理，或人才轮岗等不同模式；在岗位设置方面，或专岗专用，或临时聘用，或县聘乡用等不同模式。全面推行村主职干部专职化管理，制定退出机制；对人才建设责任单位分类评价和考核；强化乡村振兴人才工作激励机制。

3. 创新人才共享机制，探索城乡合伙人计划。互联网共享时代，人才没有边界。按人才共享新理念，择需而用，择优而用，有助于缓解乡村振兴人才制约。建议实施城乡合伙人计划，采取积分制，让城市人才在土地使用、居住等方面分享参与乡村振兴成果，可以作为在岗非强制性的考核，还可以待其退休退职后在乡村享受一定待遇。建议区分乡村人才不同类型，分级建立省市县人才数据库；搭建乡村人才交流网络信息平台。实行城乡人才共享，还可以参照挂职锻炼的好做法好经验实施人才工程的特惠政策。

2019

把好项目质量关，提升农业经营项目带动效应

《关于加快构建政策体系培育新型农业经营主体的意见》的实施，对于加快培育新型农业经营主体，推进农业供给侧结构性改革、引领农业适度规模经营发展、带动农民就业增收、增强农业农村发展新动能起到了良好促进作用。但在相关政策具体落实的过程中，还存在农业经营项目评审专业性不强、质量不高、带动效应不突出等问题。

建议：从程序上，引入省、市、县三级评审体系，把好入口关，在制定可行性报告之前，加入省、市、县三级评审环节，立体化专家评审为项目确立提供决策依据，把好项目质量关。从管理上，加强对项目的指导和监督，降低新型经营主体项目的风险。在项目实施过程中，转变“重立项轻管理”的现象，加强项目管理的跟踪服务指导，强化省、市级专业技术专家复评，加大对项目资金使用的监督。从主体责任上，转变党政主职的政绩观。从长远发展眼光统筹谋划项目，拟立项目要注重因地制宜，效益优先，做到集中投入、不撒胡椒面。

2021

关于完善地理标志产品保护体制机制的提案

近几年，中共中央、国务院连续出台重要文件强调地理标志农产品保护的重要性，2018年印发《乡村振兴战略规划（2018—2022年）》提出加强农产品商标及地理标志商标的注册和保护，2019年出台《关于坚持农业农村优先发展做好“三农”工作的若干意见》重申强化农产品地理标志和商标保护，2020年发布《关于抓好“三农”领域重点工作确保如期实现全面小康的意见》再次提出加强绿色食品、有机农产品、地理标志农产品认证和管理，打造地方知名农产品品牌，2021年在《关于全面推进乡村振兴加快农业农村现代化的意见》一号文件中提出发展“地理标志农产品”。据中国地理标志网统计，截至2021年6月，我国累计认定地理标志保护产品2478个，累计核准地理标志作为集体商标、证明商标注册6339件，核准使用地理标志专用标志市场主体12789家。2021年，“逍遥镇”“潼关肉夹馍”因卷入商标纠纷而引发网上热议，让地理标志产品的保护与利用在社会上受到广泛的关注。加强地理标志保护和品牌建设是促进区域特色经济发展、推进乡村全面振兴的有力支撑，由《商标法》《地理标志产品保护规定》《农产品地理标志管理办法》等组成的我国地理标志保护法律体系，对地理标志及地理标志产品保护发挥了重要作用，但也存在明显不足。

一是相关规定相互冲突。地理标志侵权规定散见于《商标法》《商标法实施条例》《集体商标、证明商标注册和管理办法》《反不正当竞争法》《刑法》等法律、法规和部门规章中的个别条款，在现行立法及执法的双轨体制下，地理标志的优先权与商标权相互发生法律冲突，且侵权纠纷的认定处理很多没有明确规定，往往需要依靠裁判者的法理基础和裁判智慧。

二是法律法规不完善使地理标志产品淡化。《商标法实施条例》第四条规定，不要求参加以该地理标志作为集体商标注册的团体、协会或者其他组织的，也可以正当使用该地理标志，该团体、协会或者其他组织无权禁止。2021年，针对“逍遥镇”“潼关肉夹馍”商标纠纷案，国家知识产权局解答认为，从法律上，“逍遥镇”作为普通商标，其注册人并不能据此收取所谓的“会费”，“潼关肉夹馍”作为集体商标注册的地理标志，其注册人无权向潼关特定区域外的商户许可使用该地理标志集体商标并收取加盟费，也无权禁止潼关特定区域内的商家正当使用该地理标志集体商标中的地名。可是，地方品牌一旦出名之后，其他地方或个人无偿使用品牌，存在着无成本、无监管，以假乱真、以次充好的现象，如肇始于兰州的“兰州拉面”，其他地方挂牌的“兰州拉面馆”随处可见，严重损害了地方品牌。这说明，尽管“潼关肉夹馍”有了明确判例，也反映出地理标志产品保护在法律法规上还有改进与完善之处。

三是监管部门职权交叉，行政监管力度弱化。国家地理标志产品和地理标志注册商标由国家知识产权局管辖，农村农业部负责全国农产品地理标志登记工作，在一定程度上减少行政权力冲突，缓解地理标志保护难题，但现实中仍存在知识产权局颁发的和农村农业部登记的标识，地理标志“双轨制”仍然存在。

四是行业协会对地理标志品牌保护力度不够。作为地理标志申请人的有些协会，其组织管理职责不明确、管理办法滞后、不重视产品宣传推广、缺乏资金支持、对假冒地理标志生产者无处罚权等，严重影响了地理标志功效发挥，甚至个别地理标志变成商品通用名称，地理标志因淡化而丧失其显著识别性，失去专用性，变成人人可以使用的产品。

为此建议：

一、建立以《商标法》作为地理标志及产品的保护模式

目前地理标志及产品保护在国际上有三种模式。一是以法国为代表的专门法保护模式。这一模式将地理标志作为一类独立的商业标志单列出来进行保护，采用专门立法的模式予以规范。该模式充分考虑到了地理标志权作为一项知识产权的特点，通过专门立法使保护的内容和形式明确规定。二是以瑞典、日本为代表的反不正当竞争法保护模式。这一模式将地理标志侵权行为视为不正当竞争行为，以反不正当竞争法进行保护。采用该模式的国家一般是国内符

合地理标志要求的产品较少，没有必要耗费太多社会资源予以保护。反不正当竞争法保护模式只适用于地理标志产品较少的国家。三是以美国为典型代表的商标法保护模式。目前有100多个国家采用该模式。该模式将地理标志纳入商标法的保护体系，通过将地理标志注册为集体商标或证明商标的方式进行保护，并对地理标志证明商标注册人的主体资格进行限制。该模式的优点是根据商标法兼容性的特点，将与商标基本功能相同的地理标志用证明商标、集体商标的有关规定进行保护，既无需任何其他附加资源的投入，又可有效避免因主管机关不同而引发的冲突和纠纷。

二、整合地理标志管理职能，提高监督管理能力

建议由政府牵头，组织市场监督管理局、知识产权局、农业农村局等多部门联合办公、互相配合、统一行动、资源共享，及时向社会公布地理标志保护管理信息，摸清地理标志保护的现状。对冒充当地产品的行为加大监管处罚力度。严格审查使用企业的资格，全程追踪追溯，提高国家地理标志产品的申请量，构建立体式地理标志保护的行政监管体系。

三、发挥行业协会自律管理职能，净化市场营商环境

赋予行业协会商会一定权利强化地理标志的保护和管理，规范内部管理制度、明确协会职责，协会应尽快将具备条件的地理标志产品注册为证明商标、集体商标，提高地理标志使用效能和服务机制。

四、创新营销渠道，利用数字平台推广地理标志产品

积极利用电商、视频直播、云展会、云销售等数字平台拓宽地理标志产品的营销渠道，实现产地与市场直接对接，商品与消费者直接连接。建立省市县乡村五级电商集群，促进小农户与现代农业有效衔接，使地理标志产品产地、品质、信誉的优势成为其独特的卖点，激发市场消费潜能，扩大市场占有率，增加农民收入，服务于地方经济发展，助力乡村振兴。

2022

解决农产品销售难的若干建议

一、农产品销售难存在的问题

（一）农产品质量和生产结构方面

一是农产品品种和结构上不能“以销定产”。农户和生产单位缺乏对产业化供求信息的把控，“关起门来搞生产”，造成产销脱节，难卖只有贱卖，难以产生良好的经济效益，影响生产积极性。二是农产品缺乏认证和品牌。农产品初级产品多、高端产品少，地方品牌多、知名品牌少，大品牌、强品牌极其缺乏。有些绿色特色农产品，虽受市场欢迎，却是“三无”产品，很多平台和实体店无法售卖。三是缺乏农产品质量检测机制，导致对农产品质量不放心。目前县一级农业农村部门确实提供免费产品质量检测服务，但提供的检测报告内容极为抽象，仅仅注明“产品质量合格”，没有具体的成分含量等详细报告；在检测时效上，难以满足农产品销售的季节性要求。各大电商平台和相关采购方对农产品质量检测有明确要求，一定程度上阻碍了农产品的触网销售。四是农产品分级定价标准不明确。分级消费没有形成规模，导致生态有机农产品不能优质优价。

（二）农产品生产环节方面

一是小规模种植养殖成本高、销售难。自采、自收、自种、自养式家庭化农产品，分散不连片，一般只是提篮式或商贩上门式销售，销售范围相对局限，导致农产品积压卖售难。二是新型经营组织带动力不强。现有新型经营组织虽然总量较多，但综合服务能力、辐射带动能力、市场竞争力总体不强，同质化竞争现象比较突出，应对市场风险能力较弱，在供给链上不能发挥主导作用。三是农村地区以销售初级农产品为主，深加工严重不足，对于农业产业发展的关注则更多停留在基础设施水、电、路、网等配套上，在引进农副产品深加工企业和建设保鲜储存设施等方面关注严重不够，冷链物流运输发展缓慢，滞销的初级农产品往往由农户自己使用或承担损失。

（三）农产品流通环节方面

受地理环境、交通条件和物流业发展水平限制，物流成本客观上降低了农产品市场竞争力。目前山区县乡镇物流配送基本上只提供自寄自取服务，物流便捷性可见一斑。山区县农产品网上销售，在快递成本和时效要求上均难以与平原县市区竞争。

（四）农产品销售模式方面

疫情期间，市长、县长、乡镇长直播带货、网红带货，无疑是新媒体时代一种独特的致富助农风景线。但这种直播只是解燃眉之急，若官员直播成为常态，不仅分散职能专注度，也可能催生新的“面子工程”。

二、建议

（一）引入农业企业从事规模生产

村、镇、县级政府应引导本地农产品销售、加工、运输等企业加入，扩宽农产品销售渠道；规模化产业型农产品，政府对产业的后续销售企业及链条，应提前介入，以制定符合产业销售实际的指导意见。

（二）严格把好农产品安全质量关

一是农产品产地政府应结合当地特色，先期检验，保护消费者权益和自身品牌；农业农村部门制定明确农产品分级标准，加强监管落实，将生态有机农产品和普通农产品区别开来，让市民放心消费。二是加大区域性的中大型冷链保鲜仓库建设，前瞻性降低农产品滞销风险，确保农民稳定增收。三是在农产品质量检测方面。考虑由省级层面统筹，以政府购买服务的形式，将农产品检测委托给权威第三方检测机构，限时快捷出具检测报告。四是着力推进标准化生产。建立健全重点农产品标准化生产制度，完善农产品质量安全追溯体系和监管体系。

（三）创新销售渠道，广开销售门路

围绕电商发展需要人才资源、技术培训、物流整合等方面精准发力，从各乡镇、各农村、各偏僻角落拓展蔓延，鼓励创业人甚至老百姓做电商，具备电商意识；着力培育既懂生产又了解市场的新农人，鼓励和带动广大农民运用手机在田间地头、果园鱼塘、牧场渔场等开展电商直播，促进手机成为新农具，直播成为新农活，数据成为新农资，农民成为“网红”新农人；建立官员带货网红带货的准入、运行等实施办法和监督机制；引入第三方，完善网售服务保障体系。

2020

跨境电商发展亟待解决的问题与建议

在国家“一带一路”及跨境电子商务综合试验区建设等国家战略背景下，我国自2015年以来分三批共设立的35个“综试区”跨境电商已成为外贸产业中一匹“黑马”，成为推动中国外贸增长的重要力量。但由于我国跨境电商还处于起步阶段，在发展过程中也暴露出一些问题。

一、影响和制约跨境电商发展的因素

（一）物流是制约跨境电商发展的重要因素

目前跨境电商物流方式主要包括国际小包、国际快递、第三方物流集货和海外仓储等。根据各大电商平台反馈的物流收付款信息统计，一般在中国内地发往欧洲各国需要15天左右，发往澳大利亚更是需要半个月左右的时间，如果采用空运，运费成本非常高，传统运输对很多商品尤其是生鲜类商品运输十分缓慢。物流方面还表现在：中间环节成本过高，物流成本、仓储成本、支付结算成本、税收成本等总计占到商品销售一半左右的比例。

（二）支付面临着制度困境和技术风险

高频次、小额化的中小企业和个人消费者，对跨境支付产品提出了安全便捷、简单易用、结算速度快、交易成本低等新要求。随着中国与世界之间的交流日益频繁，近年来跨境商业往来发展迅速，银行国际结算和小额汇款等传统支付方式周期长、频率低等弊端被放大，难以满足各方需求，成为制约跨境商业往来的一大瓶颈。

（三）跨境电商相关法律法规相对滞后

跨境电商相关立法工作日趋完善，但与发达国家相比仍然明显滞后。缺乏统一的法律法规制度对跨境支付加以规范，支付信用安全风险、跨境消费者和商户身份认证技术性风险高，跨境交易资金流向监管难；缺乏相应法律法规导致跨境电商在通关、退税、仓储等操作流程上受到较大限制；缺乏电商企业管理法规，或对商品质量的监管措施力度不够，导致出现假货问题而极大损伤了消费者的利益；缺乏相应税务法规和存在监管漏洞，导致众多无需交税的微商的销量数倍于跨境电商平台的销量，正常营运的跨境电商企业大批倒闭，真正高质量价优的国外品牌无法进入国内。同时，由于电商交易在一个虚拟环境中进行，按照现行法规难以判定其一些违规违法行为，并界定其行政管辖权。

（四）跨境电商相关扶持政策缺失

政府目前对从事跨境电商的企业缺乏足够的政策扶持，没有从资金供给、贷款流程简化、通关保税程序简化以及相应税收优惠等方面扶持，导致很多小微外贸企业在发展过程中由于资金链断裂导致货物紧缺，难以及时供货。此外，目前跨境电商主要精力都集中在进口电商，对于经营出口电商的企业以及出口电商本身却没有政策与资金扶持，导致出口电商企业基本上处于孤军奋战。

（五）跨境电商人才匮乏

跨境电商人才匮乏严重制约了跨境电商行业的发展。有调研报告指出，当前中国跨境领域对应的人才缺口约450万人，2018年这一缺口正以30%以上的增长率在增加。国内大学应届毕业生存在专业知识不扎实、视野不宽、知识面窄等不足之处，既懂跨境电商行业政策、运营，又懂国际贸易规则的人才非常少，难以适应全球化市场并具有国际化能力。

二、解决跨境电商问题的对策及建议

（一）通过政府引导和扶持加快跨境电商海外仓建设

跨境电商涉及的中间环节比较多，跨区域的储藏，长距离的运输保存，以及报关报税等均是制约其发展的关键性因素。建设海外仓，可以大大降低跨境电商业务的物流成本，实现卖现货，加快国外交货速度，提升客户满意度。建议通过政策引导、财政支持等方式，引导有实力的跨境电商企业通过租用或自建方式，到重点市场建立跨境电商海外仓，并搭建以海外仓为支点的配送辐射网络。

（二）建设跨境电商公共服务全平台

政府协调海关、检验检疫、税务等部门，主导建设全球跨境电商公共服务全平台，一站式提供全球营销渠道服务、检验检疫和清关申报服务、物流与支付服务、金融服务、防伪溯源服务、海外本土化运营服务等。扶持中小外贸企业借助新型互联网媒介，变区域产业优势为国际品牌优势，实现新兴市场的品牌崛起。加强对商品交易、物流、支付到售后全流程的监管，打通电商企业、物流企业、支付企业、监管部门的信息对接，为交易双方和物流机构提供便利的信息获取渠道，实现全程透明、可见、可追溯。为有能力的出口电商企业提供官方层面的交流沟通服务，为平台的对外开拓提供保障与便利。

（三）优化支付服务体系

目前第三方支付本土企业尽管发展很快，但尚不具备国际竞争力。建议继续推进金融创新，支持跨境电子支付服务企业发展允许试点支付企业办理境外收付汇和结售汇业务。在风险可控的前提下进一步扩大支付限额，引导和支持国内金融机构特别是支付企业“走出去”，逐步完善跨境电子支付体系，有效满足境内外企业及个人跨境电子支付的合理需求，助推跨境电子商务发展。

（四）建立健全跨境电商体制机制

目前我国跨境电子商务问题频出，迫切需要建立健全电子商务信用信息共享体系和监督机制，形成由政府主导多方协同监督的统一电子信用体系，既能够保障在电子商务交易过程中消费者的权益又能够加强商家资质的审查。通过交易评价的反馈，信用评估机构能够有效地评估买方的信用状况，防止恶意评价和恶意订单；让卖方更好自律，以优质的商品和诚信的服务赢得市场，防止“假冒伪劣”产品毁坏跨境电商的声誉。政府部门在加强引导，建立公平、公正、公开的市场竞争环境的同时，还需完善相关的法律法规，并与国际法律体系接轨，从而为跨境电商建立起管理适度、竞争有序的电商发展市场，为电子商务健康、快速地发展奠定良好的基础。

（五）进一步营造适应跨境电商发展要求政策环境

政府应该积极支持并引导中小型以及处于创业中的跨境电商企业，利用产业集聚效应，推动具有创新潜力的企业能够尽快融资发展，发挥优势带动传统外贸生产企业应用电子商务新技术，开展网络营销，进一步拓展海外市场；应该对那些经营良好并具有创新思维的企业给予一定福利政策支持，并继续加大对于保税区的开发政策，缩短外贸企业的通关退税的过程，提高企业经营运转的效率；应该建立微商认证制度、国家级品牌防伪溯源体系，可以解决吸纳微商纳入整个跨境电商体系中来，同时解决消费者品牌认知的问题。另外，政府应该为企业谋福利、谋发展，积极参加国际电子商务规则的制定，促进国内电子商务发展与国际对接，推动建立有利于我国企业开展电子商务的国际规则体系和外部环境。

（六）提高跨境电商人才数量和质量

由于跨境电子商务的蓬勃发展，专业人才的需求量与供给量成为制约其发展的关键因素。跨境电子商务的媒介是计算机和网络平台，电商人才在掌握基本的计算机操作技能、物流和贸易等知识外，还需要对数据统计、网页开发等软件灵活掌握，才能更深入地掌握和运用好这个媒介和平台。建议：一是各综试区应鼓励各院校积极参与到培养新型电子商务专业人才的培训计划中来，以服务地方经济为导向，积极建立电子商务实验基地；二是通过校企合作，各大院校、教育培训机构和企业共同进行人才的培训和专业岗位人员能力的提高，高校通过邀请相关领域专家进行知识讲座，聘请企业技术人员到高校任实践老师；三是企业积极提供相应的岗位实习工作，优先安排实习学生就业，双管齐下，共同培养高质量的跨境电商人才。

2018

对直播带货行业“严入严出严监管”

直播带货这一新兴行业的市场准入、退出、行业监管都亟待严格规范。带货主播轻易就能在工商管理部门办理工商登记，在直播平台通过简单的申请审查即可开设直播间进行直播带货的销售行为；目前规章仅对平台的关停前义务进行了规定，未对直播间关停前义务进行具体规定；每个直播间每天要带货商品品类和品种不确定且跨度极大，监管单位不易监督。

建议：跨部门立法，设立直播行业具体准入办法，对直播带货一类的结合广告、销售等多元一体的新兴行业设立行政许可，抬高准入门槛；在立法中对带货主播的退出进行责任分配，仿照《网络交易管理办法》第三十一条的规定对带货主播的直播间终止服务进行立法约束，规定直播间在停播前三个月在直播间显著位置发布停播公告，公告中应详细载明停播时间、所销售商品售后厂家及联络方式等；对获得行政许可的带货主播进行商品销售、广告发布的双重监管，通过网络监督举报进行有效监督管理，多部门联合执法，严厉遏制直播带货中存在的违规乱象。

2021

关于挖掘整理乡村传统文化资源的提案

一、乡村传统文化资源开发利用面临的问题

（一）群众对于传统文化资源的关注度不高

村民长期生活在传统文化氛围当中，对当地传统文化活动及形式现状习以为常，但因目前传统文化资源开发利用较少，没能给村组织或村民带来实际收入，群众认识或体会不到文化资源对文化振兴的价值。随着城市化进程的推进，农民工涌入城市后对乡村传统文化也更加漠视。

（二）缺乏传统文化资源挖掘开发利用专项资金

受现代经济冲击，许多优秀传统文化遗产正日渐淡出人们的日常生活，也有很多正面临或已经消失。村组织即使有心对类似于修建家风家训墙、村史馆、非物质文化遗产原貌保护等文化资源进行调查、挖掘和整理，但苦于没有专项经费。

（三）传统文化传承主体流失严重

越来越多的农民涌入城市务工后，剩下留守老人、留守儿童在家相依为伴。留守老人年纪较大，不能够很好地继续学习和运用传统手艺，年轻人外出务工，乡村青黄不接，没人可传承，导致一些传统工艺失传。

二、建议

（一）摸清乡村传统文化底数，整理乡村传统文化资源

以县（市）文化部门为单位，查找县志、走访乡村，对本地乡村文化进行挖掘、整理、评估、存档，形成文化资源信息库，最后形成县（市）库、省库和国家库。建立乡村文化资源库，便于提炼地方特色，整合形成乡村文化链

（带、圈），形成与现代文化、其他产业融合，合理调整文化产业布局。通过发布资源库信息，也便于社会了解特色文化资源而实现与资本融合。

（二）提供挖掘整理传统文化资源的经费和人才队伍保障

一是文化部门对乡村文化资源信息库分析，根据文化传承、经济价值等因素分类整理，上报政府，国家省市县四级入库验收后予以立项并安排经费投入，也可将传统文化资源公开挂牌，吸引市场投资，以多种形式融通挖掘、开发利用经费。

二是通过公开挂牌，规划文旅产业，为青年人返乡就业创业提供机会和条件。同时，文化部门需培养文化传承青年人才，使传统文化代代相传。

2020

关于增强农村文化领域意识形态工作成效的建议

中共中央出台的《党委（党组）意识形态工作责任制实施办法》，要求各级党委切实承担抓意识形态工作的主体责任。调研发现，当前农村文化领域意识形态工作还存在问题，表现在：

一是农村潜流文化侵蚀主流意识形态。宗教组织利用农村农民根深蒂固的小农意识，加以小恩小惠的诱惑；利用精准扶贫和乡村振兴中存在的矛盾，加以思想上的蛊惑；利用对留守老人留守儿童的人情关怀，争取老人和小孩对宗教的好感，甚至入教。

二是杂乱意识形态冲击农村文化。融媒体新媒体对农村文化领域主流意识形态安全提出挑战，网络信息鱼目混珠，夹杂多种声音，传播速度快，引起舆论焦点，农村网信安全成为突出社会问题。

三是干部队伍建设滞后于形势。有的乡村文化领导干部对意识形态工作不了解、不重视，更有的因意识形态工作是关乎旗帜、关乎道路的党的极端重要工作而畏惧，加上在精准扶贫和乡村振兴正如火如荼时期，文化领导干部投入意识形态方面的精力和时间严重不够。面临当前意识形态工作新情况多、工作任务重现状，乡镇（街道）综合文化服务中心（站）主任（站长）通常身兼数职，乡镇文化干部大部分年龄结构老化，新招录文化干部经验不足，意识形态工作能力不强。

建议：

一、增强忧患意识，细化责任落实落地

尽管各地根据实施细则，组建了工作专班，制定了制度，意识形态工作纳入了年度考核，但考核粗而不细，责任落实不到位，制度缺乏执行力。应该配备懂意识形态的专职专业干部，突出制度针对性，提高干部主动性，落实书记一把手第一责任人责任。

二、创新工作机制，形成管服合力

目前乡村文化服务内容比较丰富，工作有专班，应纠正只抓文化服务、忽视意识形态工作的倾向，应创新文化服务内容和方式，把意识形态工作量化、细化、具体化，制定创新措施，保证意识形态宣传深入融合到文化服务中。

三、加强阵地建设，筑牢文化根基

把意识形态落实到乡镇文化阵地建设之中，依法依规管好农村思想理论阵地、新闻舆论阵地，打牢意识形态工作基础。结合学习强国等平台，创新适应村镇一级的宣传形式，实行线上宣传、线下宣讲结合。

2020

关于支持偏远、深度贫困地区农村支付服务环境建设的建议

支付作为金融资源运转的基础，对引导金融资源精准流向贫困地区和贫困群体具有重要撬动作用。党中央、国务院出台多个文件对农村支付环境建设提出了明确工作要求。但从地区发展水平看，偏远、深度贫困地区支付服务市场主体、服务种类、服务总量较其他地区相对不足，支付服务环境建设困难更为凸显。

一是整体倾斜聚焦度不够。偏远、深度贫困地区由于点多面广、投入大、见效慢，且农村经济活跃度、金融需求度相对较低，导致金融机构商业化经营难以实现有效供给。金融机构在农村布点需要投入成本，虽有各类财政补贴沉淀资金的利差收入作为收益来源，但由于基层银行实行按季兑现绩效考核方式，加上产出与投入的倒挂，使其对偏远、贫困地区增加投入的积极性不足。而地方政府虽有支持政策，但当前对深度贫困地区的金融扶持政策主要集中在县、乡一级，难以有效引导金融资源向支付服务相对薄弱的偏远、深度贫困村优先、重点投入。

二是服务创新激励度不足。与快速发展的服务模式不相适应的是，政府、金融监管等部门对贫困地区支付服务政策扶持仍建立在传统模式的基础上。例如各地方政府通常以财政奖补支持金融机构进村设点，或支持金融机构布放支付受理终端。政策扶持体系的结构、模式较为单一，缺乏从支付服务模式创新、服务农村经济价值实现等方面给予更多激励。

三是服务风险管控力不强。农村支付服务在时间、空间和受众上不断拓展和延伸，风险隐患日益扩大。支付服务市场主体与其他金融机构、电商企业等跨界、跨领域的业务合作，也引致风险边界日益模糊。特别是在偏远贫困地区，因农村基础网络设施落后、居民风险防范意识能力薄弱，金融机构风险预警能力不足等原因，风险问题尤为突出。

为此建议：

一、统筹城乡支付服务一体化建设机制

在人民银行层面建立由支付结算、货币信贷、征信管理、消费者权益保护等多部门参与的工作协作机制，按城市、农村地区、贫困地区、偏远深度贫困地区多个层次，分类研究制定促进城乡支付服务一体化发展的指导意见。

二、统筹政策激励和规范发展框架

进一步加强部际间协调合作，联合人民银行、财政部、银保监会、公安部等多部门，从市场激励和风险防控方面，自上而下完善相关政策框架。一方面，针对偏远、贫困地区农村支付服务制定系统性政策扶持机制，从基础设施建设、非现金支付工具推广、服务模式创新、服务经济实效等方面，建立科学的考核评价标准，统筹实施金融、财政、税收、科技、风险防控等综合性扶持政策。另一方面，制定促进农村支付服务规范发展的指导意见，明确农村金融服务的发展规范，对农村支付服务的风险预警、报告处置、农村居民权益保护等相关问题进行明确。

三、统筹政府监督和市场调节双向引导

由发改委指导，人民银行、银保监等相关部门共同建立农村支付服务价格优惠机制，实现既有效覆盖风险，合理降低农村支付市场参与主体的服务成本，激发市场活力，又减轻农民负担的服务目标，充分发挥市场在金融资源要素配置上的决定性作用。一是在减轻市场主体成本负担方面，协调银联等行业清算组织适度降低对偏远、贫困地区支付服务的网络服务费，引导各银行、支付机构降低对偏远、贫困地区发卡服务费、跨行支付代理手续费等费用。二是在减轻农民负担方面，引导银行机构、支付机构适当降低或减免对偏远、贫困地区对农村居民收取的支付结算手续费，引导农村居民主动使用新兴支付工具。

四、统筹银行和支付机构共同建设格局

由人民银行联合相关部门建立和发挥正向激励机制，鼓励更多的银行机构、支付机构通过投入农村支付基础设施建设、参与地方政府精准扶贫项目等形式，积极投身到农村支付工作中来。

2019

加强合作社财务监管　确保精准扶贫户受益

成立农民专业合作社，发展种养殖业，是狠抓产业扶贫“牛鼻子”，帮助贫困户脱贫致富的一个重要路径。通过调研了解到，农民专业合作社的普遍模式，是贫困户从当地银行获取信用贷款入股合作社，成为合作社股民，每年定期获取分红实现收益。贫困户入股资金是农民专业合作社的资金来源之一。另一个重要资金来源是各级帮扶单位帮助贫困村发展产业的资金。随着资金的大量涌入，农民专业合作社的财务监管问题逐步凸显，有些合作社在帮扶单位项目资金来临前临时成立，财务监管问题更加严重。主要表现为以下几方面：

一是财务管理机构缺位。农民专业合作社一般都未设置专门的财务机构。即使设置了财务室，也没有设置会计、出纳岗位。会计、出纳要么都是同一人，由村会计兼任，要么是聘请其他人员结算账目，以做流水账为主，应付了事。

二是账簿设置不规范。部分农民专业合作社没有按《农民专业合作社财务会计制度（试行）》科学、合理地设置账簿以及使用会计科目。要么没有记录反映经济活动状况，要么只记现金流水账，不能完整、全面、规范地进行账务处理和反映合作社的财务活动状况。如某农民专业合作社建设的高粱种植基地，帮扶单位帮扶 30 万元，通过财政打入合作社账户，但其未建立账簿核算，失去财务监督。

三是项目资金收支不及时入账。部分合作社项目资金收支不及时入账，而是转入个人存款账户运作，收支及资金往来得不到真实反映，造成无法监管。

四是虚列项目建设内容套取资金。个别农民专业合作社虚列项目内容套取资金。如有的专业合作社购进养殖品后，等验收一过，马上转手倒卖。

五是缺乏内部监督。部分合作社没有定期进行财务公开，加之农民普遍缺乏财务知识，无法起到内部监督作用。

这些财务监管问题，极易造成浪费资金、滋生腐败，甚至会导致公信力缺失，贫困户对脱贫失去信心。

为此，建议：

一、设立财务机构，完善财务制度

农民专业合作社应加强财务工作管理，设立财务职能管理部门，会计和出纳要分开，不能由村干部担任。同时，加强财务经济活动各项制度建设，完善制度内容并按制度执行，增强民主理财意识，对合作社的大额资金支出必须经理事会讨论，集体决定，保证资金运用的安全性，防范风险。

二、规范会计行为，强化成本核算

财务人员要按照《会计法》《农民专业合作社财务会计制度（试行）》，健全会计账簿，国家扶持资金明细账，做到账款相符，账证相符。精准扶贫帮扶资金必须按规定进行核算，专款专用。

三、加强内部监管，强化外部监督

农民专业合作社应定期或不定期地对各项经济业务活动进行监督，对发现违规违纪行为或账务处理不当、财务手续不完备的，及时采取有效措施加以纠正或完善。加强贫困户对合作社的监管。合作社账目必须定期公示，接受社员和村民监督。在合作社里培养一两个能看懂财务的贫困户，在所在贫困村里培养一两个能看懂财务的村民代表，由其负责监督合作社账目，以此打消贫困户的顾虑和不信任，增强他们对党委政府的信任，增强他们脱贫致富的信心。同时，应构建对合作社的外部监督体系，最好由纪委牵头，纪委、审计局、工商局、税务局等部门组成监督小组，定期不定期进行审计，特别是对精准扶贫帮扶资金要加大督查力度，保证做到专款专用。

四、加强人员培训，提高人员素质

除个别规模较小的合作社委托代理记账外，一般都应设置财务岗位，配备财务人员，并积极组织合作社监事会、财务人员及财务监督人员培训，学习《会计法》《农民专业合作社财务会计制度（试行）》，提高会计核算和会计监督能力，学会处理账务，提高执行财经政策水平和能力。财政部门和农业部门应为合作社财务人员提供咨询，指导合作社建账，组织财务人员培训和考核。

2018

加强混合所有制经济发展　促进深化国有企业改革

在中国特色社会主义进入新时代的关键时期，十九大报告提出“深化国有企业改革，发展混合所有制经济，培育具有全球竞争力的世界一流企业”。新时代背景下，混合所有制经济形式无疑成为改革深水区寻求发展的重头戏，也是经济新常态下探索改革的一剂良药。尽管我国混合所有制经济已经过多年探索，但是目前我国经济形势发生了巨大变化，特别是经济新常态下经济下行压力大，混合所有制被赋予了新的含义和重要任务。因此，有必要对混合所有制经济发展进行调查研究，以促进其发展。调研主要围绕国有企业与民营企业“混合现状”“是否愿意混合”“如何混合”“混合中的障碍”以及“混合后如何运行”等现实问题，通过召开会议、发放问卷、调研走访、查阅资料等方式展开，其中对国有企业、民营企业发放调查问卷400份。通过对回收问卷的整理分析，对混合所有制经济发展中的重点、难点和热点问题进行了系统思考，发现了一些问题并提出相关建议。

一、促进混合所有制发展存在的问题及混合双方的判断与思考

（一）影响混合所有制发展的外在因素

1. 政府对混合企业的管制问题。混合所有制改革的关键之处在于建立健全现代企业制度和公司法人治理结构。调研企业认为，只要有国有股份存在，政府就可能会干预，包括人事任免、改制、行业垄断、调整定价权等；只要政府干预，混合后的企业将无法按市场法则运行，对混合的主动性造成一定影响。

2. 影响混合的外在因素问题。调研发现，国有企业认为影响混合所有制改革的关键在于公平健康的市场环境、产权保护制度、企业治理结构，环境还包括投资核准、土地使用、融资服务、财税政策等。成本过高、制度不完善、

对外贸易、经济技术合作等也是相对较小的障碍。民营企业认为市场准入、财政税收是最薄弱的环节，其次是融资政策、人才引进与维持、自主创新政策、土地使用权的政策。在社会服务方面，民营企业最需要融资服务，其次是企业经营者和员工培训、企业开拓国内外市场、科技创新服务等。民营企业最担心的是政策不透明、“玻璃门”、“弹簧门”、资金瓶颈。超过半数民营企业认为政府需要简化办事流程和手续提高办事效率，提供更多的税收优惠政策，避免政策上多头管理，拓宽融资渠道以及取消市场准入制度等。

（二）存在国有资产流失的风险

在调研的国有企业中有接近半数的企业认为，混合所有制改革可能会产生国有资产流失的风险。风险主要来自四个方面：

1. 评估定价方法和手段缺乏科学性。混合所有制改革将涉及大量资产的重新组合，需要重新评估定价。对于能够进入资本市场和产权市场进行交易的国有资产，可以通过市场的公允价值来反映；对于不能进入的，如果没有公开透明的定价机制，只通过谈判协商，就很难形成竞价，也难以判断价格是否合理。尽管国有资产评估有现成的方法，但主要是对单项资产进行估价，难以评估国有企业整体价值，对国有企业的品牌、技术、渠道、市场地位等无形资产，还缺乏科学的评估方法，这样国有资产容易被低估，可能会造成隐性的国有资产流失。

2. 存在“内部人控制”现象。由于国有企业的所有权与经营权相分离，管理者实际掌控着公司的“人、财、物”，“内部人”通过对公司的控制，追求自身利益最大化，可能会导致会计信息不真实，甚至转移资产，造成国有资产的流失。

3. 国有资产监管理念转变尚不彻底。虽然目前对国有企业的监管向管资本方向发展，但多数国有企业的现代企业制度和公司治理结构尚未完全建立健全，对国有企业监管的力度不够，方式方法尚不完善，国有资产流失屡见不鲜，纯粹国有性质的企业监管存在问题，混合后的企业因产权复杂就更难监管。

4. 员工持股可能造成国有资产流失问题。持股改革前，有些企业有意识地通过盈余管理以压低企业价值，管理层可以使用较少资金购买企业股份。由于管理上出现问题，企业内部职工股超比例、超范围发放的现象也有发生，造成国有资产流失。如何设计好员工持股制度及操作办法，决定着混合所有制经济能否健康发展，否则将造成国有资产流失。

（三）国有企业与民营企业在混合态度上的焦点

1. 关于员工持股方面。有部分民营企业以职业经理人和家族管理为主，不存在员工持股的情况。从持股态度来看，50% 的国有企业认为全员持股，40% 的国有企业认为技术骨干和管理层持股，没有企业认为仅让管理层持股；而 66% 的民营企业倾向于技术骨干和管理层持股，对于全员持股表示赞同的企业仅占 11%。民营企业对国有企业全员持股有不同看法，认为发放给员工的股票只是简单地提高企业员工福利，并没有完全按照对企业贡献的多少、能力的大小进行分配；国有企业领导人的岗位不是市场化选聘的，而是采用行政任命的方式，他们没有理由要求收入水平市场化。民营企业认为在改制之前让国有企业的员工和管理者的资金进来是不公平的，因为不是按劳分配，管理层和员工的持股，应该放在已经实现混合所有制改革之后的企业，既可以避免国有资产流失，又可以让员工专注于混合制企业的发展。

2. 关于混合层级问题。调研发现，55% 的国有企业希望在二级公司层面进行混合所有制改革，认为在集团公司层面进行的企业占 45%；而民营企业中有 23% 的希望在集团公司层面进行混合所有制改革，40% 的企业希望在二级公司层面进行混合所有制改革。民营企业认为国有企业母公司体量大、能级高，能从全局上和根本上对企业制度进行变革，增强企业发展的活力、动力和竞争力，但因集团公司体量太大，民营企业实力太小，难以找到混合的对象，即使混合也只占小股份，没有话语权。

3. 关于混合控制权问题。有 65% 的国有企业存在着混合的担忧，担心混合改制时国有资产会流失，自身收益无法保障，混合后失去原有优势与控制权。国有企业认为，与民营企业相比，其肩负着更多社会责任，混合后权力被分化，达不到履行社会责任的初衷。大多数民营企业也同样担心混合后被新的所有制制约，因不是大股东，难以抗衡，可能导致没有话语权，股份的稀释导致不能参与企业经营，也无法控制企业，担心与国有企业进行混合存在国有企业以大欺小、店大欺客，混合后可能打破原有一贯的管理团队会导致企业经营失败。

4. 关于融资难易问题。目前融资现状是，国有企业从金融机构融资容易，民营企业难。国有企业担心实行混合后，打破了纯粹国有性质从而影响银行对其贷款的态度。有五六成民营企业认为融资难，民营中小企业融资更难，融资缺乏渠道并且融资成本高昂，混合后期待有所改变但没有把握。

5. 关于政策透明度问题。针对混合所有制发展的政策，55% 的企业认为政策文件公开，但条件苛刻、程序烦琐，有 30% 的企业不了解公开情况，没有一家企业认为是完全公开透明，说明政府工作有所欠缺。有 63% 的民营企业认为“玻璃门”现象非常严重，认为比较严重的企业有 26%。被调查企业普遍希望政府能够放开自然垄断领域，希望政府加大宣传混合所有制改革政策的力度。

（四）国有企业行政化与市场化影响因素

目前尚有许多企业没有实行公司制改革，企业高管行政化严重，且带有行政级别。这些高管的委任大多通过行政命令，薪酬采取年薪制，其行政级别与升迁、薪酬与管理公司的能力、企业绩效缺乏紧密关联度。民营企业担心，混合后如果仍然保持级别，特别是不与公司绩效挂钩的现实，加上长期行政化的工作作风，会给混合企业带来影响。同时，央企负责人往往具有双重身份，既有行政级别，又是企业高管，并且高管与高官之间可以相互转岗，可能缺乏市场化理念和绩效压力。

（五）混合的范围、模式与混合关注点

1. 关于混合领域的思考。多数国有企业热衷于在完全竞争领域与民营企业混合，也有企业愿意在公共服务性行业，还有企业认为应先实行主辅分离，辅业改制的行业与民营企业合作，极少企业认为应开放自然垄断行业。而民营企业有超过一半企业选择自然垄断行业，其次选择完全竞争性行业，再次选择公共服务性行业，亦有选择主辅分离、辅业改制行业。当前，我国经济面临着产能过剩，这些竞争类企业绝大多数属于钢铁、煤炭、电解铝等行业，投资周期长、回报低，民营企业对此兴趣不大，多数民营企业渴望进入石油、金融、电信等垄断性行业。民营企业对混合行业的态度，首先愿意在同行业内混合，其次是进入上游产业，少数企业选择在下游进行混合。

2. 关于混合模式方面。国有企业倾向于相对控股或者绝对控股，少数企业愿以参股的形式进行。多数民营企业希望参股，其次希望相对控股，也有企业愿意通过委托经营、资产收购，少量企业希望绝对控股抑或是员工持股。八成企业希望通过逐步的方式达到混合的目的，只有两成企业希望混合一次到位。

3. 关于混合关注点方面。国有企业在选择民营企业时，依次考察的是管理体制、市场优势、产品优势和人才优势。七成企业注重的是充分借助民营企业灵活机制加强混合后企业管理，三成企业注重对用人权、事权、财权的掌控。有企业顾虑混合后企业管理变乱，还有企业认为混合后利润被分配。国有企业认为其混合优势在于融资方面得到方便，可以提高资本效率；民营企业渴望改变技术创新和研发水平低下，缓解资金紧张，缓解人才缺乏。

4. 关于改制方式问题。国有企业最希望通过引进具有资金、技术、管理优势的战略投资者来改制，其次是通过非公资本参股进行改制，还有企业通过采取引进社保基金、保险基金和股权投资基金等机构投资者来实现改制，也有企业拟引进外资。

二、促进混合所有制经济发展的建议

（一）妥善协调好政府与市场在混合所有制经济发展中的关系

我国市场经济体制是以公有制为主体、多种所有制经济共同发展的基本经济制度，既然多种所有制经济并存，就必须尊重市场规律，发挥市场在资源配置中的基础性作用；既然坚持公有制主体地位，就应该发挥政府作用，完善宏观调控体系。可见，协调政府与市场的关系至关重要。

1. 提高混合制企业高管职业化和市场化程度

一是混合制企业高管聘任应市场化。按《公司法》及股权结构，国有企业可以委派高管，建议对其职业化的素质和水平做具体要求并考核，其薪酬应由股东会决定，避免国有企业绝对控股或相对控股时，作为国有企业的高管代表利用绝对或相对权力设定超高薪酬水平和待遇。

二是混合制企业应健全职业经理人制度。目前国有企业改革要求推行职业经理人制度。针对目前企业高管带有行政级别的现象，在实行经理人制度后，应实行职业身份完全转换，不能再继续在行政级别上保底，又享受企业市场化高薪待遇，特别不能再出现担任经理人之后又重返行政，经理人没有风险和责任，可进可退。

三是加快培育企业家精神。十九大报告指出，激发和保护企业家精神。深化国有企业改革指导意见也明确指出，企业家是经济活动的重要主体。中国特色社会主义进入新时代，我国经济已由高速增长阶段转向高质量发展阶段，以供给侧结构性改革为主线，推动经济发展质量变革、效率变革、动力变革，提高全要素生产率，必然呼唤新时代的企业家精神发挥更大作用。建议结合 2017 年 9 月中共中央、国务院发布的《关于营造企业家健康成长环境弘扬优秀企业家精神更好发挥企业家作用的意见》，建立健全职业经理人市场机制、规范职业经理人激励考核机制、建立职业经理人监管机制、完善职业经理人责任机制。

2. 合理确定混合过程的企业价值定价。在混合所有制改革中，合理资产定价体系和定价方式是保障混合所有制改革过程中不同参与主体利益的关键所在。定价在混合所有制改革中既涉及股权的分配，又涉及国有资产是否流失。建议定价依次按市场交易价格、挂牌交易价格、资产评估价值进行，母公司层面混合时，按整体上市的市场价；整体不上市、子公司上市的，根据子公司市场价结合股份比例倒算母公司整体价；母子公司均不上市的，按挂牌交易价；不能挂牌的，进行资产评估。资产评估方法可按重置成本法和收益现值法进行，但须充分考虑国有企业的优势与资源，否则被低估，可能造成国有资产流失。

3. 创新混合制企业中国有资本的监管模式

一是实行分类监管模式。目前对国有资产的监督，国资管理部门在混合制企业不再涉及管人、管事、管资产，唯一可以管理的则是通过管资本来实现，因此管资本的方式尤其适用于混合制企业，需要全新的国有资产监管方式和监管机制，进一步明晰监管边界。为了理顺监管职责，建议对混合所有制经济发展按环节进行分类监管，如改制前的审批监管、改制中转让监管等，实行直接监管与间接监管相结合，如针对国有绝对控股和相对控股企业，国资监督机构可以直接进驻实行监督。

二是落实混合制企业主体责任和监督责任。随着我国监察体制改革，监察范围全覆盖，自然就包括对国有企业以及含有国有资本的混合制企业的监管。通过中央对国有企业巡视情况来看，国有企业在党要管党、从严治党以及党风廉政建设方面还不同程度存在问题。这说明对国有企业监管要加强，但因混合制企业的特殊性质，也给监管带来挑战，如报销、招投标等规范问题，应创新监管模式，避免一管就死、不管就乱，廉政建设既要保证铁的纪律，也要保障混合制企业的活力。在混合所有制企业，按谁投资谁负责原则延伸监督责任，在同其他非公资本共同建设好董事会并通过董事会董事席位相互制衡发挥作用外，设立监事会行使监督责任。

（二）规范混合制企业治理的特殊模式

1. 发挥党组织在混合制企业治理中的作用。在习近平新时代中国特色社会主义思想的指导下，如何建立中国特色现代国有企业制度，特别是如何在混合制企业体现治理特色，就在于将党的领导融入公司治理各环节，把企业党组织内嵌到公司治理结构之中。混合制企业因含有国有成分，更应加强党组织建设，落实廉政建设责任制，明确混合制企业党委（支部）主体责任，包括监督保证贯彻执行党和国家方针在企业执行；参与企业的重大问题决策；坚持落实党管干部，建设高素质经营管理者队伍、人才队伍、党员队伍、职工队伍，特别是建立职业经理人制度；指导监督建立有效的符合现代企业制度的管理机制和管理模式；负责企业的思想政治工作和群团组织工作；指导企业承担社会责任，通过国有股权维护企业形象；合理保障职工权益；党组织如何融合公司治理结构写入混合制企业章程，如明确党组织与董事会、监事会、经理层，以及企业内部员工的关系，还包括处理好与工会、团委、妇联等群团组织的关系；在党组织的存在形式上，建议区别国资绝对控股、相对控股和参股等不同情形设立并发挥实质性作用。

2. 规范混合制企业员工持股制度。尽管国资委等部门出台了国有控股混合所有制企业开展员工持股试点意见，还有以下方面应予规范：一是制定股权激励计划设计方案，包括股权激励模式的选择、激励考核标准的设定、激励对象的确定、激励数量的控制与激励期限的设定等；二是政府应出台促进实施股权激励试点的政策，包括加强股权激励信息披露管理、增加股权激励企业的透明度、发挥税收政策对股权激励引导、建立有效监督机制等。

（三）推进混合所有制经济发展市场化程度

1. 在混合所有制经济改革开放领域保持竞争中立规则。为了推动和促进混合所有制经济发展，政府出台相关指导性意见后，许多改革的步骤应由市场决定。建议政府在对主业处于关系国家安全、国民经济命脉的重要行业的商业类国有企业要求国有资本控股之外，在其他企业保持竞争中立，不再以行政手段干预企业发展。公益类和其他商业类国有企业，应以管资本手段按市场规则决定国有资本所占比例或是否决定完全退出，不应该再因有国有成分而享受着垄断优势、融资担保便利，不再享有政府补贴、破产保护和信息优势等，不再享受减免税收、化解债务等优惠。但对公益类企业考虑承载着社会责任，可在经过第三方评估后享受政府支持。建议区分完全放开、限制性放开的行业，同时建立正面清单和负面清单制度，增加透明度，提高混合成功率。

2. 建立公开透明的信息披露制度。习近平总书记指出，发展混合所有制经济，改革关键是公开透明。建议政府建立尽可能让更多公众获取信息的平台，公开透明、公开竞争，评估拟混合的国有企业价值，监管混合程序是否规范，其他的则由市场决定；同时建议设立独立的国有企业改制评估委员会，作为第三方全过程观察、监督国有企业改制，减少或杜绝国有资产流失。同时，在全国范围内建立混合制交易中心，既扩大混合信息量，又便于确定竞价基础，具体是建立健全公平公正的国有资产流动平台、统一的信息公开制度和信息平台。

（四）规范混合前国有企业改制和完善混合后企业运行机制

1. 规范混合前国有企业改制

一是建立健全改制前制度体系。混合所有制改革的重点方向是产权制度改革。为了进一步深化国有企业改革应适时引入非国有产权主体的共同参与，建构混合所有制经济，必须实现产权结构多元化，实行国有股权与其他股权同等权利。具体而言，进行实质上的公司制改造，避免换汤不换药；制定公司章程，按现代企业制度要求，结合实际制定切实可行的改制方案，明确改制方式、产权结构设置、债权债务处理、公司治理安排、劳动人事分配制度改革等事项；建立有效制衡的公司法人治理结构和灵活高效的市场化经营机制。这些健康体制便于与民营企业混合时有效对接、有机混合。

二是改制前完成剥离减负便于轻装上阵。为了让拟混合的国有企业轻装上阵，该减负的减负，去杠杆先行，不能等着混合后再来完成去杠杆去产能的任务。同时，在改制时对国有企业副业进行剥离。剥离企业办社会职能，保障国有企业轻装上阵，公平参与市场竞争。目前，“三供一业”分离移交工作正在进行，教育、医疗等公共服务机构，国有企业办市政、社区管理等也正在考虑分离移交。这些改制前的工作关键还在于员工妥善安置、退休人员社会化管理等问题。实际上，加快剥离，一方面为了突出主业，便于更好地寻求混合伙伴，一方面也可以将剥离出来的副业去混合。

2. 完善混合后企业运行机制。混合后的关键在于探索现代企业制度创新，优化企业股权结构；加强董事会建设，探索党的领导与完善公司治理的有机结合，实施经理层市场化选聘和身份转换，加快实施薪酬制度改革和劳动用工制度改革，探索员工持股可行路径，建立健全内部控制，完善长效激励机制等，从而形成协调运转、有效制衡的公司法人治理结构和市场化的激励约束机制。在建立健全混合所有制企业治理结构方面，除了规范组织框架的顶层设计外，建议在混合所有制企业中适当增加体现国有性质的保全手段。

（五）创新推进混合所有制改革方式

1. 创新混合之后多种混合模式

一是深层次推进公私合作关系模式。公私合作关系（PPP）是政府与私人资本合作的一种模式，是为了解决政府投入能力不足、公共设施发展滞后的矛盾，也是为了更好地发挥私人资本的作用，提高私人资本的利用效率。目前政府方面以国有企业为代表在进行。从混合制企业层面来讲，因混合制企业自身发展或多或少地存在国有股权和成分，在寻求更多的政府项目时具有明显优势，在混合制企业推进公私合作关系是深度实施混合所有制的举措。

二是混合制企业扩大合作来源实行股权多元化。十八届三中全会指出的国有资本、集体资本、非公有资本等交叉持股、相互融合，这是混合所有制经济的内容。但目前混合企业主要停留在国有企业与民营企业之间的混合。实际上，国有企业、民营企业分别仅是公有制、非公有制的代表。建议混合制企业成立后在公有制中扩大国有企业之外的来源，在非公有制中扩大民营企业之外的渠道。按此思路，企业可以在公有制方向寻找不同股权，如集体所有制企业、养老基金、保险基金、社保基金、政府部门出面发起成立的产业投资基金、政府引导基金等；在非公有制方向寻找不同股权，如民间资本、外商资本、社会资本参与的产业投资基金、个人投资等，促进混合制企业发展壮大。

三是实行资本混合之外的业务融合。尽管按目前的文件，国有企业实行混合全开放，但按商业、公益两种三类的分别，还存在着限制性。针对限制性的国有企业，民营企业不能混、也无法混。但其有些业务领域可能是竞争性的，不能以资本方式去参与垄断行业或企业，实质上可以业务融合方式进行参与，如特许经营方式，以此可以扩大非公有资本参与国有经济混合的范围。

2. 加强军民融合促进混合所有制发展。中央军民融合发展委员会的正式设立，意味着军民融合发展已上升为国家战略。事后，中央发布了相关系列文件，召开专门会议，就深入开展军民融合进行部署。这聚焦到军工领域的混合所有制改革。中央推进军民融合，更多是在于实现国防工业与民用领域的深度融合，实现国防技术与民用技术的融合，实现二者之间业务领域融合。因此建议按开展混合所有制发展的思路，制定“军转民”“民参军”战略及实施方案，加快民营主体参与到军工市场，在国防工业领域建立国有资本与社会资本的竞争机制，提高国防投入的社会产出。

3. 加快探索与外资混合促进对外开放。探索国有企业实行与外资混合的模式，有助于进一步加强对外开放，推动构建人类命运共同体；有助于吸引外国资本，借鉴国外企业的先进管理模式，推动国有企业优化调整机制、增强活力；有助于推进“一带一路”建设，培育具有全球竞争力的世界一流企业。混合的模式可以是引入国外战略合作者，在资源互补的基础上进行合作；公益性企业可以通过购买服务、特许经营、委托代理等方式鼓励外资企业参与经营。因可能涉及国家安全，建议只能在细分产业链的基础上进行，设定开放领域、行业甚至企业，在准入、股本占比、经营领域、合作方式等方面作出相应规定。但应充分考虑国内混合的不同特点，如在与外企混合中如何完善董事会治理，解决外资进入国有企业时同股不同权的问题，国有企业重视经济利益和社会责任、外企只注重经济利益而存在合作理念上冲突问题，在实际混合时深入思考并提出制度要求。

2018

关于尽快制定出台中小企业促进法配套实施细则的提案

2017年修订的《中小企业促进法》在明确法律贯彻落实的责任主体、规范财税支持政策、完善融资促进措施、健全中小企业权益保护等方面进行了细化和深化，即将近年来行之有效的一些政策上升为法律。修订实施两年多以来，全国各地区和部门在营商环境打造，财税、金融政策支持，服务体系构建与丰富等多方面进行了切实有效的落实和推进。但是同时也要看到，由于很多方面的法律条文较为抽象，没有具体化、细则化，导致地方中小企业综合管理相关部门在制定具体促进措施时缺乏边界感，也间接导致监管考核行为没有明确的参照标准，更为突出的是中小企业作为促进法最大受益群体在理解法律内容、感知政策温暖等方面还普遍缺乏。同时，中小企业促进工作是一个需要多部门协同、多方面协调的综合性推进工作，具体细则的缺乏导致其统筹性、整体性不强进而降低政策贯彻实施力度和效果。

为此，建议：

国家相关部委就修订后《中小企业促进法》所确立的财税支持、融资促进、创业扶持、创新支持、市场开拓、服务措施、权益保护、监督检查等方面制定出台《中小企业促进法配套实施细则》。

2020

关于规范承兑汇票使用范围降低中小微企业融资成本的提案

目前，许多国有企业、上市公司凭借其“市场地位”优势，在与中小微企业发生业务往来时，习惯于使用银行承兑汇票和商业承兑汇票结算。中小微企业由于在市场中处于弱势，不得不接受，还由此带来资金周转的压力。中小微企业在销售环节收到承兑汇票，而在购买原材料、购置设备、支付员工工资和缴纳社保时又只能支付货币资金，并且在向政府缴纳各种税费时政府部门又不接受承兑汇票。中小微企业因资金周转之需，只能付出5%左右的财务成本来进行票据贴现，甚至有中小微企业去找小额贷款公司高息贷款去支付上述各项支出，加重了中小微企业负担。

从当前实际情况分析，中小微企业在各类市场主体中处于弱势地位，在结算方式上没有选择的空间，使用承兑汇票一方面增加了中小微企业财务成本，一方面加剧了利润由实体经济向金融行业的转移，背离了中央提出的资金严禁“脱虚向实”精神，各类大型集团公司内部成立的财务公司也偏离了原有职能，行使了银行部分职能，甚至变成靠获取中小微企业合理利润来盈利的金融机构，加大了风险。

以一家央企为例，中小微企业从供货到办理完各种手续后结算的时间一般为1年左右，而结算完拿到手的是这家央企财务公司开具的1年期承兑汇票，这种银行承兑汇票，上游企业都不认可。如需使用资金只能贴现，一般按这家央企“约定”只能找出具承兑汇票的财务公司贴现。由此，企业从向这家央企供货到最后拿到货币资金需要2年左右时间，财务成本就在10%以上，严重侵蚀了中小微企业的合理利润，轻则令企业资金周转不畅，严重者甚至会危及中小微企业生存。而作为吸纳社会就业非常广泛的市场主体，一旦生存困难，则带来就业或失业等社会问题。

为此建议：

有关部门应结合实际情况进行政策创新，规范承兑汇票使用范围，严格执行《保障中小企业款项支付条例》相关规定，进一步改善中小微企业融资环境。对于中小微企业收到的合法真实的承兑汇票，达到一定的条件，税务部门在收取各种税费时应该予以认同，缓解中小微企业压力。

2021

关于持续优化企业开户服务的建议

企业银行账户是企业开展正常经营活动、获取各项金融服务的重要前提，也是企业存放并管理资金的主要载体，记录的资金轨迹是银行后续为企业提供信贷服务的重要参考，银行账户使用的安全和便捷对企业意义重大。2018 年，人民银行积极落实党中央、国务院优化营商环境整体部署，着力推动优化银行账户服务，取得了良好的社会效应。但存在中央政策与地方文件不统一、账户管理要求和时效要求难协调、职责边界与信息共享难突破等现实困难。因此，迫切需要立足实际情况，协调统一多方利益诉求，共同持续推动优化企业账户服务。

一是中央政策与地方文件口径不统一。2018 年，人民银行武汉分行指导、协调、督促各银行机构立足现有优势，深挖内部潜力。在制度设计方面，修订完善管理办法、科学设置业务流程；在人员管理方面，加大学习培训力度、着力提升员工素质；在形象树立方面，注重正面宣传引导，切实改进工作作风。实现了银行开户事项的标准化、规范化、高效化，为企业提供了全方位、全流程、全体系的优质服务，截至 2018 年 9 月底，湖北辖内已全面实现企业银行开户在 4 个工作日内办结。从政策层面来看，湖北的情况符合国务院《关于进一步压缩企业开办时间的意见》“2018 年底前，副省级以上城市和省会城市，应将企业开办时间压缩至 8.5 天”的相关要求。

但是，实际上国务院的文件并未将银行开户纳入企业开办流程，而部分地方政府下发文件将银行开户硬性并入企业开办环节，要求在 3 个工作日内办结，媒体也对此做了一些宣传，在一定程度上引导了企业和社会公众过分关注开户时限，忽视具体实际和历史背景，造成地方文件要求与中央政策导向不太统一和匹配的现状，也对人民银行在执行政策过程中如何把控标准和尺度形成困扰，在一定程度上削弱了人民银行履行账户管理的严肃性和权威性。

二是账户管理要求和时效要求难协调。2018 年，人民银行武汉分行积极主动加强与工商、税务部门协调，加速推进共联共享信息平台建设。现已初步构建“工商部门——人民银行——银行机构”三方联接、信息联通的平台模式。目前，在湖北省内，武汉、宜昌等地已实现企业银行开户在 2—3 个工作日内完成；同时，合作各方仍在不断优化平台各项功能，力争年底在湖北省内全面推广运行。

但是，银行账户是企业从事经济活动的入口和基础，严格管理企业银行账户是维护社会经济秩序的必然要求和有效手段，这些要求也体现在《中国人民银行法》《反洗钱法》《人民币银行结算账户管理办法》等多个法律法规制度中。同时，严格的账户管理在防范打击电信诈骗、反洗钱及反恐怖融资中也发挥着越来越重要的作用。因此，落实账户实名制、遵守“了解你的客户”准则、实施穿透式监管均需要最基本的时间成本和人力投入，故不能为单纯片面追求开户时间而忽视账户的必要审核程序和条件。

三是职责边界与信息共享难突破。受总行科技司委托，人民银行武汉分行充分利用移动互联网技术，通过大数据、云计算手段，牵头开发了“金融网点通”APP，该 APP 为企业开户提供了“一机在手，了解所有”且 7×24 小时在线服务。APP 提供的信息涵盖了各银行机构网点名称、地址电话、业务种类、业务流程、政策法规等一揽子信息，同时可在线预约客户经理和开户申请，是上述人行、工商和银行信息共享平台的有效延伸，实现了企业银行开户线上线下联动融合，进一步压缩了信息在途时间，提升了企业便捷程度。

从全国范围来看，破除部门间“信息孤岛”，加大共享力度，是提升企业开户效率的技术支撑和有效途径。但人民银行、工商、税务等各部门都有各自的职责范围，数据信息各自割据，共享理念有待统一，也缺乏相应的统筹协调机制，加大了协调成本和共建难度。因此，要建立多部门参与、全数据共享的信息平台尚需时日。

建议：

一、融合领会，引导正确理解优化营商环境

营商环境包含公平竞争的市场环境、高效廉洁的政务环境、公开透明的法律政策环境和开放包容的人文环境等多个维度，银行账户开立只是其中一个环节，制度改革需要从整体层面把握、从全局设计考量。建议进一步加大与国务院相关部门及地方政府的沟通协作力度，加强政策的宣传解读，引导地方政府全面、准确理解营商环境的内涵，共同构建新型政商关系。

二、审时度势，加快账户改革试点工作步伐

落实《全国深化“放管服”改革转变政府职能电视电话会议重点任务分工方案》“2018年底前完成取消企业银行开户行政许可试点，2019年修订出台《银行账户管理办法》及相关配套制度。尽快在全国范围内将银行开户核准改为备案”的要求，在总结试点地区经验的基础上，适当扩大试点范围，实时开展评估论证，及时总结经验，稳步推广实施，确保新的账户管理办法平稳过渡。

三、多措并举，持续提升企业开户效率

充分运用高科技手段，进一步推动信息共享平台建设，丰富平台服务内容，完善平台应用功能，真正做到企业银行开户“马上办、网上办、一次办”。同时，加快修订出台《银行结算账户管理办法》及配套管理制度，明确企业银行开户要求、流程、效力等，提供制度依据和操作支撑。

四、强化监管，确保账户业务总体安全

遵循“发展与规范”“安全与效率”并重原则，进一步强化客户身份真实性核查，落实反洗钱报告等账户管理制度要求。加快研究、构建账户管理系统事前事中事后监管功能，形成路径可查、风险可控、责任可究的信息管理链条，实现对账户业务风险全面化、实时化监测，及时为风险管理提供决策依据。此外，要加大对银行账户业务违法违规行为的处罚力度，切实履行账户管理职责，有效维护社会经济秩序。

2019

企业注销程序有待进一步完善和规范

根据《公司法》第一百七十九条、第一百八十条、第一百八十三条、第一百八十五条规定，公司出现某种原因而解散的，应当依法办理公司注销登记；注销程序中要求在报纸上进行公告，债权人自公告之日起四十五日内申报其债权。在实践中，区别一般注销和简易注销分别处理。针对一般注销，需按上述规定，在报纸上公告四十五日后，再到登记机关（工商部门）办理注销手续。但目前存在以下问题：

一是信息不对称，达不到公告原有的目的。公司、企业出于登报快、费用低、发行量少等方面考虑，找的是类似晚报、晨报等报纸。这类报纸发行量不大、读者少，因广告业务少版面不紧张，并且一般刊登在中缝、副刊，即使在正版，也是在不起眼的地方，公告内容的字数特别少、字体小、密密麻麻，看报的人本来就少，还不醒目，不被人关注，难以起到广而告之的效果，达不到登报公告的目的。特别是，公告在本地的小报上（有的甚至在地市州报纸），有些申请注销公司，其业务不一定在本地，如果有外地的债权人，完全无法看到公告。

二是公告增加了成本。公告是需要花费用的，所占版面大小大致相当，但根据登报的紧急程度，费用几百元不等，尽管数额少，但毕竟增加了公司成本。

三是公告内容不详尽。从目前公告刊登内容来看，在极其有限的文字中，只是注明了公司名称、注册号或统一社会信用代码、反映问题的期限等简要信息。按规定，当债权人提出异议时，可以向登记机关提起异议或者向公司清算组申报债权。当债权人向清算组申报时，如果公司存在回避或隐瞒的动机，怎么办？债权人向登记机关提出异议，因不知道公司是在省、市、区哪一级工商部门登记的，也不知道向哪里反映，即使明白了，反映的渠道和方式还得费一定周折去查询。

针对上述一般注销的缺陷，为了深化商事改革，实现市场主体退出便利化，原国家工商总局出台了《关于全面推进企业简易注销登记改革的指导意见》(工商企注字〔2016〕253号)，并于2017年3月1日起实行企业简易注销登记改革。按此《意见》，企业申请简易注销登记，应先通过国家企业信用信息公示系统《简易注销公告》专栏，主动向社会公告拟申请简易注销登记及全体投资人承诺等信息，公告期依然为45天，利益相关者可以通过系统专栏“异议留言”功能提出异议并简要陈述理由。显然，此项改革值得肯定，提高了市场机制效率。但还是存在问题，有些债权人可能不知道有此公示系统，有些不会查询，有些知道有系统，也会查询，但没有想到要去查询，待想到查询时也许45天期限已过，尽管规定上有补救措施，但毕竟麻烦。此外，《意见》规定了企业简易注销的适用范围，但存在着一般注销与简易注销的范围边界不清，如企业在申请注销登记前无债权债务的，可自主选择适用一般注销程序或简易注销程序。申请注销的企业是否有债权债务，只有自己知道，登记机关不知情，就给了企业选择注销程序的自由空间。

为此建议：

1. 新组建的国家市场监督管理总局，在其职责整合之际，充分考虑上述企业注销程序，特别是一般注销程序存在的不足，加强信用信息平台建设，完善和规范注销程序，既提高市场机制效率，又注重注销公告实效，维护市场正常秩序和健康环境。

2. 针对一般注销必须要公告的规定，又存在着前述三点不足，与其达不到公告效果，还增加费用，等待较长时间，不如变通为更加有效的方式，如要求拟申报注销的企业，像简易注销中要求的一样，提供全体投资人承诺书，若注销手续办完之后，再发生债权债务纠纷时，可以追溯，有限责任变为无限责任，同时可以取消必须在报纸上公告的要求。

关于工商登记的相关补充建议：目前，针对有限责任公司的股权转让，要求在工商部门登记变更情况；针对上市的股份公司的股权转让，不用登记，由证监会监管。但对于非上市股份公司的股权转让，存在空白，既不用登记，也不受证监会监管。有些省会城市即使成立了股权托管中心，也只有少部分的非上市股份公司的股权在此托管，愿意托管就托管，不具有强制性。再说，绝大多数的地市州没有托管中心这样的机构。因此，针对非上市股份公司的股权转让，建议加以研究，市场监管局与有关机构协调，将其纳入登记或监管范围，不留死角。

2018

关于加快归整新型冠状病毒防控工作档案资料的建议

正在进行的新型冠状病毒防控工作，在中共中央领导和科学决策下，党中央统一指挥，全国一盘棋，万众一心、同舟共济，在这场人民战争、总体战、阻击战中，党和国家有关部门及领导作出了重要批示、发表重要讲话和重大决策部署，出台了相关政策文件和会议纪要，制定了协调机制和防控方案与措施，形成了包括卫生检疫、医院诊治、科研攻关、物资保障、社会动员与捐赠、社会综合治理、工作汇报与总结、检疫监测、疫情统计、舆情治理、媒体报道与宣传、社会参与、国际合作等在内的全方位行动方案，涌现出一批批各行各业可歌可泣的感人事迹，这些均是在防控疫情工作实践中积累的有价值的档案资料。

这些档案资料是见证党中央领导全国各界众志成城抗击新型冠状病毒疫情的重要历史记录，归集整理档案，记录历史、总结经验、探索规律，对今后可能的重大疫情和突发事件的防治与研究具有重要参考借鉴价值，比如本次防控，火速建设火神山医院和雷神山医院，就吸取了2003年SARS期间北京小汤山医院的成功经验；由抗击SARS“老兵”钟南山院士领衔的科研攻关专家组，就运用了应对SARS的经验；驰援湖北的各地医疗队中许多人员有过参加抗击SARS斗争的经历。也正是因为有应对SARS事件的档案资料和相关经验积累，才对过去SARS疫情得以反思与进步，促进有关疫情防治的人才队伍、平台条件、技术储备和社会治理等建设与发展，也为本次高效有力抗击疫情增添不少信心和成功的砝码。

因此，归集整理新型冠状病毒防控工作的档案资料，不仅必要必须，而且紧急。建议：

一、促进出台新型冠状病毒防控工作档案资料管理意见

报请中央应对新冠肺炎疫情工作领导小组批准，联同国家档案行政管理部门、相关疫情防控部门，根据中共中央、国务院颁发《关于加强和改进新形势下档案工作的意见》提出的加大档案收集整理力度、把民生档案纳入国家档案资源体系等要求，研究出台《关于认真做好新型冠状病毒疫情防控工作档案资料管理的意见》。重点明确全国各地区、各行业、各部门和各级疫情防控工作机构管理疫情防控工作档案资料的职责与要求，鼓励、支持和规范社会力量参与疫情档案的收集与整理工作，确定疫情防控工作档案资料收集管理的范围、内容、标准，明确不同来源、不同类型、不同载体、不同形式、不同格式疫情防控工作档案资料的管理方式与方法，明确疫情防控工作档案资料收集管理的保障措施，努力实现疫情防控工作的珍贵档案资料能够得到及时、全面、高效的管理。

二、积极主动跟进疫情防控工作，尽快启动全程档案资料归整

湖北作为这场人民战争、总体战、阻击战的主战场，档案管理部门应该在充分发挥档案部门专业优势为疫情防控做好服务工作的同时，主导研究、设计本次疫情防控工作档案体系，包括档案资料类别内容、档案资料采集渠道和方式等，在不影响防控正常工作的前提下，在中央应对新冠肺炎疫情工作领导小组的授权和指导下，协助、指导疫情应急部门、临时成立的相关组织机构、疫情防控工作人员，做好疫情防控工作档案资料收集、整理、归档、管理和利用工作，建立新型冠状病毒疫情防控专题档案与数据库。

2020

加强疫情防控工作　摸排帮扶贫困村户

自发生新型冠状病毒肺炎疫情以来，各地各部门认真贯彻习近平总书记对新型冠状病毒感染的肺炎疫情作出的重要指示和李克强总理的批示精神，开展了卓有成效的工作。鉴于农村地区因地广人稀而信息不畅、留守老人儿童防控知识缺乏、医药医用防护物资匮乏、交通物流不便、医疗条件受限等不同于城市的制约因素，应根据上述特点提出有针对性的对策和方案。特别是在脱贫攻坚决战决胜之年发生疫情，不仅要重视现行标准下有待今年脱贫的剩余贫困人口，还要关注已脱贫有可能返贫人口，甚至受疫情严重影响的非贫困人口。建议：

一是各帮扶单位、第一书记、驻村工作队员、联户扶贫干部对帮扶县村户，通过微信、短信、电话等方式积极向村户宣传党和政府关于疫情防控工作的安排部署，宣传疫情防控科普知识，增强村户自我防病意识和社会信心。

二是通过联系村“两委会”，对帮扶县乡村户进行全面摸排，了解疫情对贫困户脱贫的负面因素与影响程度，便于政府集中掌握信息后作出科学决策，确保打赢疫情防控阻击战的同时，打好脱贫攻坚战。

三是各帮扶单位和干部在当地政府的配合下，加强联系贫困村户，针对疫情发生情况提供必要的生活必需品、防护物资，并且提供防控和安全指导。

四是扶贫办应全面掌握农村农户信息，有些暂时处于现行脱贫标准以下待本年内脱贫的，有勉强达到标准而脱贫的，也有非贫困户因受到疫情严重影响的，特别关注受疫情影响的产业，如养殖业、乡村旅游业等，扶贫办掌握情况后与有关部门联动，早研判、早作出预案。

2020

关于加强疫情期信息监管的建议

自媒体时代，信息传播速度快、内容丰富，为群众了解国家和地方政策、社会经济发展形势起到了重要作用，尤其是在疫情期间封城封路等特殊情况下，为各级各部门制定抗疫措施、为社会各界围绕抗疫出谋划策、为群众自律配合发挥了作用。

但在此期间，也有许多负面信息对社会造成不良影响，甚至危害。有的是想当然而无心编造谣言，有的是刷流量造影响而有意制造谣言，有的在不明真相情况下被邪恶势力利用而传播谣言，甚至还出现在国家危难之时而挖空心思行骗。一个谣言传播，需要官方或其他社会媒介花费更多的精力去遏止，在全国齐心协力共同抵抗病毒现实情况下，必然浪费人力、精力甚至财力。尽管网信办等机构通过删帖、封微信群等措施加强监管，但面临着海量信息，力量极为有限。建议：

一是从源头治理加大对造谣的管控力量，对造谣内容追根溯源，加大处罚力度，明确传谣者有协助查找谣言来源的义务。

二是在地方制定的《文明行为促进条件》等相关文件中对制止造谣、信谣、传谣等行为作出规定。

三是在学校思想政治教育、对全社会普法教育、对党员主题教育等教育活动中，增加相关教育规定，作出相应要求，做到全社会不造谣、不信谣、不传谣，让全社会自觉自律，共同维护健康安全的舆论环境。

四是建立投诉举报奖惩机制。

2020

关于完善志愿服务机制的提案

目前，志愿服务事业蓬勃发展，“十三五”时期我国注册志愿者已超过 1.9 亿人，培育发展志愿服务组织 1.4 万多家，通过全国志愿服务信息系统发布的志愿服务项目近 450 万个，记录志愿服务时间超 25 亿小时。志愿者、志愿服务组织在各类志愿活动中发挥了重要作用，特别是在新冠疫情防控工作中，志愿者无私奉献、主动作为，为打赢疫情防控保卫战取得决定性成果作出了积极贡献。

一、志愿服务存在的问题

（一）志愿服务资源整合不够

一是管理多部门。按《志愿服务条例》规定，国家和地方精神文明建设指导机构、民政部门、政府其他有关部门，以及有关人民团体和群众团体，承担相应职责。但随着志愿服务理念的推广普及，越来越多的部门、行业、群团参与志愿服务工作，缺乏多元主体协同治理。

二是注册多平台。中国志愿服务网、中国青年志愿者网，以及各级地方志愿者注册平台，官办和民办、国家和各级地方的，分属不同部门管理，数据和系统普遍不能共享、兼容，缺乏整合。

三是登记数据虚。志愿者注册人数虽多，但活跃志愿者比例不高，甚至很多“只注册不服务”。

四是注册组织少。大多数志愿服务组织没有在民政部门登记注册，缺乏办公场所，开展活动“打游击”，甚至存在“山寨”组织和注册机构。

（二）志愿服务水平有待提升

一是队伍结构不优。志愿服务群体来源渠道较为单一，老年人多年轻人少、非专业人士多专业人员少。

二是缺乏专业培训。一些志愿者缺乏相关知识培训，与专业技能和知识水平较高的志愿服务项目要求有一定距离。

三是供需对接不畅。志愿服务活动主要集中在助老助残、贫困帮扶、交通劝导、赛事活动等方面，无法满足群众多样化、个性化需求。

（三）志愿服务投入保障不足

一是激励制度不够健全。缺乏对优秀志愿者明确的激励保障政策，现有优惠政策“含金量”不高。

二是志愿者合法权益保护制度欠缺。很多志愿者从事志愿服务活动，事先没有组织和个人为其购买保险，社会公共服务参与权、人身安全等各项权益得不到有力保障。

二、完善志愿服务机制的建议

（一）推进志愿服务制度化

一是完善激励保障机制。建立志愿者星级认定制度、激励奖励制度和服务反馈机制。

二是加快推进志愿服务信息系统建设。实现“一个平台注册”“一个工作机制”和“一个考评体系”，实行全国志愿者和志愿服务组织信息互联互通，实行民生诉求与市民需求等服务项目与志愿服务精准对接，提高志愿服务的效能。

三是建立志愿服务信息报告制度和监督制度。

四是成立志愿服务基金会。以社会募资为主，财政提供启动资金并逐年适当支持，建立多元化募集资金机制，为志愿服务工作提供长效资金保障。

（二）推进志愿服务专业化

一是建设专业化培训平台。以民政职业学院、团校等为核心作为志愿者培训基地，其他社会类志愿者培训机构为辅，保障志愿者培训经费，积极开展各类志愿者培训活动。

二是优化志愿者培训机制。建立培训师资队伍、课程体系、课时分布、线上线下结合培训模式以及培训结业考核等制度，切实提升志愿服务专业化水平。

三是健全培训工作体系。分领域构建覆盖创新理论宣讲、脱贫攻坚、文化服务、医疗卫生、科学普及、法律援助、应急救援、疫情防控等领域的专业化志愿服务工作体系。

（三）培育壮大志愿服务队伍

一是挖掘企事业单位志愿服务队伍。充分挖掘辖区人才资源，吸纳党员和“两代表一委员”等人员加入志愿者队伍。

二是建立离退休人员志愿服务队伍。广泛吸引专业特长突出、身体条件较好的离退休人员参与到志愿服务行动中。

三是培养大学生志愿服务队伍。引导大学生利用寒暑假和平时时间参与志愿服务，发挥大学生不同专业的优势，培育他们成为志愿服务队伍的主力军。

2021

关于将兽医卫生纳入公共卫生应急管理体系的提案

世界卫生组织调查表明，75% 的人类新发传染病来源于动物，因此从动物源头防控，“人病兽防”是减少人间疫情的关键环节。吸取 2019 年兰州“布病感染”事件的教训，补齐兽医卫生体系短板、健全完善公共卫生应急管理体系迫在眉睫，为此建议：

一、深化“同一健康”理念

建议将兽医卫生作为保障人民健康的第一防线和重要关口，在疾病预防体系改革和公共卫生体系建设中同谋划、同部署、同推进。

二、补齐动物疫病监测能力短板

建立动物疫病监测预警体系，全面加强省、市、县三级兽医实验室软硬件改造升级，重点将省级兽医实验室改造升级为具备生物安全三级防护的兽医实验室，全面加强对冠状病毒、禽流感病毒等在畜间携带、传播和发病流行状况的监测预警。

三、强化人畜共患防控弱项

建设与保障人民健康相适应、相匹配的人畜共患病防控体系，增加家畜血吸虫、布病、结核病防控的专项经费，支持人畜共患病重大科研项目，提升人畜共患病的防治水平。

2021

关于统一疫情信息报送口径和渠道的建议

新型冠状病毒感染的肺炎疫情发生以来，广大基层干部奋战在第一线，为疫情防控阻击发挥了重要作用。但在疫情防控工作中，一些地方缺乏统筹安排，不同部门各发指令，重复布置相同工作，重复报送各类表格，一个县多个部门都会各自制作一份或几份表格，而这些部门调度的任务内容其实相差无几，上面几条线，基层一个点，要求基层填写并且必须限时迅速上报，导致身处疫情防控一线的基层干部除迎接一批批的检查、督办、指导之外，还要在日夜紧张的忙碌中冒着高危人群接触的风险、面临着缺乏防护物资的困惑、面临着追责问责的压力，不断地消耗大量工作精力去填写并修改表格；还比如，教育部门针对高校的疫情防控，来自教育部门综合组、督查组等多方面的紧急通知，要求核查师生、学生情况并上报数据，同一部门都没达到统一。

摸排工作很重要，也非常必要，只有掌握基础数据，才能更加精准、高效地打赢这场阻击战，但鉴于目前基层疫情防控工作任务重、时间紧、人手少，建议：各地成立的指挥部统一指挥，加强相关部门的协调，统一部署，形成合力，提高信息归总效率，加强数据沟通，让基层干部把更多精力投入第一线。

2020

关于统一捐赠渠道的建议

新型冠状病毒感染肺炎疫情发生以来，许多机构、单位和个人纷纷自愿伸出援助之手，慷慨解囊，体现出“一方有难，八方支援”的社会良序。许多基金会、协会、学会、商会、学校、党派，以及其他社会团体等发起捐赠活动，以减轻政府压力，共同增强抗病毒感染的能力，值得认可和鼓励。但存在以下问题：一是捐赠者多数为民营企业或企业家，有些企业家因其有多重社会属性，纷纷接到不同渠道的捐赠通知，感觉有一定压力。二是按《公益事业捐赠法》规定，捐赠财产不得将捐赠财产挪作他用。受捐财物用于本单位非常时期必需用途之外，节余款物不知未来如何处置，可能带来后期违规使用风险。三是按规定，公司和其他企业捐赠财产用于公益事业，享受企业所得税优惠；自然人和个体工商户享受个人所得税优惠，这些捐赠因缺乏证据（发票等）难以享受税收优惠。

建议：各地政府在官媒发布统一捐赠公告，遴选并指定依法成立的公益性社会团体和公益性非营利的事业单位，代表政府接受捐赠。捐赠有指定对象的，首先满足指定单位发生的与本次疫情相关的必需款物，节余款物按《慈善法》管理，或由政府指定相关用途。对于目前已经启动捐赠的节余受捐款物，转交公益性社会团体或公益性非营利的事业单位，也可按照捐赠人意愿分发或者兴办公益事业。

2020

关于指导市民正确防疫的建议

全国疫情出现以来，市民人人自危，各种媒体，特别是自媒体和微信群发布的信息铺天盖地，为了防人防己，感觉最保险的就是不出门。市民闭门自守时，电视、手机的信息就是唯一的消息来源。众多信息来源中，有官方提示的，有“专家”支招的，也有民间“传说”的，比如朋友圈中提供的中医药方就达十几种，也有人把过期的信息再次发布又事后辟谣。这些说明市民有高度的防护意识，引起市民足够重视非常必要，但也不排除有些信息引起市民的过度恐慌。

建议：一是针对防疫措施或建议方案以及物流、交通等信息，官媒发布之前应经过政府认可的专家小组审核把关，审核后的方案可以官宣名义在自媒体或微信等媒介中传播；二是政府制定简化易看易懂的市民防疫手册；三是有关部门专门根据防疫知识制作微视频，传播正能量，提振信心。

2020

关于强化社区境外输入性疫情防控工作的建议

据世界卫生组织消息，截至3月17日，中国以外的新冠肺炎累计确诊病例达到97996例，确诊病例和死亡病例数均已超过了中国境内。3月17日0—24时，新增报告境外输入确诊病例12例，累计报告境外输入确诊病例155例。国内新冠肺炎新增确诊病例逐渐下降，中国境外输入性病例却在持续上升。为严防境外输入性疫情扩散，北京、广东、武汉等多个地区发布公告，要求所有入境人员须转至集中观察点进行14天集中观察，而近期一些境外归国人员却刻意隐瞒病情入境，在网上引发热议，引发新的恐慌。社区作为疫情防控最前线，是做好境外返回人员防疫服务的关键一环。由于境外人员个人信息不全，防疫政策宣传不够等问题，无疑增加了疫情防控的风险，为此，建议：

1. 建立海关、卫生部门、社区信息共享机制，及时掌握境外人员基本信息。出入境管理部门将回国的境外人员信息及时通报其目的地社区，掌握境外返回人员流动轨迹，精准筛查境外风险人群，让社区能及时掌握境外回国人员信息、住址情况。对于辖区内返回的境外人员在医学观察、隔离期间，社区应建立境外人员信息台账。

2. 建立社区工作小组，专人负责境外人员防疫管理。针对在社区居家隔离的境外返回人员，社区应建立2—3人的专门工作组，负责境外返回人员的防疫管理及日常服务工作，负责信息收集与填报，建立人员台账；负责日常沟通和上门政策宣传，解决日常生活所需；针对外籍人士，根据需要配备有一定外语能力工作人员，加强沟通，提高其防控意识。

3. 建立全方位社区联防联控长效机制。一是建立入境、防控指挥部、隔离点（医疗卫生机构）、社区、居住家属亲属等多方面互通信息机制，实行信息共享。二是充分发动社区群众，对报告境外返回人员违规行为予以奖励；对恶意隐瞒不报者，依法严肃追究法律责任。三是社区、小区各卡口值守人员严格进出查验程序。四是发布社区严防严控境外疫情输入的指导性意见，规定相关管控流程和处理办法，特别是针对境外返回后与家属亲属一起生活的，明确家属亲属责任；对在国内有工作单位的，明确单位责任。

2020

关于进一步优化营商环境增强疫情后经济增长信心的建议

新冠肺炎疫情不可避免将对经济社会造成较大冲击，给经济运行带来明显影响，尽管目前疫情防控局势积极向好，但疫情防控工作丝毫没有放松，推动企事业单位复工复产、恢复生产生活秩序的步伐也在明显加快之中，党中央国务院和有关部委以及地方政府纷纷出台一系列的支持政策，宏观调控、财政资金、货币金融、就业优先等政策集中发力指向复工复产，政府的“少取”“多予”“暂缓”等措施多管齐下增强企业信心，这些政策和措施，既有应对突发新冠肺炎疫情的创新之举，有针对随之暴露出来的短板和不足而采取的补短板、堵漏洞、强弱项措施，也是对当前经济社会有关工作的触动，其中应对疫情而出台的有效缓解融资难融资贵、降低成本税费、提高政务效率、深化市场改革、推进法治化进程等举措，均体现出营商环境再优化过程。目前需重视的是，作为打赢疫情防控阻击战重要组成部分的优化营商环境，如何通过挖掘营商环境改革潜力，在疫情后进一步释放优化营商环境制度的红利，转换成营商环境治理效能，从而实现全年经济社会发展目标任务。为此，建议：

一、有效应急政策转化为营商环境制度化成果

在疫情防控非常时期，固然要有非常之策，在有关部委和各省市纷纷出台支持企业复工复产的一揽子支持政策中，既有针对疫情适应窗口期的应急政策，也有发端现时并可持续的支持措施。应在疫情后针对这些新近出台的政策进行梳理并予以时效性和效用性评估，对于临时性、暂时性或一次性的政策制度，作为非常态化重大突发公共事件的应急机制构成部分，在以后应急预案中予以制度化。有些措施是拓展思路，创新出的优化营商环境改革新模式、新理念、新方法，也有些措施是查漏补缺，弥补以往优化营商环境的短板，这些均作为常态化优化营商环境的补充机制，提升营商环境规范化、制度化、法治化水平。

二、应急政策措施加强统筹协调得以贯彻执行

疫情发生以来，从中央到地方、从行业到部门、从系统到单位，均出台应急之策，这对中小企业而言是及时雨，但对短时间来自各方的政策信息也存在信息传导、吸收消化、辅导指导、执行落实等问题，这需要政策的统筹协调、统一部署。没有统筹协调，就会带来类似于疫情前期在基层出现的多个部门要求多头填报统计数据的形式主义，也会带来各地各部门政策不一致而产生矛盾的现象。就营商环境政策而言，需要评估政策的统筹协调性，包括政策的短期应急与长期效应的协调，中央统一政策与省市县自主创新政策的协调，劳动力、资金资本、技术创新、管控管理等要素的结构性协调，融资环境、市场环境、政务环境、法治环境等营商环境的协调，发挥政府作用与深化市场化改革的协调，分区分级政策的协调，针对大中小微企业、国有和民营等不同市场主体之间的政策协调。

三、加强信息平台建设提升营商环境智能水平

疫情发生之初，信息公开问题一直饱受社会各界质疑。针对推动解决企业有序复工复产而出台的系列政策，必须加快加强政府信息统一平台建设，对于疫情防控中有关部门创新推出的类似于“疫情防控支持中小企业政策库”“疫情防控重点保障企业名单管理”等信息，以及人社部公布208个稳岗返还网上经办“不见面”平台、国家发展改革委出台的“加快推进招投标全流程电子化”等等，均是可以延续并可持续深化改革的营商环境优化方面。这些政策既有疫情期间暴露出来信息问题而倒逼信息公开透明的改革措施，也有因疫情期间受到交通管制、人员封堵而催生的网上办公新模式，应反思疫情，结合现状，研究信息平台建设、信息内容标准化、披露时效、披露方式、监督管理等系列改革。特别是在智能化时代，应重新梳理疫情防控在信息公开方面的缺失或漏洞，总结各部委在优化营商环境方面的改革经验，运用区块链技术建立城市数据中心和综合信息平台，既加强疫情后市域社会治理体系和治理能力现代化，也进一步优化营商环境，为经济社会发展服务、助力。

2020

后疫情时期要警惕地域歧视带来的风险隐患

受疫情冲击，国内消费、投资、出口下滑，就业压力显著加大，企业特别是中小微企业困难凸显。2020年政府工作报告中有39次提到“就业”，稳企业就是促发展，稳就业就是稳民心。而湖北人和湖北商品遭遇各种歧视的报道屡见不鲜。中央推动复工复产、互认健康证明、不得设置障碍的重要部署并未得到切实有效地贯彻落实。这种地域歧视，在国内和国际均会带来风险隐患。从国内层面来看，不利于维护社会和谐稳定，不利于复工复产和经济加快复苏。从国际层面来看，美国为推卸自身防控不力的责任，持续“甩锅”中国，国内这种歧视性现象，会为部分国家对中国和中国人的歧视态度和做法提供口实。

为此，建议：

1. 严格建立实施流动返岗人员健康信息共享机制，对各地区一视同仁，同时避免重复隔离浪费各种资源。

2. 依法依规制止和消除就业地域歧视。对以地域为由拒绝录用、拒绝返岗复工或解除劳动合同等就业歧视行为，对违反国家相关法律法规的企业和负责人，依法追责，对违反国家政策规定的职能部门负责人，依规追责。

3. 完善相关法律规定，构建可持续发展的劳资关系。尽快完善重大公共突发事件发生时期的劳动关系特别法和社会保障法，就复工复产的劳动保护、违约赔偿、社会保险等问题进一步作出明确规定，构建可持续发展的劳资关系。

4. 引导全社会正确认识疫情和疫后地区的安全性。通过大数据统计宣传各地尤其是湖北精准防控成效和相对安全性，统一社会认知，消除投资者的后顾之忧和企业雇用湖北籍员工的担忧。如武汉市政府开展了为期10天的全民免费核酸检测，目前检测报告已陆续出来，隔离了全民筛查中发现的无症状感染者之后，武汉市会更加安全，这将极大地提振老百姓的消费信心，疫情比较重的地区可以考虑采用这种方式。

2020

媒体报道

MEITI BAODAO

住鄂全国政协委员郑军：把调研注意力放在乡村治理

张　辉

从 2 万多件提案中脱颖而出获评全国政协优秀提案、被评为民革全国参政议政工作先进个人、连任全国政协委员，接踵而来的好消息，郑军兴奋之余又深有感触。“必须到群众中去，用心去聆听老百姓的心声”，2 月 23 日，郑军向记者分享自己的心得体会。

2016 年 5 月的一天，他和同事到外地调研三农问题。在一个村子里，一下来了 3 名小组长，找到他们反映问题。“这些问题令我们颇感震惊。”郑军说，此后，他决定重点把调研注意力放在乡村治理上。

一个月后，郑军再次下乡调研。经过一村庄时，郑军一行下车，和村民一起坐在小卖部门口聊天，起初大家聊得很自然。但后来，当郑军开始询问“村干部干得咋样”“对村干部履职满不满意”之类的话题时，村民们躲的躲、走的走，有的默不作声。

这两次调研，坚定了郑军关注基层政治生态以及推进社会治理现代化的提案选题方向。

他在优秀提案《关于提高农民法律意识，加强依法治村的提案》中建议，引导村民自治的同时，还要完善农业、农村立法，送法下乡的重点放在送法律思想、送法律观念和送“法人”下乡上，解决好农民法律观念存在误区等问题。

10 多年来，郑军一直担任省级政风督查员，经常奔波于省市县乡村，摸查基层实际问题。

有一次，他在调研时无意中发现，某基层派出所公示栏上两位工作人员的警号编号不一致，从而引发了他对协警的深度关注，多次调研后向省政协提交了《关于出台政策规范协警管理的建议》。其后，我省公安部门起草了相关管理办法。此提案获省政协优秀提案。“政协是委员参政议政大舞台，也是国家智库建设的大平台。我们需要坚持围绕改革‘想’问题、结合实际‘谈’问题、深入基层‘找’问题、基于本职‘谋’问题，用热情和激情来体现主动担责。”郑军说。

（原载于《湖北日报》2018 年 3 月 1 日）

培育住房租赁市场

——让越来越多的人圆安居梦

常 理　李华林　郑 义

构建租购并举的住房体系，我国应建立完善鼓励住房租赁市场发展的政策体系和长效机制。加大租赁住房建设用地供给，多建设公租房、廉租房、共有产权房，并大力保障租房者合法权益，才能满足老百姓的基本住房需求，逐步解决租房的后顾之忧，遏制房价过快上涨和炒房投机行为。

长期以来，由于缺乏政策、服务与资金支持，我国住房租赁市场发展缓慢，难以满足广大城镇居民“住有所居”的需求。

今年的政府工作报告提出，“培育住房租赁市场”“加快建立多主体供给、多渠道保障、租购并举的住房制度，让广大人民群众早日实现安居宜居”。当前，随着我国房地产市场进入“存量时代”，如何保障老百姓的基本住房需求，实现“租”有所居？就这些问题经济日报 · 中国经济网记者采访了多位代表委员。

租赁市场前景广阔：数据显示，2017 年我国住房租赁市场租金规模约为 1.3 万亿元；广东省和浙江省城镇家庭中分别有 47% 和 41% 的家庭是租房居住的，北京和上海分别有 37.2% 和 38.3% 的家庭通过租赁解决居住需求，已达到发达国家租赁市场的规模，高于全国 25.8% 的平均水平。当前，国家对加快住房租赁市场发展、完善政策环境陆续有了顶层设计，出台了多项政策鼓励住房租赁市场发展，积极构建租购并举的住房体系。

全国政协委员、长江大学副校长郑军认为，促进房屋租赁市场发展，要帮老百姓解决租房的后顾之忧，包括对于房屋租金上涨的担忧，以及对市场出租主体的不信任等，逐渐改变人们“租房不如买房”的传统观念。

郑军委员建议，政府应着力稳定住房租赁市场，多建设公租房、廉租房、共有产权房；鼓励地方政府采取 PPP 模式，将现有政府投资和管理的公租房交由专业化、社会化企业运营管理，不断提高管理和服务水平。

（原载于《经济日报》2018 年 3 月 2 日）

长江大学副校长郑军委员：高等教育谋发展　资源共享是关键

夏　静

高等教育关乎每个家庭的幸福和国家的未来。长江大学副校长郑军委员认为，尽管我国高等教育正快速迈向普及化阶段，但与人民接受高质量教育的热切期盼相比，优质的高等教育资源短缺且发展不平衡，主要表现在供给质量与社会需求不平衡、不同区域之间发展不平衡等方面。

“我国是世界高等教育大国，但不是世界高等教育强国。要实现高等教育平衡充分发展，就必须加大政策支持和经费支持，开展分类考核，实现资源共享。”郑军委员说。

郑军委员建议，首先，应加大对中西部、非中心城市高校发展高等教育的政策支持，增加中西部高校招生数量，在非中心城市增设高校。同时，加大对中西部、非中心城市高校的经费支持，重视在地理位置上处于劣势，但为国家承担大量的人才培养重任的中西部、非中心城市高校，在经费拨款上有所倾斜。

其次，建议增加“对高等教育投入”指标对地方政府进行考核，提高地方政府对高校的经费支持。

再次，制定分类考核办法，促进高校提高办学水平。研究型大学的专业设置应凸显基础性、交叉性、前沿性，教学型大学的专业设置则应凸显应用性、服务性、技术性。建议国家制定分类评价体系，引导各校根据自身定位，各展所长，在不同层次不同领域办出特色，争创一流。

最后，实现高等教育资源共享，促进各高校之间的协同发展。建议地理位置邻近的高校之间进行全方位的资源共享，如交换师资、学生互修课程、共享实验室和运动场地；地理位置相距较远的高校可以交换教师、学生互访。

（原载于《光明日报》2018 年 3 月 5 日）

郑军委员：在高校普遍实行年薪制

徐艳红

“当前高校教师的薪酬主要包括两大部分：一是国家工资，二是校内津贴。国家工资都是固定的；而校内津贴主要根据教学、科研、培养学生情况发放，教师绩效高则校内津贴高。”全国政协委员、长江大学副校长郑军说，据中国高等教育学会薪酬管理研究分会课题组的调查显示：高校教师的薪酬中，国家工资占整体薪酬的比例约为30%，校内津贴的占比约为60%。这样，有些教师为了提高收入水平，就会相应注重发放津贴的工作，容易只注重教学科研而忽视跟学生的沟通和交流。调查还显示：按照职务分类，教授的年均收入为14.36万元，副教授为10.33万元，讲师为8.3万元，助教为7.44万元。相比其他行业同等学力的从业者而言，教师的收入显然缺乏竞争力。

郑军认为，年薪制有着提高薪酬的激励作用，年薪的结构简单，会随着考核周期的绩效效果而发生变化。年薪作为一个整体在变动，相比固定的国家工资和校内津贴而言，对教师的激励作用非常大。年薪制还具有提高学术职业吸引力和提高学术生产力的作用。近年来，我国许多高校已对高端人才、年轻人才实施年薪制，经过多年的探索，已积累了一些经验，取得了较高的薪酬激励效应。经验可复制和推广。

建议综合考虑各种因素，确定合理的薪酬水平。在确定教师年薪水平时，把岗位、知识、能力及其相同专业的外部市场薪酬水平全考虑进去。将岗位职责、薪酬水平透明化，保证公平性；完善考核制度，提高绩效考核效力。在设计绩效考核指标时，要突出对教学、人才培养、教学质量、科研质量、服务社会的考核。将考核结果与教师下年度的年薪直接挂钩；加强经费管理，为实施年薪制提供资金保障。

（原载于《人民政协报》2018年3月5日）

郑军委员：破解贫困地区学前教育难题关键在创新体制机制

董鲁皖龙　赵彩侠

随着两期学前教育三年行动计划的实施，农村学前教育得以迅速发展，但受制于人口分散、学前教育资源基础薄弱，以及地方财力有限等客观现实，当前，贫困地区普惠性学前教育资源总量仍然不足。“要破解这一难题，关键在创新体制机制。”全国政协委员，长江大学副校长郑军说。

“一些地方对学前教育的管理体制基本已实现‘以县为主’，但由于县级财政困难，难以充分保障学前教育发展经费。”郑军在调研中发现。因此，他建议首先应构建省级政府统筹的农村学前教育经费保障机制。省级财政增设学前教育发展资金，加大对农村幼儿教师专项经费投入，实施省内贫困地区差异化的财政转移支付制度。

其次，建立省级统筹的学前教育在编教师招录制度。通过调研，郑军发现，许多农村幼儿园师资严重不足，且专业化水平不高。为此，他建议核定农村公办幼儿园编制，省级统筹建立幼儿园在编教师招录制度；通过“定向与免费培养相结合”、在贫困农村地区试点推行学前教育阶段特岗计划、鼓励省级优质幼儿师范学校为当地农村培养教师等方式，培养补充幼儿教师；通过农村教师置换培训、跟岗培训与送教下乡相结合等方式创新教师培训形式。

再次，在坚持公益、普惠的基础上创新办园体制，探索公私合作的办园新模式，促进学前教育事业发展。

（原载于《中国教育新闻网》2018 年 3 月 5 日）

郑军委员主张加大救援设施建设
建立长江干线应急救助打捞体系

刘志月

“长江经济带国家战略制定和实施后，长江内河水运迎来前所未有的机遇，也面临更多潜在的安全风险，建立长江干线营救救助打捞体系就显得尤为重要。”全国政协委员、长江大学副校长郑军呼吁。

郑军在调研中发现，目前长江干线水上救援设备不足，难以适应船舶大型化、多样化和日益繁忙的长江航运要求。

“现有的海巡艇都比较小，抗风性和稳定性有限，大马力救援拖轮匮乏，一旦有大型轮船翻沉，海事船到了现场也束手无策，对大型事故船舶的救援力不从心。”郑军说。

与此同时，地方海事机构救援能力有限，地方所管辖的水域内搜救艇和一些执法船数量偏少，只能保重点水域，覆盖水域不够，有效监管范围小，预控能力不强；长江干线应急救助打捞高层次的搜救指挥人才、高素质的技术保障人才和高技能的专业人才缺乏；长江干线清障治理打捞能力不足。

对此，郑军提出加强社会搜救力量建设，完善“专群结合”的长江搜救协作机制；加大投入完善救援基础设施建设，升级更新必要的设备；建立长江干线应急指挥与联动协作机制，建立跨区域的应急救捞中心，有效应对长江干线水上交通事故灾难、环境污染等跨区域突发事件。

（原载于《法制日报》2018 年 3 月 7 日）

郑军委员：创新体制机制发展农村学前教育

董鲁皖龙　赵彩侠

“农村学前教育迅速发展，但受制于人口分散、学前教育资源基础薄弱，以及地方财力有限等客观现实，当前贫困地区普惠性学前教育资源总量仍然不足。要破解这一难题，关键在创新体制机制。”全国政协委员、长江大学副校长郑军说。

“一些地方对学前教育的管理体制基本已实现‘以县为主’，但由于县级财政困难，难以充分保障学前教育发展经费。”郑军建议，构建省级政府统筹的农村学前教育经费保障机制，省级财政增设学前教育发展资金，加大对农村幼儿教师专项经费投入，实施省内贫困地区差异化的财政转移支付制度。此外，核定农村公办园编制，建立省级统筹的学前教育在编教师招录制度，并在坚持公益、普惠的基础上创新办园体制，探索公私合作办园新模式，促进学前教育事业发展。

（原载于《中国教育报》2018 年 3 月 7 日）

全国政协委员郑军：省级政府应统筹贫困农村学前教育经费

徐艳红

“随着两期学前教育三年行动计划的实施，农村学前教育得以迅速发展，学前教育资源显著扩大，办园水平逐步提高，入园率快速提升。但在我国贫困农村地区，由于人口分散、学前教育资源基础相对薄弱，以及地方财力有限对学前教育投入不足，造成当前我国贫困农村学前教育普惠性学前教育资源总量仍显不足，乡镇中心幼儿园有园舍无机构编制、幼儿教师数量短缺、质量不高等现象依然存在。”全国政协委员、长江大学副校长郑军表示担忧。郑军还在调研中发现，一些地方对学前教育的管理体制基本已实现“以县为主”，而县级财政困难，难以保障学前教育发展经费。比如，有些由中央财政资金支持建立起来的幼儿园，因县级后续财政投入难以到位，只能靠收取保教费维持基本运转，想要提高教师待遇、改善办园条件等都缺乏资金支持，发展举步维艰。

为此，郑军建议：尝试构建省级政府统筹的农村学前教育经费保障机制。据他介绍，2017年教育部等四部门印发《关于实施第三期学前教育行动计划的意见》，明确“建立健全‘国务院领导，省地（市）统筹，以县为主’的学前教育管理体制。”要求“省级、地市级政府加强统筹，加大对贫困地区支持力度。落实县级政府主体责任，充分发挥乡镇政府的作用。”

郑军认为，要增强学前教育保障能力，可构建由省级统筹建立经费的保障机制。省级财政增设学前教育发展资金，明确生均拨款标准，建立生均经费制度；加大对农村幼儿教师专项经费投入，实现农村公办园编内编外教师同工同酬；实施省内贫困地区差异化的财政转移支付制度。对于经济发展水平低的贫困农村地区，省级在科学确定各县市财力水平的基础上，实行差别化的转移支付制度，体现倾斜扶持。

（原载于《人民政协报》2018年3月7日）

郑军委员：建立长江干线应急救助打捞体系

江　卉

政府工作报告提出，积极推进京津冀协同发展、长江经济带发展，编制实施相关规划，建设一批重点项目。“推进长江经济带发展，内河水运迎来前所未有的机遇，也面临更多潜在安全风险。”长江大学副校长郑军委员表示，长江发生重大突发安全事件的几率增大，这对长江航运的安全及航道服务的安全性提出了更高要求。而长江干线应急救助救援还存在应急设备不足、高层次人才缺乏、清障治理打捞能力有限、设备库维护经费缺乏等问题。

3 月 10 日，交通部安全总监成平委员作大会口头发言，就如何更好推进国家海上救助体系建设提出了相关建议。“可见应急救助体系建设已受到有关方面高度重视，和海上一样，长江干线也应尽快建立应急救助打捞体系。”郑军表示，建立健全这一体系，加强长江干线应急抢通、应急救捞能力建设，对保障人民群众生命财产安全、保障黄金水道畅通、促进沿江经济社会发展有着重要意义。

他建议，从四个方面建立和完善长江干线应急救助打捞体系：加强社会搜救力量建设，完善“专群结合”的长江搜救协作机制，形成地方政府及行业部门为主、其他相关部门联动、社会救援力量广泛参与的救援体系；结合长江航道工程建设和航运发展规划，同步规划实施应急救助打捞基础设施建设；建议在武汉设立应急打捞处置指挥中心，满足重大水上突发事件快速反应的需求；运用现代监管服务系统，实现搜救应急、船舶动态监控、信息服务、交通维护和违章纠正的一体化管理，实现用无人机、水上救生遥控机器人搜寻救助落水人员。

（原载于《湖北日报》2018 年 3 月 12 日）

高校如何为国家战略服务

——全国政协委员为高校服务经济社会发展建言献策

董鲁皖龙

“在学校管理发展中，我发现有些高校教师注重埋头科研而忽略对国家发展大趋势的掌握；学校人才培养滞后于国家、社会发展需求；高校对接政府、行业企业机制不畅等现象并不鲜见。”全国政协委员、长江大学副校长郑军近年来一直在思考“高校应该如何为国家战略服务”这个老问题。

回应社会需求、服务国家战略是教育应有之义。高校如何主动利用其人才、资源、信息和文化方面的优势，以各种方式和途径为国家战略服务？

在郑军看来，高校服务国家战略也要分层次。“研究型大学要培养心怀天下的创新人才，要为认识未知世界、探求客观真理、解决人类面临的重大问题提供科学依据，要成为知识创新、推动科学技术成果向现实生产力转化的重要力量，要架起民族优秀文化和世界文明成果交流的桥梁。而应用型大学要培养具有动手能力和应用能力的潜在劳动者，要进行校企合作、行业协作，主动对接企业升级和技术创新工作，实现产、学、研、用融合发展，要为所在地区提供优质的文化和智力服务。”郑军说。

在郑军看来，地方高校要主动对接国家战略，呼应国家发展需求。“长江大学位于湖北，取长江之名，作为地方综合性高校，在转型发展中服务‘长江经济带’发展战略是题中应有之义。”郑军说。

怎么服务？“‘长江经济带’覆盖长江沿线 11 个省份，全长 6000 多公里，其发展涉及土地、气候、环境、资源等方方面面。长江大学充分发挥了农学、资源等学科优势，成立了长江经济发展研究院，对‘长江经济带’的经济、文化、土地、资源开发与生态保护等方面进行研究。”郑军说。

郑军认为，服务国家战略对高校和地方来说是双赢。“一方面充分发挥高校的学科优势，在人才培养目标的制定、在学科研究的方向上直接服务行业企业和地方发展；另一方面，高校也更加重视科技成果的转化和应用，在服务地方的同时提升科研水平、教师素质，检验人才培养质量。”郑军说。

（原载于《中国教育报》2018 年 3 月 14 日）

郑军：加强社会力量建设完善“专群结合”长江搜救协作机制

程　璐　张　龑　甘　琛

长江经济带国家战略制定和实施后，长江内河水运迎来前所未有的机遇，也面临更多潜在的安全风险。长江重大突发水上安全事件时有发生，政治敏感度和社会关注度高，社会各界对长江航运的安全以及航道服务的安全性提出了更高的要求。

全国政协委员、长江大学副校长郑军表示，建立健全长江干线应急救助打捞体系，加强长江干线应急抢修、应急打捞能力建设，对切实保障人民群众生命财产安全、突破瓶颈保障长江黄金水道畅通、促进沿江地区经济社会发展、维护国家权益有着重要的意义。

郑军指出，当前我国长江干线应急救助打捞体系存在应急救助救援设备不足，应急救助打捞人才队伍亟待加强，长江干线清障治理打捞能力不足，应急设备库运营管理经费、人员、维护缺乏，社会救援力量难以为继等问题。

对此，他建议加强社会搜救力量建设，完善“专群结合”的长江搜救协作机制。长江干线水上应急救援是和时间赛跑的生命大营救，第一时间参与救援的往往是社会船舶和人员，就近就地救援至关重要。为此，必须依靠社会力量，采取政府为社会救援力量提供专业技能培训、适当配备救援设备、为义务救援人员订制人身意外保险、允许社会力量使用国家应急设备库和搜救基地的设施设备等措施，大力调动社会各方面的积极性，形成地方政府及行业部门为主，其他相关部门联动，社会救援力量广泛参与的救援体系。

另外，要加大投入完善救援基础设施建设。郑军建议，结合长江航道工程建设和航运发展规划，同步规划实施应急救助打捞基础设施建设。如在一些事故险情多发航段配备大型海巡艇、无人机、1000 吨级乃至更大的起重救捞船等装备，在一些重点港口适当配置功能较为齐全的大功率拖轮，加紧配备后续应急起重打捞船及其配套船舶，以满足长江流域复杂条件下的沉船（物）打捞需求。

另外，还要建立长江干线应急指挥与联动协作机制。郑军建议，按照统一领导、综合协调、分类管理、分级负责、属地为主的应急管理体制，进一步完善应急指挥机构建设，积极推动纳入各省（自治区、直辖市）人民政府建立的统一应急协调指挥机制，更好地调动应急资源，提高应急救援效率。为保障经费，他建议各省级政府建立应急救援基金。建立长江干线应急救援与打捞集成信息系统。

郑军还建议，要优化资源整合，优化电子巡航监管模式，建成集船舶交通管理服务系统（VTS）、电视监控系统（CCTV）、船舶自动识别系统（AIS）、全球定位系统（GPS）及甚高频集成系统（VHF）、电子巡航、视频会商、远程指挥和无人机监测于一体的现代监管服务系统，实现搜救应急、船舶动态监控、信息服务、交通维护和违章纠正的一体化管理，实现用无人机、水上救生遥控机器人搜寻救助落水人员。

（原载于《中国水运报》2018 年 3 月 16 日）

郑军委员：完善综合行政执法改革促进社会治理现代化

周　頔

全国政协委员、长江大学副校长郑军在两会期间提出，应在全国范围内、更加宽广的领域、更加复杂的行政执法中进一步探索，建立更多的综合执法部门，实现综合执法的大面积覆盖，促进社会治理的现代化。

郑军认为，目前综合执法还存在着法律法规的缺位与冲突、对综合执法部门的监管不全、综合执法改革执行混乱、执法队伍建设问题突出等问题。

郑军建议，要体系化和规范化地改革综合执法机关，将原有的综合行政执法机关再进行整合，设置对应的民族宗教、内务司法、法律事务、财政经济、教育科学文化卫生、环境资源与保护、农业与农村问题、外事、华侨事务的综合行政执法机关，并且形成上下级的监督管理机制；要及时进行法律法规的清理和编纂，要做好法律法规的清理工作，清理相互矛盾、与上位法冲突的地方规章，并从宏观角度制定统一的综合行政执法条例或者基本法律，以法律形式规范综合行政执法机关的相关制度和执法程序，进而保障对综合行政执法及其监管有法可依；要实现执法队伍的专业化和综合执法机关的专门化，实现人员的专业化和协调性；要强化对综合执法机关的监督，建立执法评价系统；要充分利用“互联网 +”技术，形成高效信息公开共享体系，通过互联网实现教育大众、加强群众社会监督的目的。

（原载于《民主与法制时报》2018 年 3 月 17 日）

学前教育：一场与时代发展的赛跑

杜 玮 高 靓

今年全国两会上，学前教育再次成为备受关注的教育话题。在推动“全面二孩”政策实施、促进儿童健康成长、教育阻断代际贫困等多重意义上，学前教育显得格外重要。

近年来，关于幼师队伍建设，国家层面接连发力。从2010年的学前教育“国十条”，到两期学前教育三年行动计划，再到《国家教育事业发展“十三五”规划》，在幼师培养培训、教职工配备等方面给出了明确方向，并出台了多项具体举措。但是，相比于学前教育的需求和发展速度，师资仍显不足。

全国政协委员、长江大学副校长郑军提出要保障贫困地区学前教育发展。目前，贫困地区普惠性学前教育资源总量仍然不足。一些地方对学前教育的管理体制基本已实现“以县为主”，但由于县级财政困难，难以充分保障学前教育发展经费。因此，应构建省级政府统筹的农村学前教育经费保障机制。省级财政增设学前教育发展资金，加大对农村幼儿教师专项经费投入，并实施省内贫困地区差异化的财政转移支付制度。

同时，建立省级统筹的学前教育在编教师招录制度。通过“定向与免费培养相结合”、在贫困农村地区试点推行学前教育阶段特岗计划、鼓励省级优质幼儿师范学校为当地农村培养教师等方式，培养补充幼儿教师。

（原载于《中国教育报》2018年3月20日）

创新社区治理　夯实国家治理根基

——专访全国政协委员、长江大学副校长郑军

王恩艳

作为来自教育战线的全国政协委员、长江大学副校长郑军，对高等教育的了解和思考较多。同时，记者还了解到，作为连任的全国政协委员，郑军在六年的履职过程中，共向全国政协、地方政协、党派提交的50余份提案里，多数围绕国家治理主线。在担任湖北省政风督查组组长期间，郑军经常深入市县乡村和社区，他发现“由于城乡社区的管理相对较为乱杂，规范意识不强，城乡社区急需治理”。社区工作人员少，工资待遇低，社区工作面临许多困境。工作人员是否稳定？工作是否安心？工作量到底有多大？究竟有何难处？社区治理中出现问题，又该如何解决呢？两会期间，记者围绕这些问题对郑军进行了采访。

社区工作“两头大、中间小”

“社区工作的特征之一是两头大、中间小。”郑军接受记者采访时说，“民政部门的许多民生业务如殡葬、低保政策等，都要通过社区传达给老百姓；卫计部门的疫苗防治等工作也要通过社区传达。社区工作的上游涉及很多部门，各个行政部门联系老百姓都是把社区当纽带，老百姓需要找社区这个窗口办事。”

一方面，在改革发展过程中，政府通过履职尽责等方面督察对行政机关做了要求，其中许多职能要依托社区。各个政府职能部门对社区的评分（级）均以较大的比重纳入社区管理绩效考核之中，上面部门多，社区工作的事项自然也多。“对上，繁重的工作任务、偏低的待遇，使社区工作这根纽带背负的责

任压力很大，因此缺乏积极性。对下，社区工作连接千家万户、每个老百姓。上面比较大，下面也比较大，工作量非常大。”郑军说。

另一方面，社区管理人才缺乏，人员流动性大。社区工作人员就是几个人，还兼任着社区网格员。社区人才队伍文化程度普遍偏低，管理人员学历低、年龄偏高。有固定编制的人员少，其他人员任职年限较短，社区管理人员流动性大。

然而，社区的职能很有限，常常陷于两难境地。郑军表示，社区组织既不是行政单位也不是执法部门，而居民将社区居委会当作政府服务窗口，大事小事都要找。比如，有些居民经常根据某些要求去找社区居委会开具相关证明，而居委会开具证明担负不起相关法律责任，不开具又会影响社区其他工作顺利开展。

此外，社区会经常受到行政部门的质疑，如被要求查验低保对象的资格，由于没有渠道和能力而达不到上级要求；再如有居民将房屋出租或自行经营煤气业务而将煤气罐放置于室内，带来安全隐患，社区与当事人发生矛盾时却没有权力解决，因解决不了群众的诉求，受到辖区内其他居民和上级有关部门的双重指责。

构建结构合理、主体多元、运行有效的新型城乡社区治理模式

在郑军看来，社区治理创新涉及的核心问题是如何调整定位政府和社会的职能，重构基层政权与社区自治之间的关系，努力构建结构合理、主体多元、运行有效的新型城乡社区治理模式。

那么，如何创新城乡社区治理？郑军建议：积极扶持各类社区治理主体，壮大协同治理力量。而创新城乡社区治理的关键是完善治理结构，当前社区治理主体比较单一，未能形成多元共治。应加大对社会组织的政策扶持力度，积极扶持发展行业协会、公益慈善类组织、农村专业经济协会和城乡社区服务类的社会组织。通过各种政策工具，催生培育专业化的社会组织，推动其参与提供城乡社区公共服务。

基层政府各部门协调不善，就会导致社区管理缺乏头绪。郑军表示，实现政府之间协调是一项系统工程，需要由政府牵头，建立健全以议事协调机构、

部门联席会议及部门协议为主要形式的宏观协调机制；简政放权，给基层政府部门协调创造更多的微观空间。省级政府要依法制定扩大基层政府服务管理权限的具体办法，明确下放事项、下放程序和法律依据，确定下放后的运行程序、规则和权责关系，确保下放权力接得住、用得好。

郑军建议，强化基层政府服务窗口建设。由于服务窗口会集中、直接地展示政府社区治理能力，应围绕基层政府服务窗口建设，增加相关经费投入，增强人才队伍，注重运用现代科技手段。基层政府窗口须提供一站式服务，做好与政府内外部的衔接，提高数据储存、处理功能，成为推动智慧社区建设的先驱力量。

“还要完善社区治理法律体系，当前应首先着重从完善两部居委会组织法开始，逐渐完善社区治理的法律体系。党和政府以及其他各种社会力量均应积极推动社区治理立法工作。”郑军说。

郑军告诉记者，他在督查和履职过程中会常思考：“国家治理顶层设计是如何设计的？”“如何通过治理理念来解决在基层调研中发现的问题？”基于扎实的基层调研和思考，郑军委员 2014 年提交的《加强国家治理架构设置监察委员会的建议》与国家大政方针、改革方案不谋而合；2017 年提交的《关于提高农民法律意识，加强依法治村的建议》提案被全国政协第十二届全国委员会评为优秀提案。

（原载于《中国社会报》2018 年 3 月 20 日）

从工厂车间到编辑室，努力从未停歇；从大学讲坛到政协平台，责任未敢或忘

——民革党员郑军的三个“不可辜负”

黄昌盛

熟悉民革党员郑军的人都知道，他是一个不折不扣的忙人——作为财会界知名学者，数十项课题、百余篇论文背后是“开水泡剩饭”的勤奋；作为长江大学的副校长，从授课者到管理者再到服务者，不变的是对学生的情谊；作为连任的全国政协委员，数十篇提案建言诠释着为百姓代言、为发展献策的责任。

郑军常说，“我眼前的三大主题就是教学、科研、社会服务。我宁可愧对家人，不可辜负我热爱的学生，不可辜负我钟情的专业，不可辜负我关注到的经济社会问题，更不可辜负希望我为民请命的老百姓！”

“人生的三个拐点”

处在长江中游的荆江河段，素有“九曲回肠”之称，两岸的江汉平原水患多发，不少地区经济落后。郑军就出生在这里的一个农村。从乡村走向城市，对这里的人来说，多数只有读书一条出路，也是郑军努力的方向。

1988 年，十年寒窗苦读后的郑军，从湖北荆州的石首市南岳中学毕业，进入中南财经大学会计系学习，让自己的人生出现了第一个拐点。经过四年苦读，他被分配到武汉电视机总厂审计科，并按照当时的规定，下到基层锻炼，进了车间。

每天在车间重复单调烦琐的内部工作，显然不是郑军的追求。郑军时刻等待着有发挥自己财会专业知识的舞台。在大学老师的引见下，他结识了著名会

计学家易庭源，并走上了人生的第二个拐点。在易庭源的推荐下，郑军有机会到我国财会领域的三大刊物之一《财会通讯》的编辑部工作。

由于《财会通讯》招聘人才，需要考察试用一年，郑军经常需要在《财会通讯》与电视机总厂之间两边跑。也许因为工作认真勤奋，加之业务上手快，他在三个月内就获得认可，转为《财会通讯》的正式员工。“正是由于在《财会通讯》工作‘近水楼台’，我能在每次准则制度变更的时候最先接触到新知识，接受最及时的学习培训。”郑军说，这为他之后的工作打下坚实的基础。

1994 年，在一次偶然的机会，郑军受同学的邀请，来到华中农业大学开课讲授管理会计，这是郑军人生中的第三个拐点。由于工作原因，郑军知识积累丰富，讲课生动幽默，授课很受学生欢迎，最后受邀作为特殊人才被华中农业大学引进。这是他和教育工作结缘的初始。

兼着学校的教学任务和编辑部的编辑工作，郑军还能抽时间著书立说。借助 2000 年企业会计制度改革的机遇，他以自身的学习理解和从事实务的经验撰写了《企业会计制度讲解——学习指南》一书，广受欢迎。

“忙起来开水泡剩饭”

在华中农业大学的任教经历，郑军多年来仍然记忆犹新。当时尽管每讲一次课才二十多块钱的收入，但能看到认真听讲的学生，他乐此不疲。“我还记得当年那条坑坑洼洼的泥路，被飞转的轮子碾下了深深的痕迹。”他说。

郑军告诉记者，他在华中农业大学兼课的时候，尽管课程不多，但查找资料，撰写教案，事先都是做了充分的准备。没专门时间，他就挑灯夜战，往往一夜到天亮，灯火通明。直到现在，他还经常忙得一天只能吃上一餐饭，有时候将剩饭用开水一泡，就着一点咸菜充饥。

2002 年，郑军毅然放弃了业有所成的《财会通讯》工作岗位，决定继续读书深造。当年 9 月，他以第一名的成绩，脱产免费进入中南财经政法大学会计学院攻读博士学位。此后，他的工作更与学校结下了不解之缘。

2004 年 7 月，郑军受中南民族大学邀请，作为人才被提前引进，并在时隔两年多后，成了该校最年轻的教授（正高职称）。随后，他历任工商管理学院（现管理学院）会计系主任、管理学院院长等职务。

从一个授课者变为一个管理者，郑军对教学有着自己的独特理解。针对专业特点，郑军决定改革教学模式，就教材建设、教学与方法手段创新、课堂效果、课程布局、教学质量控制等内容进行分析与研究，并将其研究成果用于实践。由于改革措施得当，教学质量显著提高，郑军的作为受到学校、学院两级督导和学生的一致好评。

也正是因为一股子勤奋劲儿和善思考肯钻研的特点，郑军在教育岗位和财会研究领域都取得了令人称道的成绩。先后主持省部级以上课题10余项，发表论文100余篇，出版各类图书十余本，荣获中央国家机关先进会计工作者称号……这份成绩单诉说着他的努力与成功。

“在母亲的唠叨里做好事”

2013年，郑军开始担任全国政协委员。在第一次担任全国政协委员时，他就作出了“不负重任、全力履职。立足教学科研本职，为百姓代言、为政府献策，促进社会经济发展”的承诺。

城市公共文化、国有企业改革、社会组织、依法办校、长江经济带开发……郑军的关注点遍及国家发展重大战略和百姓关心的各类民生话题。仅担任第十二届全国政协委员期间，他就提交提案近50件。其中关于监察体制改革等内容的提案更是引起强烈反响。

为了收集民情、反映民意，郑军除抽出时间自费调研外，还用上了网络这一帮手。他习惯性地要大家在网上给他留言，即使再忙，哪怕是午夜12点以后，他也会坚持回复，从来不敷衍。

郑军告诉记者，参政议政贵在行动，成在坚持。多年来，郑军还总结出“带来关注党和国家战略需求导向、关注国家政策的落实和推进、深入基层调研发现问题、围绕本职工作提出问题”四条“参政经”。

今年连任全国政协委员，郑军又将自己关心的话题带上了全国两会。作为大学校长，他尤其关注高等教育发展的问题。比如，在《关于改革高校教师薪酬制度的建议》中，郑军分析指出，当前我国高校教师薪酬制度存在一些问题，国家工资的固定性降低了整体薪酬的激励作用，校内津贴过高的比例导致部分教师急功近利，而整体薪酬水平不高又降低了学术职业的吸引力。为此，他建议，综合考虑各种因素，确定合理的薪酬水平；完善考核制度，提高绩效考核效力；加强经费管理，为实施年薪制提供资金保障。

郑军对责任的看重，始于母亲的言传身教。郑军的母亲是一位地地道道的农村妇女，甚至没听说过“社会责任”这个词语，但她对郑军说得最多的一句话就是“要做好事，做善事”。

“自打我懂事起，这句话就挂在她嘴边。后来，我离开家乡读书、工作，每次见面她还会这样说。尽管听的时候感觉啰唆，但今天我才意识到那是母亲教导于我的‘处事三字经’。”郑军说，正是母亲的“唠叨”让自己践行并传导“好做事”“做好事”“把事做好”的处事规则。

（原载于《团结报》2018 年 4 月 17 日）

郑军：向梦疾行

焦 阳

编者按：5月29日，《人民政协报》第8版刊发整版通讯《郑军：向梦疾行》，以泥泞路上的脚印、高校走出的“三农”专家、深度思考是一种习惯为3个小标题，对副校长郑军的学习工作情况进行了深度报道。同日，人民政协网也以“郑军：万事贵在行动　成在坚持”为题予以了报道。现转发新闻网，以飨读者。

春和景明的五一长假，当人们都沉浸在休息的轻松氛围中，在甘肃庆阳挂职、利用假期回家探亲的郑军，依然“上满发条”般，坐在书房里。他扫了一眼电脑右下角的时间，家中的妻儿早已熟睡。他站起身，原地活动了两下，又坐下，再次投入撰写《破解人才制约瓶颈　切实保障乡村振兴》的调研报告中。

凌晨两点半，武汉街道已归于宁静，郑军书房里的白炽灯依然亮着，散发的光线柔柔的、暖暖的。

熟悉郑军的人都知道，“凌晨两点半”是郑军的正常在岗时间，因为本职工作、参政议政、民主监督、社会服务等多元职责，让他不得不争分夺秒，尽力在太阳升起之前的这段时间里完成每天既定的事务，做更多的事情。多年来，郑军一直用一种奔跑者的姿态奋力向前。

泥泞路上的脚印

“当年那条坑坑洼洼的泥路，被飞转的车轮碾下了两道深深的痕迹，印证着我风雨无阻的奔波和对传播学术的热忱，也印证着我曾经无怨无悔的付出和努力。”郑军在他的自述中这样写道。

时间回溯到30年前的初秋，经过十年寒窗苦读，郑军从湖北荆州的石首市南岳中学毕业，进入中南财经大学（现中南财经政法大学）会计系学习。

坐在开往武昌的长途车上，熙熙攘攘的人群、嘈杂喧闹的声音并没有影响到郑军，或者说，这个19岁第一次出远门的少年没有心情顾及这些。年少懂事的郑军暗下决心，要更加珍惜在大学里的学习时光，唯有勤奋和刻苦才是对亲人最好的回报。

毕业后，郑军被分配到武汉电视机总厂。按照当时规定，分配到企业，必须要下基层锻炼。

每天在一线生产车间里进行重复单调的工作，不是郑军对人生的最终追求，但却是他打牢本职工作根基的良机。每天收工后，郑军还会利用空余时间读书。

20世纪90年代初，随着市场经济的逐步发展，企业也在发生变革，往日红火兴旺的电视机总厂不可避免地出现效益下滑，常常处于半停产状态。在生产车间断断续续锻炼几个月后，郑军被调至总厂审计科从事经营业务审计工作。郑军回忆说，“这是我接触专业实务的开始。”

机会总是会降临在有准备的人身上。由于电视机总厂的半歇业状态，在大学老师蔡昌明的引见下，郑军结识了著名会计学家易庭源教授。经易教授推荐，郑军到了中国财会领域知名期刊《财会通讯》编辑部工作。

初到编辑部，按杂志社的规定，需要试用一年。穷人的孩子早当家，贫寒的家庭给了郑军比金钱更重要的东西——坚韧和能吃苦。“无论单位什么事情我都干，无论谁吩咐的事情我都办。”由于随时听从“调遣”，尽管吃了“苦头”，但收获了在业务知识和社会知识方面的快速提高，没等到试用期满，短短3个月后，他正式成为编辑部的一员。

一次偶然的机会，郑军受邀到华中农业大学讲授《管理会计》课程。从此，郑军的人生履历多了“教师”这个神圣的职业。郑军在编辑部工作期间经常与理论界名家和实务界专家接触，潜移默化吸取了专业“营养”，积累了丰富知识，他的授课受到学生们普遍欢迎，座无虚席成为课堂常态。“由于课程安排在下班后的晚上两节课，骑自行车往返得花两小时，忙起来只能开水泡白饭。”直到现在，郑军还常常因为忙碌错过了吃饭，“开水泡白饭，再就着一点咸菜。”本科毕业仅仅四年的郑军，就在华中农业大学主持会计系工作。

人才总是被关注和重视。郑军工作过的《财会通讯》，聘请著名会计学家郭道扬教授任主编，新主编“点将”郑军，由此他被请回编辑部任主编助理。两年后，刚刚30岁的郑军被聘为《财会通讯》执行主编。担任全国知名中文核心期刊的执行主编，郑军却视为“这只是个开始”，他的“野心”变大：要将自己锻炼成精通业务与管理的“两栖”人才。

一天时间“白加黑”，一周时间“五加二”，从组稿约稿、审稿改稿到排版、协调，郑军一条龙地主管编辑部工作。付出总会有回报，杂志一直保持着全国中文核心期刊、湖北省优秀期刊的称号，还获得中国城市经济期刊第一名的荣誉称号。

紧跟会计改革的步伐，郑军不断提升自身“含金量”，先后通过注册资产评估师、注册税务师、注册会计师专业资格考试，获得高级经济师、高级会计师专业技术职称。在当年，同时具备三种资格的人少之又少，由此一些会计师事务所、资产评估事务所、税务师事务所向郑军发出加盟邀请。对高薪的拒绝，令许多人不理解郑军。“确实，那时候亲戚朋友不理解，只要将一个资格挂靠到事务所都能赚不少钱啊。但我参加考试是为了证明自己专业上的实力，一是通过考试督促自己不停学习，检验学习效果，二是为了更好胜任专业编辑工作。”说到底，是他的热爱不被世俗理解。

2002年，郑军放弃了《财会通讯》的工作，选择继续读书深造，攀登更高的学术高峰。当年9月，郑军以优异成绩进入中南财经政法大学会计学院攻读博士学位。读博期间，郑军受时任世界会计教育与研究联会副会长、香港会计学会创会会长何顺文教授之邀，赴香港进行博士研究和合作交流。2004年受中南民族大学邀请，郑军作为人才被提前引进，并在两年多后，成为该校最年轻的教授。

“为会计改革的专业问题，利用曾经在编辑部工作时的资源，奔走于理论界和实务界。召开学术界与实务界对接的座谈会，实务问题找理论界研究，理论问题找实务界探讨，形成多份调研报告，有些发表，有些向有关部门反映。”郑军至今回想起那时的举动，深感这是为后来的委员履职奠定的基石。

高校走出的“三农”专家

“我们赞美长江，你是无穷的源泉；我们依恋长江，你有母亲的情怀……”正如《长江之歌》中所唱，奔腾不息的长江给人一种精神感召。站在唯一以“长江”命名的高等院校大门口，刚刚履新长江大学副校长的郑军想起小时候母亲教导的“处事经”——“好做事”“做好事”“把事做好”。郑军的母亲是一位地地道道的农村妇女。“自打我懂事起，这句话就挂在她嘴边。后来，我离开家乡读书、工作，每次见面她还会这样说。”

长江大学是湖北省属规模最大的高校，郑军初到学校，对情况不是很熟悉时，在接受领导的分工安排，依然带着朴素的学习精神，“不挑不拣、都是锻炼。履职尽责、尽心尽力。”怎么想的，就是怎么做的。他分管的教学、创新创业工作，仅一年内就有将近20项创新，许多改革事项被媒体报道。其中，他分管的农科基地办有多年未解决的两处拆迁历史遗留问题。

就是这样一桩几年未解决的“麻烦事”，郑军仅用半年时间就解决了。“没有一句恶言重语，没有一次争吵，拆迁户反而还觉得你这位领导还很友好，你是如何解决的?”面对领导和同事的疑惑不解，郑军几句话道出了真谛：“放下面子，平等地沟通。领导支持，多方帮助。”由于郑军多年受聘为湖北省纠风办督查员和监察厅特邀监察员，并担任了几年的督查组组长，经常到乡村调研，也常与老百姓打交道。尽管之前郑军从未处理过类似的拆迁事务，但处理起来，他却显得格外老到。从授课者到社会服务者，责任的溪流流入郑军心田的同时，他总记得，“我是从农村走出来的，更希望力所能及地为百姓办实事。”

没有薪酬，没有假期，履职尽责督查可以称得上是一份吃力不讨好的工作。“每年都要投入许多时间深入基层明察暗访，获得一手资料。”“为了不影响本职工作，只有牺牲业余时间，也因深入省市县乡村而获得了委员履职的基础信息。”郑军坚持了10年。

有一次，郑军作为省级政风督查员开展履职尽责工作调研。“郑军是谁?”座谈会后，参会的24名群众代表好奇地问地方纪委的工作人员。“他是长江大学的副校长。”

“不可能。”众人摇头不信。一位大学校长怎么可能对基层情况这么熟悉，对来自12个行业部门的基层代表所反映的问题，都能清清楚楚地交流作答?!

"除了监督职责外，还要为政府和老百姓之间架起一座沟通的桥梁，把老百姓不理解政府的事情解释清楚，把老百姓对政府的意见传上去。"在担任了省级政风督查员的10年时间，郑军增加了十几本厚厚的工作日记，上面不仅记录了日常工作进度，还记录了他的心得体会。

2017年9月，政协第十二届全国委员会优秀提案公布，郑军提交的《关于提高农民法律意识，加强依法治村的提案》被评为优秀提案。这提案正来自他在担任省纠风办督查员赴基层一线了解到的"民呼""民需"。这也只是郑军众多涉农提案的其中之一。《创新城乡社区治理夯实国家治理根基》《关于加快建立精准扶贫大数据平台的建议》《关于加强城镇污水处理设施建设的建议》《创新体制机制着力破解贫困地区学前教育发展难题》……郑军身上的乡土气息更浓了，他作为民革中央委员，今年被安排到"三农"委员会，将继续在"农"域忙碌。

深度思考是一种习惯

每年春天，来自全国各地、各条战线上的委员们一同赴京"聚会"。2013年3月，郑军以全国政协委员的身份，首次站在民主政治大舞台上。

梳理并纵观郑军6年来向全国政协、湖北省政协和党派提交的50余件大会发言、提案和社情民意信息，有些与国家新近出台的改革措施和政策不谋而合，多数围绕国家治理体系及治理能力现代化这一主线进行延伸，涉及教育治理、环境治理、社会组织治理、城市治理、社区治理以及乡村治理等诸多方面。

当被问及为何关注国家治理时，郑军坦言，"党的十九大报告中提出全面建设社会主义现代化国家分两步走，第一步基本实现社会主义现代化，要求国家治理体系和治理能力现代化也要基本实现；第二步实现社会主义现代化强国，要求实现国家治理体系和治理能力现代化，这说明国家治理也是分两步走的，可见国家治理将在未来较长时期作为全面建设社会主义现代化国家的制度基础。今年提交的《完善综合行政执法促进社会治理现代化》还是跟国家治理有关。"

郑军的电脑里，除了少许图片，大多数是文字材料。“无论中央、国家部委出台什么文件，召开什么大会，我都会第一时间关注，并将其中的要点记在笔记本上，再逐一思考，这是我多年养成的习惯。”

而运用专业履职，郑军有自己的经验之谈。他以关于自然资源的提案，做了深度解读。中共十八届三中全会明确提出，探索编制自然资源资产负债表，开展自然资源资产领导干部责任审计试点；建立生态环境损害责任终身追究制。郑军抓住了这则有价值的信息，开始思考：既然中共十八届三中全会提出，那下一步就是落实。

正如郑军所想，2015 年 11 月，国务院办公厅印发《编制自然资源资产负债表试点方案》的通知，确定在五个地市州开展编制自然资源资产负债表试点工作。随后，本不在国家文件试点之列的许多省市，主动向国家统计部门申请纳入试点范围。

“试点内容包括土地资源、林木资源和水资源。编制自然资源资产负债表旨在通过质量指标和数量指标的结合，更加全面系统地反映自然资源的变化及其对生态环境的影响，给生态资源打上‘价格标签’。”郑军向记者科普道。

这张表该怎么编？自然资源涉及范围广，编制难度很大，怎么样在资产负债表上反映？由于该项目在国内第一次开创，制度建设仍在探索中，编制方式处于摸索阶段。郑军思考着，编制自然资源资产负债表原理源自会计理念，自己从专业角度，能不能出谋划策做点贡献？为此，郑军深入几个试点县市区调研。结合调研发现，郑军写的调研报告提出很多建议，其中有一条是建议设立自然资源管理机构。谈到这一建议，郑军难掩激动：中共十九大报告对改革生态环境监管体制作出了部署，提出设立国有自然资源资产管理和自然生态监管机构。这次国务院机构改革方案也组建了自然资源部。

固然，发挥参政议政作用是政协委员应有之义，“参与民主监督，也是委员职责之一，没有薪酬，没有补助，明察暗访也没有服务礼遇，但我发自内心地以能为老百姓解决实际问题为乐。”除了督查提交督查报告，反映督查出来的问题，郑军将记录、思考的习惯也用于督查方面。如参与行政监管责任调研撰写调研报告，将自己参与民主监督的心得体会多次在特邀监察员工作座谈会、省级政风督查员工作培训会上作交流发言，接受中央和地方媒体关于反腐倡廉的采访，撰写相关文章见诸报刊，真正让自身参与到民主监督中来。

郑军在总结履职感受时，有一点表述令人印象深刻：履职不仅能够通过提交提案解决或有助于解决经济社会现实问题，还有助于自己坚定理想信念，增强对经济社会改革发展的信心。这让人想到他党外干部的身份。郑军这位党外干部的政治信仰更为坚定。2017 年 10 月 18 日 9 时，中国共产党第十九次全国代表大会开幕，习近平总书记作党的十九大报告，郑军与学校同事们一起在观看直播，当听到习近平总书记提到“中华民族迎来了从站起来、富起来到强起来的伟大飞跃”时，这一次，郑军红了眼眶，他躲到自己的办公室单独用手机收看去了。

最后，郑军提到如何践行初心时，用一句话简以概之，“万事贵在行动、成在坚持。”是的，向着改革，向着发展，奔涌而去。

（原载于《人民政协报》2018 年 5 月 29 日）

探索乡村振兴人才培养新路径

郑　军

实施乡村振兴战略，是党的十九大作出的重大战略部署。乡村振兴战略是系统工程，人才振兴是实施乡村振兴战略的必备要素和重要资源，是落实产业兴旺、生态宜居、乡风文明、治理有效、生活富裕总要求的推动力量和重要保障。目前，乡村人才建设还不足以支撑乡村振兴战略的需求，人才瓶颈制约已成为乡村振兴的突出障碍：乡村各类人才队伍"青黄不接"，人员缺口很大；现有乡村人才不稳定，人才结构单一；年龄老化严重，学历、职称和能力偏低；乡村对人才缺少竞争力，缺乏乡村人才工作的环境、培养人才的条件、吸引人才的载体。实施乡村振兴战略，必须强化人才支撑，破解人才瓶颈制约，探索加强"三农"工作队伍建设新路径。为此建议：

加强顶层设计与整体规划。为统筹乡村人才各项工作，专门出台乡村振兴人才规划或纲要，明确"三农"工作队伍的总量供给和结构需求，对乡村振兴所涉及的人才进行科学分类或梳理，优化"三农"工作队伍的素质构成、营造乡村振兴人才队伍建设的社会环境等内容，推进"三农"工作队伍建设走向制度化、规范化、常态化的轨道。

实行统筹推进与分类施策。乡村振兴所需人才不仅规模大、门类多、层次差异性大，而且投身于涉农工作的各类专业人才都要有，如管理、教育、科技、卫生等方面人才，不能失之偏颇，必须统筹推进。同时，不同类型人才有其不同的特征和规律，不同人才缺乏有不一样的原因。建议针对不同类型人才提出差别化方案，采取有针对性的政策举措，定向发力。结合乡村振兴战略的要求，可将乡村振兴人才按管理人才、经营人才、科技人才、实用人才、新型职业农民、教育卫生人才、社会服务人才、综合执法人才等进行分类，有助于进行分类专题研究、分类建设，便于明确各类人才建设的责任主体，进行监督管理和目标考核。

创新工作机制与管理体制。首先，应遵循人才规律创新乡村人才建设。“三农”工作队伍具体涉及人才的培养、留用、开发、引进、管理、使用等环节，需要针对乡村人才现状区别不同情况进行相应对待，同时应对各环节全面出击，打好组合拳。建议建立乡村人才培训机制，实施乡村科技人才知识更新培养工程，加强社会领域人才的培养，加强新型职业农民培养，落实乡村人才教育培训制度，建立城乡干部流动机制，创新人才开发利用机制，完善乡村人才吸纳机制，建立社会人才引进使用机制，建立省级统筹的农村义务教育学校教师补充机制等。

创新人才管理模式。应对不同类别人才分类管理，采取政府指导、市场主导，或完全市场主导，以及成立行业协会等不同方式；按照行业部门管理，或乡镇政府管理为主、行业部门业务指导的不同模式；选用本区域管理、跨乡镇区域管理或人才轮岗等不同模式；采用专岗专用、临时聘用或县聘乡用等不同模式；全面推行村主职干部专职化管理，确保岗位专职、工作专心、精力专注，对长期不懂农业、不爱农村的，制定退出机制；对人才建设责任单位分类评价和考核，对县市区乡村人才建设工作进行综合考评。同时，建议区分乡村人才不同类型，分级建立省市县人才数据库，为乡村人才建设提供数据支持和决策参考；搭建乡村人才交流网络信息平台，用“互联网 +”思维破解乡村振兴人才制约瓶颈。

（原载于《人民日报》2018 年 8 月 1 日）

“三评”改革新政亟须在落实上下功夫

郑 军

近年来，关于科技创新和人才建设的政策文件有许多，中央和地方层面、各部门发布均不少，此次以中央文件再次重点推进“三评”改革，反映出这些措施亟须进一步落实。为此，笔者建议：

首先，层层落实改革精神，加强部门配合协调。一是按照“一分部署，九分落实”要求，将重点放在抓落实上，根据文件精神层层落实，具体落实到科技人员所在的单位，特别是明确责任主体，加强督促检查，体现法律法规效力；二是加强部门之间的协调，每个部门职能不一，关注的侧重点不一样，上面千条线，具体到基层科技人员就是“一根针”，部门协调，要求一致，引领科技人员正确导向，更好地激发科技人员按国家战略目标贡献力量。

其次，加快配套制度改革，让政策见效落地。政策是“硬约束”，而科技人员的激情、动力和活力则是“软实力”，为使政策发挥制度效用，建议制定相关配套改革措施，如解决承担项目不以人才“帽子”为依据，避免评审环节存在人为因素的问题；要求人才“标签”不能永远化，而人才获取“帽子”没有时限性问题；对人才流动作适当限制性要求，但有些按“双一流”建设标准按市场机制吸收“特殊人才”的问题；要求合理发挥市场机制作用，逐步建立高层次人才流动的培养补偿机制的问题；等等。这些要求的落地均需加快研究能够激发科技人员活力、具有可操作性的配套文件。

其次，根据学科类别，建立人才分类评价模式。不同学科有着不同的基础、导向和规律，对人才需求具有特殊性。一是根据自然科学类项目关注重大原创性、颠覆性、交叉学科创新等特点，哲学社会科学类项目注重政治方向、学术创新、社会效益、实践价值等特点，建议尽快出台分类评价指标体系和评价程序规范，对不同学科的人才采用多元评价机制。二是针对目前进行的“双一流”高校建设，区别综合性大学、研究型大学、教学型大学，采取分类遴选和评判标准，特别是针对人文社科新型智库的成果，避免唯 SCI、ESI 排名核心、期刊论文发表数量、论文引用榜单和影响因子，认可智库标志性成果价值，激发科研人员发挥社会效益；针对从事应用基础研究人才，注重应用研究成果与产业化的链接，注重科研成果从样品到产品再到商品的转化，以促进高质量发展为导向进行评价。当然，加强学科之间、科学与技术之间、自然科学与哲学社会科学之间的交叉融合，认可不同人才在融合发展中的作用。

最后，开展监督检查，营造人才科研生态环境。“三评”改革对项目评审、人才评价、机构评估作了规定，同时对加强监督评估和科研诚信体系建设作了规范，形成中国特色科技评价体系。为了提高人才评价的有效性、增强科技人员的积极性和主动性，加强督促检查，是加强人才发展治理的必要环节。一是建立形成综合的科技人才数据平台，实行人才信息大联通、大共享。针对不同部门均开展了人才服务与管理，人才信息不畅通、不透明，人才申报承担项目不便于核查，人才头衔政出多门，人才携“帽”流动信息不对称，人才科研诚信记录不联动等问题，有必要形成综合的人才信息数据平台。二是明确人才评价的责任主体，建立动态考核机制，检查责任主体对人才的支持力度、科研生态环境的建设，是否在激发人才活力和潜力上具有制度障碍，确保改革方案目标的实现；检查人才评价还体现在项目申报上、项目执行中和项目结题评价等不同环节，形成监督评估闭环。

（原载于《中国教育报》2018 年 8 月 10 日）

“三评”改革将带来哪些新变化?

王　强

人才项目种类繁多缺乏统筹机制、科技评价制度简单化、科研机构缺乏自主权等现象有望得到有效解决。近日，中共中央办公厅、国务院办公厅印发《关于深化项目评审、人才评价、机构评估改革的意见》(以下简称《意见》)，对深化科技评价制度改革进行了具体部署，提出了一系列推进科技评价制度改革的务实举措，引起了广泛关注。

科技人才队伍面临一定现实问题

项目评审、人才评价、机构评估（以下简称“三评”）是科技管理制度的重要组成部分，也是科技创新的三大指挥棒，其导向是否正确、指标是否科学、方法是否合理，在很大程度上决定着科技人员能否潜心科研、追求卓越，影响着科技创新的质量和效率。

历年来，特别是党的十八大以来，党中央高度重视科技工作，出台了系列科技体制改革政策，有效解决了国家创新体系整体效能不强、科技创新资源低效、科技投入产出效益不高、科技成果转化不足、科技人才发挥作用不够等问题，为激发科技创新活力、壮大经济发展新动能、促进经济高质量发展起到了促进作用。

当前，我国科技评价活动中也还存在一些不符合科研规律和人才成长规律的问题，广大科研人员反映强烈，要求从体制机制上进行改革。

例如，国家有关部门和地方政府近年来深入实施人才优先发展战略，出台了一系列面向国际国内高层次人才的重点支持计划，引进和培养了一大批高层次创新创业人才，为建设创新型国家提供了人才支撑，对促进科技强国建设发挥了重大作用。

在长江大学副校长郑军看来，“三评”改革在经过充分调研基础上，一定程度上能解决科技人员长期以来反映的现实问题，营造出了科技人员潜心研究、专心工作、安心生活的科研生态环境，一条条实实在在的改革措施，激发出科技人员奋发图强、激情满怀的活力。一是科技计划项目编制充分吸收相关部门、行业、地方以及产业界、科技社团、社会公众共同参与，使得发布项目有针对性；按自然科学类、哲学社会科学类的研究导向为不同类别科技人才提出分类指导；按分类原则明确不同类型项目的组织实施方式，让科技人员申报承担项目不再盲目，并且有利于科技成果转化。二是坚持客观公正，从立项方式和程序、绩效评价方式、评审专家遴选，以及综合考虑负责人和团队实际能力以及项目要求等，使得科技人员可以把时间和精力放在潜心研究上，不再因公平公正问题而徒生烦恼。三是按照能放尽放的要求赋予科研人员更大的人财物自主支配权，优化预算评估工作，只针对拟立项的项目开展预算评估，精简优化人才评价流程，减少繁文缛节，为科技人员松绑减负，切实把科技人员从繁冗审批、烦琐杂务中解放出来。

“这些改革举措，既有效解决了科技人才存在的突出问题，又有助于解决体制机制障碍，让科技人员全职全心安心投入科技创新活动中来，发挥其科技创新活力和潜力。”郑军说。

“三评”指挥棒激发科研人员积极性

近几年，我国一直在探索推进“三评”改革工作。2013 年以来，科技部、中组部会同 10 余个部门和北京市联合推进，取得了显著成效。科技体制改革，在科技计划、科研经费、成果转化、人才发展等方面取得了一系列实质性突破。这些都为进一步深化“三评”改革奠定了坚实基础。

而这次“三评”改革，是党的十八大以来推进科技体制改革的继续深化，通过形成科学的中国特色科技评价体系，有利于更好发挥评价指挥棒和风向标作用，最大限度激发科技创新的活力与潜力。

很多科研人员评价说，这次“三评”改革因解决了科技人才队伍面临的现实问题而显得非常接地气、干货多。

郑军分析说，例如，在人才分类改革方面，尽管《科学技术进步法》确立了分类评价原则要求，相关部门随即出台了科技评价政策，但部门层面的制度文件，存在部门协调、力度与层次力度不够，规定有待细化，正确评价导向尚未完全树立。本次改革要求针对自然科学、哲学社会科学、军事科学等不同学科门类特点，建立分类评价指标体系；基础前沿研究、社会公益性研究、应用技术开发和成果转化评价形成不同评价主体；应用型人才、基层一级人才职称评审不再限制论文、外语、专利、计算机水平条件；社会公益性研究、应用技术开发等类别人才不再仅以SCI和核心期刊论文发表数量、论文引用榜单和影响因子排名等作为评价参考，有效解决了评价体系单一、各类人才盲目追求发表SCI论文等不良倾向。

改革针对科技评价制度长期存在的问题分类施策，具有强烈的现实针对性和问题意识。为克服“外行评审内行”和人情票问题，《意见》就如何选拔、使用评审专家提出了明确要求，“完善专家轮换、随机抽取、回避、公示等相关制度，对公示期间存在异议的专家开展背景经历调查，确保专家选取使用科学、公正”。针对科研造假、学术不端等行为，《意见》明确要求“对科研不端行为零容忍”，并对严重失信行为责任主体实行“一票否决”。

迎着问题上、向着问题改，这次“三评”改革直指病灶，既彰显了决心更体现了力度。

（原载于《中国教育报》2018年8月11日）

郑军委员：探索城乡合伙人计划　破解人才瓶颈制约

江　卉　鲁　腾

“乡村要振兴，人才是根本。”3月2日，住鄂全国政协委员郑军在委员驻地接受了湖北日报全媒记者采访。他建议，创新人才共享机制，探索城乡合伙人计划，以强化人才支撑破解人才瓶颈制约、探索加强“三农”工作队伍建设新路径。

郑军委员表示，互联网时代，人才没有边界。实施城乡合伙人计划，采取积分制，让城市人才在土地使用、居住等方面分享参与乡村振兴成果，可以作为在岗非强制性的考核，还可以待其退休退职后在乡村享受一定待遇。

2018年，郑军委员在湖北、甘肃等地农村对乡村振兴人才建设进行专题走访、调研。在调研中，他感到，乡村人才建设还远远不足以支撑乡村振兴战略的需求，人才瓶颈制约已成为乡村振兴的突出障碍，主要表现在乡村各类人才队伍“青黄不接”、人员缺口很大，现有乡村人才不稳定等。

郑军委员建议，出台乡村振兴人才规划或纲要，明确“三农”工作队伍的总量供给和结构需求，对乡村振兴所涉及的人才进行科学分类或梳理，设立乡村人才大数据平台，优化“三农”工作队伍的素质构成、营造乡村振兴人才队伍建设的社会环境等内容。

郑军委员认为，对不同类型人才分类施策，定向发力，将乡村人才划分为管理人才、经营人才、科技人才、技能人才、社会服务人才、综合专业人才等类别，明确各类人才建设责任主体，进行有效监督管理和目标考核。

郑军委员建议，区分乡村人才不同类型，分级建立省市县人才数据库，为乡村人才建设提供数据支持和决策参考；搭建乡村人才交流网络信息平台，用“互联网+”思维破解乡村振兴人才制约瓶颈。实行城乡人才共享，还可以参照挂职锻炼的经验做法，实施人才工程特惠政策，采用双向挂职、两地培训、委托培养和组团式支教支医支农等方式，加大教育、卫生、科技、文化、社会工作等领域的人才支持。

（原载于《湖北日报》2019 年 3 月 3 日）

郑军：乡村振兴要破解人才瓶颈

陈　鹏

新时代路上，人民群众正为实现中华民族伟大复兴的中国梦奔跑着、奋斗着。一字字建言，写满对群众的深情；一声声呼吁，满是对发展的期盼。在新中国成立 70 周年、人民政协成立 70 周年的这个春天里，住鄂代表委员们已经准备好了，正精神抖擞地踏上追寻梦想的履职新征程。

参政议政，贵在行动，成在坚持。

“一直在准备相关提案，忙得停不下来。”住鄂全国政协委员、长江大学副校长郑军说，他寒假期间都在为提案调研。“最近两年我很关注乡村振兴中的人才问题。”他说，“中国的发展离不开乡村，乡村的发展离不开人才，人才是重中之重。人才，关系着未来中国的发展空间。”“不管做什么事业，人是核心。”他坦言，目前的乡村人才状况不容乐观，存在人才不稳定、缺乏长期性等问题。比如，青年人回乡创业，可能会关心孩子去哪上学的问题；中老年人回乡，可能会关注医疗条件能否跟上的问题。

郑军建议，出台乡村振兴人才规划，从顶层设计上解决人才瓶颈；对乡村振兴涉及的人才进行科学分类或梳理；对完善乡村振兴人才的激励保障机制、多元化投入机制、人才评价体系、人才队伍建设监督机制等提出总体要求。“要改善乡村人才工作的内外部环境，增强安居乐业氛围。”他说。

对于目前留在乡村的人才，郑军建议加强培训。“人才不是天生的，应完善各种培训机制，对乡村的医生、教师、村支书等进行培训，为这些已经扎根乡村的人才补上能力的短板，帮助他们更好地建设乡村。”

（原载于《湖北日报》2019 年 3 月 4 日）

郑军委员：在武汉设立长江经济带发展银行

江　卉

“推动长江经济带发展是关系国家发展全局的重大战略，长江经济带发展离不开金融支持。”全国政协委员、长江大学副校长郑军表示，现有金融体系服务长江经济带发展存在不足，设立政策性银行长江经济带发展银行，显得十分必要。

郑军表示，政策性银行是政府实施产业政策、应对体制缺陷，弥补市场失灵，协调政府与市场在金融资源配置中的关系，提升整体金融运行效率的有效手段。从银行业总部经济情况看，中西部地区尚未获批 1 家全国性银行。

“设立长江经济带发展银行，有利于促进长江经济带产业结构合理化，支撑长江经济带沿线完善综合立体交通体系、产业转型升级等。郑军建议，由推动长江经济带发展领导小组牵头，综合国务院金融稳定发展委员会、央行、发改委、财政部、生态环境部、银保监会、证监会，沿江 11 省市政府等各方面力量，尽快开展必要性、可行性调研。

在机构设置和资金来源方面，他建议，将长江经济带发展银行总部设置在武汉，设立初期由财政部、中央汇金投资有限责任公司控股，长江经济带 11 省市按照财政实力参股投入。未来资金需求以债券、资产证券化等方式社会化筹集。在适当时点，对于具备商业化运作条件的项目和子领域，可成立专业化资产管理公司，探索 IPO 融资等多渠道方式，满足长期资金需求。

（原载于《湖北日报》2019 年 3 月 11 日）

全国政协委员郑军：创新人才共享机制，探索“城乡合伙人”计划

金若晗

“在城里上班，照样可以为乡村振兴出力！”全国政协委员，长江大学副校长郑军建议探索“城乡合伙人”计划，采取积分制，让城市人才在土地使用、居住等方面分享参与乡村振兴成果。

乡村要振兴，人才是根本。乡村人才建设还远远不足以支撑乡村振兴战略的需求，人才瓶颈已成为乡村振兴的突出障碍，主要表现在乡村各类人才队伍“青黄不接”、人员缺口很大，现有乡村人才不稳定等。

建议：创新人才共享机制，探索“城乡合伙人”计划，以强化人才支撑破解人才瓶颈制约，探索加强“三农”工作队伍建设新路径。如可以采取积分制，让城市人才在土地使用、居住等方面分享参与乡村振兴成果，可以作为在岗非强制性的考核，还可以待其退休退职后在乡村享受一定待遇。

出台乡村振兴人才规划或纲要，明确“三农”工作队伍的总量供给和结构需求，对乡村振兴所涉及的人才进行科学分类或梳理，设立乡村人才大数据平台，优化“三农”工作队伍的素质构成，营造乡村振兴人才队伍建设的社会环境。

（原载于《长江云》2019年3月11日）

郑军委员建议发挥财政职能作用推进长江经济带发展战略实施

胡　俊

在中国版图上，长江经济带覆盖11个省份，人口和GDP均占全国约40%，地域面积约205万平方公里。今年全国两会期间，有关长江经济带的议案提案再次被代表委员带上“两会”。这是2016年9月《长江经济带发展规划纲要》正式印发以来的第三个年头，在中国高质量发展进程中，长江经济带的声潮从未退场……

党的十八大以来，党和国家高度重视长江经济带发展，习近平总书记曾在2016年和2018年两次主持召开推动长江经济带发展座谈会，强调树立“共抓大保护、不搞大开发”理念，探索出一条“生态优先、绿色发展”的新路子。李克强总理作的政府工作报告中也明确提出，长江经济带发展要坚持上中下游协同，加强生态保护修复和综合交通运输体系建设，打造高质量发展经济带。

一边是保护，一边是发展，3年间，长江经济带走过了极不平凡的一段高质量发展之路。目前来看，长江经济带保护和发展得怎么样？还面临哪些问题？全国政协委员、长江大学副校长、长江经济带发展研究院院长郑军接受中国网记者采访时坦言：“调研发现，现有财政在支持长江经济带发展战略实施方面，其拥有的资源配置、通过转移支付与税收等实现收入分配、促进经济稳定和发展等职能没有得到充分发挥。”

郑军在《关于发挥财政职能作用推进长江经济带发展战略实施的提案》中强调，长江经济带发展战略实施离不开财政的支持。郑军认为，在我国经济发展进入新常态时期，财政已成为推进事关国家发展全局重大战略实施的有效工具。具体到长江经济带发展战略，上中下游协同发展，生态保护修复和综合交通运输体系建设等都离不开财政的支持。

“从长江经济带实际情况看，存在严重的上中下游区域发展不平衡问题。”郑军指出，目前来看，长江经济带沿线积累了大量的传统落后产能、转型动能疲软，对长江经济带生态环境破坏性大。区域发展不平衡、传统落后产能集聚等问题阻碍了长江经济带的进一步发展，而财政在促进长江经济带区域平衡发展、产业结构优化调整、生态环境保护绿色发展，综合立体交通走廊等方面具有强有力的推动作用。

为此，郑军委员提出三方面建议：

一、开展财政支持长江经济带发展战略实施现状调研

建议由财政部牵头，综合水利部、交通部、生态环境部、发改委、市场监管总局、国家税务总局、自然资源部、农业农村部、文化和旅游部、工业和信息化部、沿江 11 省市政府等各部门、各地方的力量，围绕长江经济带生态保护、绿色发展，长江经济带综合立体交通走廊建设、区域协调发展等重大问题开展实地调研，了解各地区财政支持长江经济带发展战略实施情况。

二、深入推进长江经济带领域财政预算管理制度改革

建议根据国家战略，由中央统筹，对支出项目做出规划。强化中长期预算管理，全面实施财政支持长江经济带发展绩效管理，优化长江经济带财政资源配置。加强财政绩效评价结果应用，建立健全财政绩效问责机制。扎实推进预算公开，解决长江经济带各地区、各部门预算公开口径不统一、内容不一致等问题。

三、建立健全长江经济带财政事权与支出责任匹配制度

建议进一步推进长江经济带基本公共服务领域政府间财政事权和支出责任的清单制划分。改革完善中央政府与长江经济带各省市政府间财政转移支付制度。建立长江经济带专项转移支付的评估、清理和退出机制。改革长江经济带专项转移支付管理模式，在保障资金规模不变的情况下，归并整合部门转移支付项目，引入整块拨款管理模式。对转移支付进行全过程监督和管理。

（原载于《中国网》2019 年 3 月 14 日）

郑军：把沉甸甸的履职责任扛在肩上

刘　丽

他是财会领域专家，也是两届全国政协委员，每年有半年多的时间深入基层，察民情，解民忧，提交数十篇建言议政成果。30 多年来，从工厂到编辑部，从教师再到全国政协委员，郑军都始终秉持“把事做好”尽心履职，朝着心中的梦想努力前行，不曾停步。

从工厂到期刊执行主编

1988 年，走出江汉平原腹地的荆州石首农村，19 岁的郑军考入中南财经大学会计系（现中南财经政法大学会计学院）学习。1992 年大学毕业时，他被分配到了武汉电视机总厂，先被安排在一线生产车间锻炼，几个月之后，又被调至总厂审计科从事经营业务审计工作。

因电视机总厂的经营处于“半歇业”状态，受著名会计学家易庭源教授引见，郑军被介绍到《财会通讯》编辑部工作。按杂志社规定，需要试用一年。郑军开启了全天候无休息的工作模式，随时听从“调遣”，不辞辛苦往返于《财会通讯》与电视机总厂之间。“无论单位什么事情都干，无论谁吩咐的事情都办。”因为参与的事情多了，郑军在业务和社会知识方面很快得到锻炼和提高，短短 3 个月就成为编辑部的正式员工。

在编辑部工作期间，郑军“近水楼台”，经常与理论界名家和实务界专家接触，潜移默化吸取了专业“营养”，专业水平快速提高。从事编辑工作两年后的 1994 年，一次偶然的机会，他受邀到华中农业大学讲授《管理会计》课程，很受学生欢迎。在华农兼职授课两个学期后，由于授课效果好，当时华农师资也特别奇缺会计专业人才，因此向郑军发出调动邀请。调到华农后，本科毕业只有三年半的郑军直接担任会计系副主任。

回忆起那段时光，郑军笑说，“我的健康身体基本是在自行车上蹬出来的，在电视机厂和杂志社两边跑的时候，来回就是 12 公里。后来到了华农教书，从家到华农来回 20 多公里，每周骑着自行车跑几个来回。”

1997 年底，《财会通讯》聘任著名会计学家郭道扬教授任主编，郭教授邀请郑军担任主编助理。两年后，年仅 30 岁的郑军被聘为执行主编。“我发誓要做一个勤奋的人，一个有责任感的人。”郑军一心扑在事业上，既主管业务又主抓发行，杂志一直保持着全国中文核心期刊、湖北省优秀期刊的名号。

郑军并没有安于现状，放松专业知识的学习，“不想因为工作忙碌而在专业上掉队”。在 2000 年至 2006 年，他先后通过注册税务师、高级经济师、注册会计师、注册资产评估师、高级会计师等职称和专业资格。这在当时，同时具备三种资格的人少之又少。他在《光明日报（理论版）》《人民日报》《会计研究》《经济学动态》等报刊发表论文百余篇，主持省部级以上纵向课题 20 余项，获得省部级奖项 15 项；个人荣获“中央国家机关先进会计工作者”荣誉称号、入选教育部新世纪优秀人才支持计划，获得湖北省“五一劳动奖章”等。

从教师到高校管理者

2002 年，郑军放弃了在《财会通讯》的工作，第二次离开编辑部，选择继续读书深造。当年 9 月他脱产进入中南财经政法大学会计学院攻读博士学位。2004 年 6 月，正在攻读博士学位的郑军，因一次偶然机会受中南民族大学邀请，作为人才被提前引进。两年多后，郑军成为该校最年轻的教授，历任工商管理学院（现管理学院）会计系主任、管理学院院长。

2014 年 5 月底，郑军被任命为长江大学副校长，长江大学是湖北省属规模最大的高校。

初到学校，在接受领导分工安排时，郑军依然带着朴素的学习精神，“不挑不拣、都是锻炼。不管分管什么，一定会尽力做好。”考虑到他曾在三所部属院校从事过教学管理工作，于是由他分管“大教学”相关内容。其中，他分管的农科基地办有多年未解决的两处拆迁历史遗留问题。

一桩几年未解决的“麻烦事”，郑军仅用半年时间就解决了。他坦言其中门道：“放下面子，平等地沟通。领导支持，多方帮助。”尽管之前从未处理过类似的拆迁事务，由于郑军多年受聘为湖北省纠风办督查员和监察厅特邀监察员，经常到乡村调研，常与老百姓打交道，无形之中积累了行政管理经验。到了学校管理岗位后，郑军发现，“扮演好‘服务’的角色，放下‘面子’，平等地与‘服务对象’沟通，取得了意想不到的管理效果”。

说起在长江大学的工作，郑军细数了几件令他满意的举措。其中，他发起成立了长江大学创新创业中心。在一年多时间里，中心孵化企业 30 余家，其中“白芨”项目（医药项目）成功吸引投资 3500 万元；创新创业团队研发的无人机，一架作为传统项目准备用于农业喷洒农药，一架已与石油管道公司签订合同，准备用于为石油管道巡航。

他还牵头建立了湖北省大学生智库中心。“这个智库就是要把普通大学生组织起来，遴选一些课题，让他们去农村、工厂、开发区开展调查研究，收集第一手数据和资料，然后邀请人大代表、政协委员、专家学者和大学生对接，发挥双方优势，最后形成建议和提案，促进政府科学化决策。”郑军说。

2017 年 9 月，郑军提交的《关于提高农民法律意识，加强依法治村的提案》被评为政协第十二届全国委员会优秀提案。这一提案来自他在担任省纠风办督查员赴基层一线了解到的民情。这一优秀提案的出炉，更离不开扎实的调研工作。为了让提案更专业，同时避免提案以偏概全，郑军扩大了调研面，并组织了一支包括长江大学法学院两名博士、创新创业中心一名教授以及相关专业学生的调研团队，充分发挥大家的积极性。提案调研工作进展更加顺利，发现了更多深层次问题，因此建议才能提得更精准。

“做事不讲条件不提要求，低调行事，先干再说，不能等靠要。”从教师到高校管理者，说起工作思路，郑军如是说。

尽心履职，做一名合格的政协委员

2013 年起，郑军担任全国政协委员。在他看来，“是一种政治荣誉，更多的是一份责任和使命。”多年来，他将教学科研、参政议政、社会服务很好地融合在一起，相互促进。

“我主持的课题基本来源于一线调研。例如，在参加省纪委安排的督查工作时，针对在基层看到的问题思考自己的科研选题。同时，将调研成果和案例运用于课程教学。调研还为履行政协委员、政府咨询委员等职责积累了素材。”郑军说。

作为民主党派的一员，郑军自2008年来连续10年受聘为湖北省监察厅特邀监察员，同时担任湖北省纪委行风督查员，连续多年参加全省行风评议和履职尽责督查工作，多次担任督查组组长，并被评为优秀督查员。

“除了监督职责外，还要为政府和老百姓之间架起一座沟通的桥梁，把老百姓不理解政府的事情解释清楚，把老百姓对政府的意见传上去。”在担任省级政风督查员的10年里，郑军增加了十几本厚厚的工作日记，不仅记录了日常工作进度，还记录了心得体会。

郑军注重深入基层“找”问题。一次到某地开展行风评议，会后郑军顺便到一个基层派出所，发现为了迎接检查，没有编号的辅警穿着有正规编制的警察的衣服照相用以宣传。这引发了郑军对辅警群体的深度关注。他走访了30多个基层派出所和公安局，向省政协提交了《关于出台政策规范协警管理的建议》，推动公安部门对全省辅助警察的情况进行大摸底，出台了《湖北省公安队伍辅助警察管理办法》。这一提案也被湖北省政协评为2015年优秀提案。一次在湖北省民宗委行风评议检查基层寺庙时，他针对发现的问题撰写了《关于加强宗教寺观教堂人财物综合管理的建议》；在参加行风评议活动时，他留意到鄂西民族药（土家药）缺乏质量标准，严重制约相关产业发展，于是提出《关于制定鄂西民族药质量标准的建议》。

结合本职工作，他围绕高校发展、教育改革也提交了一系列提案。比如，针对高校特别是部属高校向主管部门上报数据繁杂并且政出多门的问题，提出了《关于设置高校统计信息综合报告的建议》；针对三线城市高校因地域因素造成人才引进、教学、科研、招生难等问题，他提交了关于“促进三线城市所在地高校发展”“解决中西部高校急需人才缺乏问题”等建议。

郑军体会，“沉甸甸的履职责任还需要专业基础、专业能力来支撑，特别要具有家国情怀。”通过提升履职能力来倒逼自己加强学习，使自己保持不断学习的心态，是郑军对自己的严格要求。多年来，“无论中央、国家部委出台什么文件，召开什么大会，我都会第一时间关注，并将其中的要点记在笔记本上，再逐一思考”。这是他多年养成的习惯。作为湖北省政风督查员，郑军经常奔走于省市县乡村，每年要投入许多时间深入基层明察暗访，“也因深入省市县乡村而获得了委员履职的基础信息”。仅收集的各类资料，“存放在电脑里就有 100 多个 G”。

谈及履职体会，郑军认为，做一名合格的委员，必须有宽广的政协情怀、无私的奉献精神、扎实的工作作风和执着的履职追求。这也是他一直在践行和努力的方向。

（原载于《统一战线》2019 年第 4 期）

避免滥用“挡箭牌” 让政府信息更透明

周福志　秦　雪

4月15日，新修订的《中华人民共和国政府信息公开条例》(以下简称《条例》)公布，这也是我国政府11年来首次修订政府信息公开条例。新《条例》将于5月15日施行。分析指出，新修订的《条例》将有助于更好推进政府信息公开，切实保障人民群众依法获取政府信息。

围绕此次条例修订的背景和意义、新意和亮点以及接下来如何做好贯彻落实，团结报记者采访了民主党派成员中的专家学者，听一听他们有何看法和建议。

直面实践难题　避免滥用“挡箭牌”

问：如何看待此次条例修订的背景和意义？

郑军：条例的修订，既通过政府对信息的开放实现了全社会对信息的共享，也体现国家治理体系和治理能力现代化的要求。在我国，发展社会主义民主政治就是要体现人民意志，保障人民权益，激发人民创造活力，培育人民群众的国家治理主体意识。这些均需要扩大公民依法有序参与国家事务管理、经济文化事业管理、社会事务管理等渠道，让人民群众能够即时有效地获取信息。因此，有必要在新时代进程中修订条例，实行政府信息公开的科学化、规范化，便于人民群众积极有效参与公共决策、关心维护自身权益。

回应社会呼声　制度设计体现“公开为常态”

问：本次条例修订，您认为有哪些突出亮点？

郑军：本次修订条例，最为突出的亮点是解决了信息内容问题，提出积极扩大主动公开，坚持“公开为常态、不公开为例外”原则。该公开的不公开，或是有选择性地公开，满足不了人民群众对政府信息的需求，也会影响到民众参与公共决策、维护自身权益。设定这一原则，与市场准入负面清单制度具有相同的理论内涵，能主动公开的政府信息一律主动公开，切实满足人民群众获取政府信息的合理需求，也解决了政府信息公开与不公开的边界模糊、在实际中难以把握的问题。

注重落到实处　不断提升政府透明度

问：对于修订条例接下来的贯彻落实，要特别注意哪些问题，有哪些建议和期待？

郑军：一是政府信息的高质量，不仅在于公开高质量的信息，还在于高质量地披露。除了该公开的要公开，还应避免信息冗余，过度披露，甚至信息晦涩难懂，有些信息还需要整理、过滤，避免形式主义。政府信息公开的平台和渠道，应有公信力、权威性，避免政府信息被误读误解误传。二是加快制定配套制度建设，建议制定政府信息公开第三方评议制度、日常监督和专项监督制度、政府信息公开自我评估制度等，让政府信息公开便于操作、有章可循。三是期待通过实施新修订的《条例》，加强政府与人民群众之间的沟通，既增强人民群众的国家治理主体意识，保证人民群众广泛持续参与公共事务的权利，又便于政府倾听人民群众的意见和建议，接受人民群众的监督。

（原载于《团结报》2019 年 4 月 23 日）

幼师“好又多”，幼教才能“快又好”

——民主党派成员建言“加强幼教师资培养”

黄昌盛

“人如同陶瓷器一样，小时候就形成一生的雏形。幼儿时期就好比制造陶瓷器的黏土，给予什么样的教育就会成为什么样的雏形。”这是美国著名心理学家塞德兹关于学前教育的表述。时至今日，这段话仍然常被用来提醒人们学前教育的重要性。

学前教育是终身学习的开端，是国民教育体系的重要组成部分，是重要的社会公益事业。办好学前教育、实现幼有所育，是中共十九大作出的重大决策部署，是党和政府为老百姓办实事的重大民生工程，关系亿万儿童健康成长，关系社会和谐稳定，关系党和国家事业未来。

然而，当前我国学前教育事业却面临着不少制约因素，底子薄、欠账多，发展很快但成效有限，成为许多学前教育研究者的共同担忧。这其中最大的一块短板莫过于师资不足——有数据显示，全国学前教育专任教师缺口已达52万人。

幼教发展如何能“又快又好”，以实现全国人民“幼有所育”的美好期盼？在专家学者看来，首要的是确保幼师能“又好又多”。

民革中央委员、长江大学副校长郑军注意到专业幼师的缺口问题。他特别关注贫困农村地区幼儿教师数量短缺、质量不高的现象。郑军认为，农村学前教育应由省级政府及有关部门统筹学前教育经费保障机制，由省级财政增设学前教育发展资金，加大对农村幼儿教师专项经费投入。

针对农村幼儿园师资严重不足、专业化水平不高的情况，他还提出，建立省级统筹的学前教育在编教师招录制度的建议，以加强贫困地区农村学前师资队伍建设。“要建立贫困地区农村幼儿教师培养补充机制，实行农村教师置换培训等创新培训形式。”他说。

（原载于《团结报》2019 年 5 月 5 日）

用好应急政策　优化营商环境

郑　军

为应对疫情带来的影响，中央和地方出台多项政策，统筹推进疫情防控和经济社会发展。为应对疫情对经济运行造成的冲击，维持经济长期向好的基本面，有必要深入研究和评估这些应急政策，进一步优化营商环境

在党中央集中统一领导下，当前全国疫情防控形势持续向好，疫情蔓延扩散势头得到基本控制，企事业单位复工复产、生产生活恢复秩序的步伐在加快。为应对疫情带来的影响，中央和地方纷纷出台多项政策，统筹推进疫情防控和经济社会发展。为应对疫情对经济运行造成的冲击，维持经济长期向好的基本面，有必要深入研究和评估这些应急政策，进一步优化营商环境。

一是加强统筹协调并贯彻执行应急政策措施。疫情发生以来，从中央到地方、从行业到部门、从系统到单位均出台复工复产的应急之策，这是中小企业的“及时雨”，但来自各级各方的应急政策信息也存在信息传导、吸收消化、辅导指导、执行落实、精准实效等问题，需要政策统筹协调、统一部署。就营商环境政策而言，需要认真研究和评估政策的协调性，包括政策的短期应急与长期效应是否协调，中央统一政策与省市县自主创新政策是否协调，劳动力、资金资本、技术创新、管控管理等要素的结构性是否协调，融资环境、市场环境、政务环境、法治环境等营商环境是否协调，发挥政府职能作用与深化市场化改革是否协调，分区分级政策是否协调，针对大中小微企业、国有民营企业等不同市场主体的政策是否协调等，以使政策制度转化成营商环境治理效能。

二是加强信息平台建设，提升营商环境智能水平。为推动解决企业有序复工复产出台的系列政策，既有因疫情防控倒逼信息公开透明的改革措施，也有因疫情交通管制、出行受限催生出来的网上办公新模式，如有关部门建立的网

上经办“不见面”平台、实行招投标全流程电子化等，这符合营商环境深化改革理念，也说明政务信息平台仍有优化空间。应进一步研究包括信息内容标准化、披露时效、披露方式、监督管理等在内的一体化政务平台建设，并继续深化改革。特别是在智能化时代，应重新梳理疫情防控在信息公开方面的缺失或漏洞，总结各部门在优化营商环境方面的改革经验，运用区块链技术建立政务大数据服务体系，形成信息公开共享和政务审批智能系统，建立长效机制，促进政务营商环境优化再造，为经济社会发展服务助力。

三是将有效应急政策转化为营商环境制度化成果。在疫情防控非常时期要有非常之策，中央和地方出台的支持企业复工复产政策增强了企业发展信心。针对目前各部门各级政府出台的一揽子支持政策，应在疫情过后作出梳理评估。对于临时性、暂时性或适用疫情“窗口期”的政策制度，作为今后应对重大突发公共事件的应急机制构成部分，应在以后修订应急预案中予以制度化。有些政策是弥补以往优化营商环境短板的措施，则可作为常态化优化营商环境的补充机制予以固化，以提升营商环境规范化、制度化、法治化水平。

（原载于《经济日报》2020 年 3 月 19 日）

战疫一线最美统战人郑军：善做“连心桥” 画好“同心圆”

荆楚统战

新冠肺炎疫情发生以来，湖北各级统战部门和广大统战成员闻令而动，踊跃投身战疫，积极献计出力。有的坚守岗位、靠前指挥，在大战大考中践行了初心使命；有的下沉一线、冲锋在前，充分发挥了战斗堡垒和先锋模范作用；有的义无反顾、日夜奋战，弘扬了救死扶伤的奉献精神；有的发挥优势、建言献策，为疫情防控提供了智力支持；有的守望相助、捐款捐物，展现了同舟共济的深厚情怀，为疫情防控贡献了统战智慧、统战力量。

为充分发挥先进典型的示范引领作用，湖北省委统战部官方微信公众号“荆楚统战”特推出“战疫一线最美统战人”主题系列篇章，为您讲述湖北统一战线在抗击新冠肺炎疫情过程中的感人事迹。

这次，为您讲述的是全国政协委员、民革中央委员、湖北第二师范学院院长郑军的故事。

大疫无情，大智有爱。新冠肺炎疫情发生以来，全国政协委员、民革中央委员、湖北第二师范学院院长郑军创新性开展疫情期间学校停课不停学、科学研究以及日常管理的同时，郑军委员利用网络直联基层，深入开展线上调研、履职尽职、建言资政，通过献策建言、捐款捐物、发挥自身专业特长等途径，积极主动参与疫情防控，在打赢疫情防控阻击战中践行初心使命。

时有所需，必有所为。疫情期间，郑军时刻牵挂着疫情。他向全国政协、民革中央提交社情民意信息 13 件，涉及抓紧抓好大学生就业工作、规范研究成果国外发表、加强疫情防控工作摸排帮扶贫困村户、疫情期启动高等教育资源、统一捐赠渠道、统一疫情信息报送口径和渠道、加强疫情期信息监管、指导市民正确防疫、加快归整新冠肺炎病毒工作档案资料、优化营商环境增强疫情后经济增长信心、强化社区境外输入性疫情防控等。郑军说：“专业所限，不能到抗疫最前沿，但作为政协委员，必须要充分发挥紧密联系群众的优势，超前思考，提供思路，通过参政议政，做国家大政方针与人民群众之间的‘连心桥’。”

疫情之下，全国就业形势将异常严峻。作为高校校长，他忧心忡忡。2 月初，他提交了《关于抓紧抓好大学生就业工作的建议》。他建议：增加今年研究生扩招比例、准许扩大地方教育部门专升本招生规模、给予接受应届毕业生的中小企业优惠政策、延迟办理今年毕业生的离校手续、给予就业难的学生半年或一年期带薪补助的待岗实习机会等建议。2 月 25 日，国务院常务会议决定扩大硕士研究生招生和专升本规模的信息发布。这个重要的信息与郑军委员的建议不谋而合，他深深地感受到了建言就是奉献，智慧也有力量。

疫情发生后，郑军注意到疫情数据安全。武汉刚封城，他提交了《关于规范研究成果国外发表确保数据信息安全的建议》。他结合自己的调研，从加大克服唯在国外发表论文的力度；提高科研管理部门的数据安全意识和敏感性，强化单位对论文的审核把关主体责任；加强科研数据信息安全的教育和宣传，建立学术论文发表数据信息安全承诺制度；建立科研论文数据信息安全动态监测和第三方评估制度等方面提出规范数据保护，防止国家最重要战略资源外流的思路办法。2 月 18 日，教育部、科技部印发《关于规范高等学校 SCI 论文相关指标使用　树立正确评价导向的若干意见》的通知。通知的下发，让他如释重负。

疫情期间，面对负面网络信息的不良影响、危害，如何加强网络生态治理，调研分析后，他从加大源头治理、出台规范文件、强化引领教育、建立奖惩机制等方面提出了《关于加强疫情期信息监管的建议》。随后，国家互联网信息办公室出台《网络信息内容生态治理规定》。“规定”的出台为营造良好网络生态，保障公民、法人和其他组织的合法权益，维护国家安全和公共利益；依法治网、依法办网、依法上网提供了明确可操作的制度遵循。

一份份建议，反映热点难点、传递社情民意，他认真发挥政协委员的积极作用，及时为抗疫送上“金点子”“雪中炭”。

初心在方寸，咫尺在匠心。这是一个特殊的春天，2020 年全国两会尽管因突如其来的疫情而推迟召开，但郑军的两会提案早已准备好。他在调研的基础上，为十三届全国政协第三次会议撰写了《关于落实统一规划体系意见完善规划治理的建议》《关于完善第三方治理促进经济社会健康发展的建议》《关于克服政府购买服务泛化倾向的建议》《关于挖掘整理乡村传统文化资源的建议》《关于完善取保候审制度落实认罪认罚从宽的建议》等 5 件提案。

郑军说，“作为一名政协委员，又是民主党派成员，要切实履行好参政议政职责，必须加强学习，不断增强创新发展的内生动力，夯实过硬的政治素质；必须围绕中心工作，聚焦社会问题和民生，坚持以人民为中心参政议政；必须深入调查研究，做到提案建议扎实可行接地气。疫情时期更要为国履职、为民尽责，凝心聚力、共克时艰，认真画好履职尽责的‘同心圆’。”

恒者行远，思者常新。郑军常说：“要勤于思考，独立思考意识和思维的灵活性是创新思维的基础；要善于运用全面的、辩证的、发展的观点去认知周围的事物，去思考、分析和解决问题。”他是这么说的，也是这么做的。针对此次疫情暴露出来的城市治理体系、治理能力问题，他结合长期深入的思考，撰写并发表论文《市域社会治理的基本特征及对地方经济发展的影响》（《当代经济》2020 年第 3 期）。论文由因新冠肺炎引发的公共突发事件等入手，分析了市域社会治理基本特征，理清市域社会治理与经济发展的相互因果关系，提出了市域整体发展的统筹安排与路径机制。

为应对疫情对经济运行造成的冲击，维持经济长期向好的基本面，在深入研究和评估各级各部门出台的应急政策的基础上，他在《经济日报》（3 月 19 日第三版）发表署名文章《用好应急政策　优化营商环境》，提出了加强统筹协调并贯彻执行应急政策措施；加强信息平台建设，提升营商环境智能水平；将有效应急政策转化为营商环境制度化成果三点措施。疫情期间，他撰写《重大公共事件背景下市域社会治理共同体效能评价与提升策略研究》国家重点课题申报书；1 月中旬，湖北省政府办公厅《决策调研》（第一期）全文印发郑军主笔的调研报告《增强微观市场主体活力的制约因素和对策》。

一个建议，一份真情；一件提案，一份答卷。郑军以强烈的责任感、使命感，力争为宏观决策上当好参谋、在解决实际问题上敢于作为；现在，在特殊的全民战“疫”中，作为新时代政协委员，他用实际行动诠释了“为国履职、为民尽责”的情怀与担当。

睹始知终，阵马风樯。新冠肺炎疫情发生后，郑军第一时间与党委书记张国秀同志一起研究学校的疫情防控方案，共同担任学校疫情防控指挥长部署单位的防控工作。郑军迅速与单位所在街道办事处接洽，从物资调配到数据共享，从各部门人员岗位职责落实到校园各场所的集中消杀，各项工作迅速形成联动机制。武汉因疫情决定封城，郑军感受到疫情给学校日常工作带来巨大挑战。他既注重整体谋划安排，又跟抓每一个工作细节，迅速联系有关部门研究部署新学期工作，保障学校业务工作在上下齐心氛围中有序推进，布置教师线上备课授课；组织科研处发布“新型冠状病毒防治”专项科研项目；统筹布置毕业生就业工作；谋划重大突发事件应急演练虚拟仿真实验室建设；作为重大工程建设领导小组组长，踏勘校园，讨论校园规划，启动重大工程实施；等等。功夫不负有心人，从疫情发生至今，湖北第二师范学院依然保持着无疫情校园记录，学校有关工作正在有序推进。此外，郑军向学校捐赠 3 万元用于购买防护物资，和广大教职员工一样表达对防控工作的支持。

郑军常说：“大学担负着为国家培养合格建设者和可靠接班人的重大使命，我们所有的工作都要服务于‘以学生为中心’，服务于学生的成长成才。”郑军时刻以缜密的谋略引领学校的发展，以一马当先的精气神彰显着一位大学校长的责任与担当。

（原载于《荆楚统战》2020 年 4 月 24 日）

全国政协委员郑军：为大学毕业生就业建言献策

常　理

作为一名全国政协委员，湖北第二师范学院院长郑军一直关注大学毕业生就业。一年来，他积极履职，深入调研，为推动大学毕业生就业建言献策。

去年7月份，郑军委员从长江大学调任湖北第二师范大学工作。没想到仅过了半年多，就遇上了新冠肺炎疫情，学校所在地武汉成了全国疫情最为严重的地区。

今年2月初，郑军委员向全国政协、民革中央提交了《关于抓紧抓好大学生就业工作的建议》。他建议增加今年研究生扩招比例，扩大专升本招生规模；对正常经营的中小企业在招收应届毕业生方面给予一定优惠政策。同时，应延迟办理今年毕业生离校手续，推迟到今年年底就业的，仍然按应届毕业生对待等。

2月25日，国务院常务会议发布了扩大硕士研究生招生和专升本规模的信息。郑军委员看到新闻后特别激动，“我深深地感受到了建言就是奉献。疫情期间更要为国履职、为民尽责，认真画好政协委员履职尽责的‘同心圆’”。

就业是最大的民生，促进就业特别是促进高校毕业生就业，是实现经济持续健康发展、民生改善和社会大局稳定的重要保障。做好大学生就业工作，提高就业率和就业质量，事关学校改革发展、社会声誉和生源质量。

在郑军委员的推动下，学校出台了《湖北第二师范学院关于进一步加强和改进大学生就业创业工作的实施意见》，制定《湖北第二师范学院各专业就业目标责任书》。学校建立大学生就业创业服务中心，积极推进“掌上就业”工程，利用大学生就业信息网、微信公众号、APP等，建立大学生求职和用人单位需求数据库，为大学生精准推送政策、岗位和指导，为用人单位推荐合适人选。

郑军委员说：“作为一名政协委员，要切实履行好参政议政职责，凝心聚力、共克时艰，深入调查研究，做到提案扎实可行接地气。”

（原载于《经济日报》2020 年 5 月 12 日）

郑军委员：让应急采购有法可依、有章可循

常　理

当前，我国区域经济发展不平衡、不协调，东部地区和中西部地区发展差距较大，各地区优势产业不同，在面对重大灾害需要紧急采购时，往往涉及多省市、自治区之间资源调配，这给应急采购管理带来了一定难度。

因此，应尽快建立与国家应急管理体制配套的应急采购管理体系和采购管理制度，大大提升我国应急采购能力，让应急采购有法可依，有章可循。

对此，全国政协委员郑军建议，要建立全国统一的应急采购制度。目前，我国《政府采购法》适用于社会正常有序运行情况下的采购行为，不包含重大灾害紧急情况采购。应该坚持运用法治思维和法治方式开展应急采购和疫情防控工作，在处置重大突发事件中推进法治政府建设，提高依法执政、依法行政水平，而应急采购要做到有法可依，应完善相关法律依据和规章制度。

同时，还要建立统一的应急采购电子化平台。为应对新冠肺炎疫情，保障医疗物资供应，国家及时建立重点医疗物资保障调度平台，对重要物资供应保障调控调度。在发挥政府作用的同时，应注重市场化机制和信息化手段的使用，可以借助信息化技术在国家层面构建统一的应急采购电子化平台。结合可能的应急保障采购需求，建立应急采购品目库，以公开招标方式确定一批定点采购和协议供货入围供应商，定期更新，优胜劣汰，形成稳定可靠的应急供应商体系，既满足各级采购人日常所需，又能保证紧急状态下能够及时找到合适的供应商，满足紧急需要。

此外，郑军还建议，要明确应急采购启动条件。政府实施灾害时期紧急采购不能随意决定，而是应由中央、地方政府对灾情作出综合评估，依据相关制度规定宣告是否启动紧急状态采购。根据我国《突发事件应对法》，按照社

会危害程度、影响范围等因素，将自然灾害、事故灾难、公共卫生事件分为特别重大、重大、较大和一般四级。政府采购制度层面可以结合风险级别和紧迫程度，确定相应应急采购级别，不同的级别可适用不同的采购方式和流程，简化审批程序，缩短招标期限，兼顾采购效率和竞争性，当出现相应的风险事件时，即可触发紧急采购机制，授权相关采购人实施相应等级的紧急采购，减少决策迟滞，为应急处理赢得时间，同时避免出现过度使用紧急采购的行为。

（原载于《经济日报》2020 年 5 月 21 日）

坚定信心　打赢两场硬仗

——当好参谋助手　贡献智慧力量

郑海鸥

抗击新冠肺炎疫情斗争中，党中央将疫情防控作为头等大事来抓，习近平总书记亲自指挥、亲自部署。经过艰苦卓绝的努力，武汉保卫战、湖北保卫战取得决定性成果，疫情防控阻击战取得重大战略成果，统筹推进疫情防控和经济社会发展工作取得积极成效。

当前全球疫情和世界经济形势仍然严峻复杂，我国发展面临的挑战前所未有。代表委员一致表示，要以最坚决的态度毫不放松抓好疫情防控，以最有力的举措全力以赴推动复工复产，奋力夺取疫情防控和实现今年经济社会发展目标任务双胜利。

新冠肺炎疫情防控，让中国新型政党制度优势得到了充分体现。

“我了解到，民主党派发挥人才优势、智力优势、联系广泛优势，投入疫情防控一线，围绕防止疫情扩散、帮助企业复工复产、防控境外疫情输入等重大问题调查研究、建言献策。”民革中央委员、湖北第二师范学院院长郑军委员说。

当前，全国疫情防控阻击战取得重大战略成果，但境外疫情呈加速扩散蔓延态势，给我国疫情防控和经济发展带来新的挑战。

“作为中国共产党的好参谋、好帮手、好同事，民主党派更加需要同中国共产党携手前进、共克时艰，为夺取双胜利不断作出贡献。”郑军委员说，民主党派成员要立足本职岗位发挥示范表率作用，积极参加疫情防控工作，在专业支持、专业攻关、组织协调、物资保障、治安维护、社区管控、舆论宣传等方面担当作为。

在脱贫攻坚中，民主党派成员进深山、走村寨、入农户，开展脱贫攻坚民主监督，提高建言献策质量，在各自战线和岗位发挥了重要作用。

郑军委员表示，民主党派须继续认真发挥民主监督作用，聚焦政策执行情况、精准脱贫进展情况等，积极把民主监督过程变成发现主要矛盾、解决突出问题的过程，推动脱贫攻坚工作做得更深更实。

（原载于《人民日报》2020 年 5 月 21 日）

郑军委员：加强护士队伍建设　完善护士激励机制

夏　静　张　锐

新冠肺炎疫情发生后，广大护士逆行出征，白衣执甲，奋战一线，用实际行动践行了敬佑生命、救死扶伤、甘于奉献、大爱无疆的崇高精神。

目前，我国护理行业发展面临着一些问题。现行《护士条例》不能完全适应我国卫生健康事业发展战略和护理事业快速发展需要，护理专业人员缺口较大，护士无法获得较高的社会认同，护士职业暴露伤害风险大，医疗暴力问题比较突出。

今年政府工作报告提出，加强公共卫生体系建设。为维护护理队伍稳定性，加强护士队伍建设，需要加快执业护士法立法进程，鼓励护理专业人才参与；大力发展专科护理，重点培养专科护理人才；在特定范围内赋予护士处方权，目前全球共有 40 个国家或地区通过立法给予护士处方权；改善护士执业环境，提高护士待遇，吸引优秀人才投身护理行业。

（原载于《光明日报》2020 年 5 月 24 日）

研究生扩招、扩大专升本招生规模，疫情中这位委员曾提交建议

董鲁皖龙

“今年的政府工作报告中，‘就业’一词从头到尾出现了39次，作为来自高校的委员，对今年政府工作报告中提到的就业问题有切身感受。”全国政协委员、湖北第二师范学院院长郑军说。

连续担任两届委员，今年是第8次出席两会，大学毕业生就业工作一直是郑军关注的。

去年7月，郑军从长江大学调任湖北第二师范学院工作。没想到仅过了半年多，就遇上了新冠肺炎疫情，学校所在地武汉疫情形势严峻。郑军预感到了2020届毕业生就业可能会出现困难，并进行了调研。

两个多月时间里，郑军与学生、家长、教师们连线交流，与用人单位、政府相关部门连线调研，了解学生的就业预期、可能存在的困难，了解疫情对企业用人的影响、政府政策的空间等。

今年2月初，他向全国政协、民革中央提交了《关于抓紧抓好大学生就业工作的建议》，建议增加研究生扩招比例，扩大专升本招生规模；对正常经营的中小企业在招收应届毕业生方面给予一定优惠政策等。

2月25日，国务院常务会议发布了扩大硕士研究生招生和专升本规模的消息。

看到新闻后郑军特别激动。“政策与我的建议有许多重合，虽然不一定是我的提案，但我仍然特别高兴，我深深感受到了建言献策的意义。疫情期间，政协委员更应发挥好在各自领域的洞察力，为国履职、为民尽责。”郑军说。

8年履职路，从学院院长，到学校副校长，再到校长，一步步走来，郑军

陆续向全国政协、统战部门和所在党派等提交提案和信息110余件，许多提案得到办理和采纳。

作为来自高校的全国政协委员，近年来，郑军接连为中西部高等教育崛起、科技成果转化、就业创业、提升教育治理体系和治理能力现代化奔走呼吁，建言献策。

谈到8年履职的体会，郑军认为，作为全国政协委员，一头肩负着为国建言献策的重任，另一头肩负着人民群众的期盼，“做好是必须，做不好就是失职”。

“作为全国政协委员，还要从一线获取的繁杂数据中进行理性分析，结合国情和政策找到解决问题的办法，成为具有可行性的提案和信息；更要像马拉松选手，要有耐力，要持续不断地深入了解社情民意。”郑军说。

今年全国两会比往年推迟了两个多月，谈到参会感受，郑军感慨，在以习近平同志为核心的党中央坚强领导下，我国疫情防控阻击战取得重大战略成果。“我们一定能够把握好改革开放的大好时机，不断深化改革，奋力实现‘两个一百年’的宏伟目标，实现中华民族伟大复兴的中国梦。”郑军说。

（原载于《中国教育报》2020年5月24日）

“只要坚持，就一定会取得胜利”

——全国政协委员的抗“疫”故事

梁建强　王斯班

疫情暴发以来，全国政协委员、民革中央委员、湖北第二师范学院院长郑军格外忙碌。统筹安排校园各场所的集中消杀、落实各部门人员岗位职责、研究部署新学期工作、安排教师线上备课授课……他还向学校捐赠了 3 万元用于购买防护物资，以实际行动支持防控工作。

与此同时，郑军还深入开展线上线下调研，履职尽责、建言资政，通过发挥专业特长，向全国政协、民革中央提交社情民意信息 13 件，涉及抓紧抓好大学生就业工作、规范研究成果国外发表、加强疫情防控工作摸排帮扶贫困村（户）等。

“专业所限，不能到抗疫最前沿，但作为政协委员，必须要充分发挥紧密联系群众的优势，通过参政议政，做国家大政方针与人民群众之间的‘连心桥’。”郑军说。

（原载于《新华社》2020 年 5 月 24 日）

坚决夺取疫情防控和经济社会发展“双胜利”

毛丽萍　高志民

习近平总书记24日下午参加十三届全国人大三次会议湖北代表团审议时的重要讲话，在全国政协委员中引起热烈反响。住鄂委员们纷纷第一时间收听收看学习习近平总书记重要讲话精神，表示要不辜负总书记对湖北的关心和期望，以实干和担当，为夺取疫情防控和经济社会发展“双胜利”、确保完成决胜全面建成小康社会作出应有贡献。

倍感温暖

习近平总书记牵挂着湖北人民，心系湖北的发展。24日下午，习近平总书记参加十三届全国人大三次会议湖北代表团审议时表示，湖北人民、武汉人民为疫情防控作出了重大贡献，付出了巨大牺牲。武汉不愧为英雄的城市，湖北人民和武汉人民不愧为英雄的人民。他向在座各位、向湖北各族干部群众致以诚挚的问候和衷心的感谢。

全国政协委员郑军说：“习近平总书记的重要讲话为我们进一步提供了统筹推进疫情防控和经济社会发展的思路，指明了工作方向，也给我们注入了强大的动力和信心。”

不负嘱托

当前，境外疫情扩散蔓延势头仍然没有得到有效遏制，国内个别地区聚集性疫情仍然存在。习近平总书记强调，针尖大的窟窿能漏过斗大的风。要时刻绷紧疫情防控这根弦。

补 齐 短 板

习近平指出，这次应对疫情，我国公共卫生体系、医疗服务体系发挥了重要作用，但也暴露出来一些短板和不足。我们要正视存在的问题，加大改革力度，抓紧补短板、堵漏洞、强弱项。

全国政协委员郑军表示，政协委员应以实干赢得主动，以担当诠释忠诚，围绕加大“六稳”工作力度、落实“六保”任务，积极投身建立健全疫情防控体制机制、开展新时代爱国卫生运动，以及复工复产、复商复市、复学复课等经济社会发展工作中，在建言资政和凝聚共识中双向发力，贡献力量。

（原载于《人民政协报》2020 年 5 月 25 日）

郑军委员：完善第三方治理加快推进国家治理能力现代化

毛丽萍

随着政府职能转变，“放管服”改革深入推进，大量事务由“第三方”承接，已经形成第三方组织无处不在的全覆盖格局。由此也带来第三方组织数量日益增多、规模不断扩大，服务质量和水平逐步提高。如何更加有力地推动“第三方”参与推进政府治理水平？

全国政协委员、湖北第二师范学院院长郑军认为，目前第三方涉及行业、部门多，业务领域覆盖面广，需要在顶层制度上作系统性规范；政府对第三方组织指导与监管也有待完善，避免存在着名义上脱钩实际上“藕断丝连”；同时第三方组织自身健康运行有待规范，避免出现有些第三方参与造假、腐败等信用问题，尤其是在新业态新模式新经济领域，有些第三方还不能跟上时代步伐。

郑军建议，有必要制定颁布出台《第三方治理条例》，从制度层面为推进国家治理和治理能力现代化、坚持和完善共建共治共享的社会治理制度提供更为有力的保障和支撑。政府部门应统筹、规划、协调、指导第三方组织工作，建立第三方服务绩效考评与监督，推进第三方社会服务体系建设，建立第三方管理服务平台，利用区块链新技术，建立第三方信用机制，深化第三方评估制度改革以促进政府管理方式改革创新。

（原载于《人民政协报》2020 年 5 月 27 日）

建立健全应急物资采购管理体系和制度

——访全国政协委员、民革中央委员、湖北第二师范学院院长郑军

贾　振

面对重大灾害，应急物资如何用最短时间依法完成采购？如何保障紧急状态下的应急物资采购有序高效？全国政协委员、民革中央委员、湖北第二师范学院院长郑军就此提出提案，建议加快建立统一的紧急状态下的应急采购管理体系和采购管理制度。

应尽快建立与国家应急管理体制配套的应急采购管理体系和管理制度，提升我国紧急状态下的应急物资采购能力，让紧急状态下的应急物资采购有法可依、有章可循。

针对此次新冠肺炎疫情初期在应急物资采购中出现的问题和不足，郑军指出，我国区域经济发展不平衡、不协调，东部地区和中西部地区发展差距较大，各地区优势产业不同，在面对重大灾害时，进行应急物资采购往往涉及多个省份之间的资源调配，给应急物资采购管理带来一定难度。因此，应尽快建立与国家应急管理体制配套的应急采购管理体系和管理制度，提升我国紧急状态下的应急物资采购能力，让紧急状态下的应急物资采购有法可依、有章可循。

“应建立全国统一的紧急状态下的应急采购制度。目前我国《政府采购法》适用于社会正常运行状态下的采购行为，而不包含紧急状态下的应急物资采购。在处置重大突发事件时，应提高依法行政水平，运用法治思维和法治方式开展紧急状态下的应急物资采购。”郑军指出，紧急状态下的应急物资采购要做到有法可依，应完善相关法律法规和规章制度。

郑军建议，明确紧急状态下的应急物资采购的启动条件。政府实施紧急状

态下的应急物资采购不能随意决定，而应由中央、地方政府对灾情进行综合评估后，依据相关制度规定，启动紧急状态下的应急物资采购工作。围绕紧急状态下的应急物资采购管理中存在的问题，郑军就如何规范政府采购行为进行了深入调研和思考。他指出，根据《突发事件应对法》，按照社会危害程度、影响范围等因素，将自然灾害、事故灾难、公共卫生事件和社会安全事件分为特别重大、重大、较大和一般四级。政府在紧急状态下的应急物资采购制度可以结合风险级别和紧迫程度，确定相应的采购级别，不同的级别可适用不同的采购方式和流程，采购应兼顾效率和竞争性。

当出现相应的风险事件时，即可启动紧急状态下的应急物资采购机制，授权相关采购人实施相应等级的应急物资采购，并根据采购级别适当简化审批程序，缩短招标期限，减少决策时间，为应急处置赢得时间。同时，也应避免过度使用紧急状态下的应急物资采购机制。

郑军建议，在发挥政府作用的同时，要注重市场化机制和信息化手段的使用，借助信息化技术在国家层面构建统一的应急物资采购电子化平台。结合应急保障需求，建立应急物资采购品目库，以公开招标方式确定一批定点采购和协议供货入围供应商，定期更新，优胜劣汰，形成稳定可靠的应急物资供应体系。

（原载于《中国应急管理报》2020 年 5 月 29 日）

紧急采购制度当统一

——访全国政协委员、民革中央委员、湖北第二师范学院院长郑军

杨文君

“封城封路，停工停产。”新冠肺炎疫情暴发之初，湖北一系列管控措施让当地的防疫物资一度告急。

“疫情就是命令，防控就是责任，防疫物资的供应刻不容缓。然而，百姓和民营企业尚可自主购买，但政府部门、事业单位或国有企业该如何采购？一头是防控之需、十万火急，另一头是怕踩红线、破规矩。”全国政协委员、民革中央委员、湖北第二师范学院院长郑军在接受记者采访时说出了自己疫情之初的担忧。正是基于此，今年全国两会期间，他提出了关于“建立全国统一的应急采购制度”的提案。

分类分级，制度统一

“据我了解，各地疫情期间对政府采购（应急物资设备）的要求并不一致，这可能是疫情防控等级不同所致。同时，也有各地的经济发展水平不同，影响当地物资设备生产能力和储备能力的原因。”郑军表示，有必要建立全国统一的应急采购制度，按照综合协调的原则，分类、分级进行规范。

关于分类，郑军进一步表示，这次提出的应急采购制度，系因本次疫情而引发的思考，但制定国家统一的应急采购制度，需包含自然灾害、事故灾害、公共卫生事件和社会安全事件等紧急、突发的重大事件。有些重大事件是全国性的，有些是区域性的，有些是局部的。欠发达地区的经济水平有限，应急物资的生产能力、储备保障等也相应有限，而发达地区则相对较好，因此在应急物资供应方面，更加需要全国统筹，保障应急物资得到及时供应。同时，根据

事件类别，所需物资设备不同，而这些生产性企业或产业常常分布在不同区域，也应该加以统筹。

“关于分级，针对新冠肺炎疫情，国家和不同省份均发布或调整了应急响应级别。目前正值汛期，许多地方也相应调整了应急响应级别。紧急、突发事件的应急响应级别不同，其对应的物资或设备需求的紧迫性也就不一样，采购程序也有别，甚至在对现场或线上招标投标的管理方面也会有差异。我之所以要建议分级，是为了避免‘搭便车’，如低风险地区‘搭乘’高风险地区的特殊政策等。”郑军说。

据郑军介绍，分类分级是“总标杆”，统一应急采购制度的内容应主要包括以下三方面内容：

一是“列明清单”。建立应急物资供应保障制度，根据不同类别的重大应急突发事件确定国家应急采购物资目录清单。

二是“充分调度”。建立应急物资储备、调配、依法征收征用等制度，保障应急救援设备和物资“供之有道”。

三是“灵活管理”，建立应急物资采购管理制度，根据国家发布的应急响应级别，灵活采取采购方式，畅通紧急采购渠道。

此外，郑军强调，除了分类分级，“长效、系统、统筹”也应当是未来建立统一应急采购制度的总方向。

“疫情期间，财政部以及许多省份制定了关于应急采购制度文件，这些制度文件不能只管当年，更应作用于未来，在形成体系的基础上，还应兼顾好地方与中央、下级与上级、区域特点与事件性质的关系。”郑军具体解释道。

提速提质，网络一张

“人找不到货，货找不到人”，防疫物资的供需不匹配也是阻断其供应链的一大因素。

记者了解到，为解决上述问题，湖北省政府采购中心按照关于疫情防控期间开展政府采购活动有关事项的要求，迅速反应，在最短的时间内讨论处置方案，在湖北省政府采购网上商城设立了疫情防控物资网上采购专区，并于2月17日正式上线运行。

“通过采购专区，一方面，省直各采购单位可以发布采购需求信息；另一方面，省直机关2020年度协议供应商自行发布供货信息，该举措很好地解决了防疫物资供需结构性失衡的问题。”郑军说。

湖北省政府采购中心借助信息化手段为防疫物资采购一解“燃眉之急”，这也让郑军看到了政府采购电子化的便捷性和必要性。

郑军建议，统一的应急采购制度下，还需要构建统一的应急采购电子化平台。“为应对新冠肺炎疫情，保障医疗物资供应，国家及时建立了重点医疗物资保障调度平台，对重要物资供应保障进行调控调度。在发挥政府作用同时，应注重市场化机制和信息化手段的使用，可以借助互联网、大数据、云计算等信息化技术在国家层面构建统一的应急采购电子化平台。结合可能的应急保障采购需求，建立应急采购品目库和供应商库，以公开招标方式确定一批定点采购和协议供货入围供应商，定期更新，优胜劣汰，形成稳定可靠的应急供应商体系，既满足各级采购人日常所需，又能保证紧急状态下能够及时寻找到合适的供应商，满足紧急需要。”郑军具体说道。

“建立统一的应急采购电子化平台还可以实现应急物资产品、数量、交付时间和货源质量信息全公开，从而可以及时对接供需双方的信息。”郑军还建议，“加快应急采购电子化建设，推进紧急采购全流程线上运行，提高应急物资采购效率，并最大限度地实现公开透明和流程可溯。”

应急采购“一张网”，提速提质“不见面”。郑军表示，应用电子化平台采购方式，既可以简化采购流程，提高应急采购速度，又可以避免招标、投标、开标、评标等环节的人员聚集，从而防止公共场所人员聚集引发交叉感染。

稳扎稳打，保障集中

急而不乱，和而有序。“应急采购不等于没有章法，统一的应急采购制度更需要保障机制为其‘保驾护航’。”郑军给出了这样的观点。

对此，郑军提出了以下四点具体建议：

设定应急采购启动条件。郑军告诉记者，政府不能随意实施应急采购，而是应由中央、地方政府对重大事件进行综合评估，依据相关制度规定宣告是否启动应急采购。根据我国突发事件应对法，按照社会危害程度、影响范围等因素，将自然灾害、事故灾难、公共卫生事件和社会安全事件分为特别重大、重大、较大和一般四级。政府采购制度层面可以结合风险级别和紧迫程度，确定相应应急采购级别，不同的级别可适用不同的采购方式和流程，兼顾采购效率和竞争性。当出现相应的风险事件时即可触发应急采购机制，但要注意避免“滥用”应急采购方式。

明确相关主体的权利与责任。郑军表示，不同级别、不同职能的部门应各司其职，比如，国家层面责任主体负责全国应急采购统筹协调与管理；各级地方政府责任主体负责当地应急采购综合协调与管理；地方各级应急采购部门负责具体事务；地方各级应急物流部门负责当地应急物资供应链管理；各级政府应急采购监督部门负责应急市场监督、相关部门或人员行为的监督管理。

建立容错机制。郑军表示，应区别对待为应对紧急重大事件而出现的一些失误，做好“三区分”：把干部在推进改革中因缺乏经验、先行先试出现的失误和错误，同明知故犯的违纪违法行为区分开；把上级尚无明确限制的探索性试验中的失误和错误，同上级明令禁止后依然我行我素的违纪违法行为区分开；把为推动发展的无意过失，同为谋取私利的违纪违法行为区分开。

完善内控机制。郑军说：“财政部在其《关于疫情防控采购便利化的通知》中明确提出，各采购单位应当建立健全紧急采购内控机制，在确保采购时效的同时，提高采购资金的使用效益，保证采购质量。那么，采购内控机制如何建？尽管财政部发布过内部控制规范，但应进一步细化或制定应急采购内部控制制度。”

此外，针对财政部《关于疫情防控采购便利化的通知》中“紧急采购”的概念，郑军认为，紧急二字表明了财政部急他人之所急的态度和对疫情防控的快速反应。但还是建议采用“应急”的概念为好。因为结合本次疫情，中央和国家以及有关部委，会出台一系列制度或规范，应急管理将成为常态，应急管理体系将成为成熟的预案。

（原载于《中国政府采购报》2020 年 7 月 27 日）

深化教育评价改革　提升教育治理能力

郑　军

近日，《深化新时代教育评价改革总体方案》正式出台，备受社会关注。笔者认为它必将在引导确立科学的育人目标、确保教育正确发展等方面充分发挥指挥棒作用。

为落实立德树人根本任务，遵循教育规律，近年来我国开启了系统推进教育评价改革的新征程。2018年9月，习近平出席全国教育大会并发表重要讲话时指出，要健全立德树人落实机制，扭转不科学的教育评价导向。要坚决克服唯分数、唯升学、唯文凭、唯论文、唯帽子的顽瘴痼疾，从根本上解决教育评价指挥棒问题；2020年2月，教育部、科技部印发《关于规范高等学校SCI论文相关指标使用　树立正确评价导向的若干意见》，破除论文“SCI至上”，探索建立科学的评价体系；近日，中办、国办印发《关于全面加强和改进新时代学校体育工作的意见》《关于全面加强和改进新时代学校美育工作的意见》……教育评价改革的方案，从国家部委，到中办国办文件，再到《总体方案》，文件层次上不断升级，制度层面上统筹布局，评价主体上周密部署，评价内容上系统全面，责任主体上明确规范。《总体方案》的实施，必将对加快推进教育现代化、建设教育强国、办好人民满意的教育具有重大现实意义。

教育改革的目的能否实现，教育改革形成的制度优势是否更好转化为教育治理的效能，取决于作为风向标和指挥棒的教育评价。

《总体方案》要求，改革党委和政府教育工作评价，完善党对教育工作全面领导的体制机制，完善政府履行教育职责评价；改革学校评价，推进落实立德树人根本任务；改革教师评价，推进践行教书育人使命；改革学生评价，促进德智体美劳全面发展；改革用人评价，共同营造教育发展良好环境。共同构筑了由党委和政府、学校、教师、学生、社会等组成的五类主体评价格局。

近年来，围绕教育评价改革，改革文件系统全面，形成了一套严密的制度体系，纲目并举；教育评价改革的方案，按照不同评价主体分别确定不同的改革标准，同时也列出不能为、不该为的负面清单，破立兼施；针对改革学校评价，分别对幼儿园、义务教育、普通高中、职业学校、高等学校进行分类评价规范，实行评价全覆盖，不留死角。这些改革措施分类分层、系统全面，体现了教育评价改革的全局观、整体观。

为落实教育评价改革的效果，需要明确职责，《总体方案》要求，各级党委和政府要加强组织领导；各级党委教育工作领导小组要加强统筹协调、宣传引导和督促落实；中央和国家机关有关部门要结合职责，及时制定配套制度；各级各类学校要狠抓落实，切实破除“五唯”顽瘴痼疾；教育督导部门要将推进教育评价改革情况作为重要内容，建立健全教育评估监测机制。这些要求，分工明确、职责清晰，共同构成五位一体的责任体系，将有力保障教育评价方案的落实落地落细。

教育评价事关教育发展方向，分类分层的教育评价标准即是教育改革的方向和教育发展的指引。《总体方案》既为完善立德树人体制机制、全面深化教育评价改革建制度、立规矩，也为扭转不科学的教育评价导向破“五唯”顽瘴痼疾；既体现了提高教育治理能力和水平、加快推进教育现代化的目标导向，也体现了党中央关心、群众关切、社会关注的问题导向，完善评价结果运用的要求还体现了效果导向。

（原载于《中国教育报》2020 年 10 月 22 日）

郑军委员：完善高质量教育体系　提升教育治理效能

常　理

今年《政府工作报告》提出，要建设高质量教育体系，深化教育改革，实施教育提质扩容工程。

对此，全国政协委员、湖北第二师范学院院长郑军认为，目前，从整个教育体系的整体性、系统性和协调性来看还存在短板，如教育评价改革中评价标准急需建设，高校各类评估指标不能满足新形势下教育评价改革要求；也存在弱项，如安全教育体系没有形成统一规范，区域战略教育缺乏规范性指导，教育评价改革只“破”不“立”，乡村教育不足以支撑乡村振兴等。

郑军委员建议，首先，教育部门应统筹其他部门制定安全教育规划，建立安全教育体系。一是制定安全教育管理体系，创建安全教育综合平台，统计安全数据发布信息，研究培训知识、课程内容和教材建设体系，统筹安全教育资源，增加信息技术手段，加强安全理念宣传教育，丰富安全教育资源，明确安全教育责任。二是根据不同安全建立分类教育体系，包括国家安全、生命安全、公共卫生安全、财产安全、交通安全、消防安全、网络安全、数据信息安全等安全体系。三是成立安全教育协调机构，统筹各方资源，协调各类安全教育工作，实行全民安全教育。四是加强安全教育学科、师资队伍、教材和实践基地等建设，丰富安全教育资源，同时建立安全教育评价机制。

其次，要加强区域战略教育规划指导，近年来，国家为实现经济社会发展实施了较多国家战略。这些战略制定了发展规划或纲要，其中包含有教育合作机制等内容。教育部门应进一步调研区域规模、规划导向和区域教育资源，为建立区域性教育协作机制提供指导意见。

此外，中央高度重视中国特色哲学社会科学，教育部也将推动高校加快构建学科体系、学术体系、话语体系，研制面向2035高校哲学社会科学行动计划等纳入今年重点工作内容。建议在教育评价改革破“五唯”背景下，突出高校智库在繁荣哲学社会科学方面发挥的重要作用，将高校智库建设纳入教育规划。

（原载于《经济日报》2021年3月6日）

高校“掌门人”呼吁：师范院校不能丢“师范味”

刘博智

“很多师范院校已经成为事实上的综合类高校。”全国政协委员、民革中央委员、湖北第二师范学院院长郑军也发现，目前许多师范院校师范生招生比例在下降，有的师范生招生比例已下降至不到30%。

所幸，师范院校不能丢了“师范味”的问题得到了教育部的重视。教育部将进一步贯彻落实中央关于全面深化新时代教师队伍建设改革的有关要求，加大对师范院校的支持力度，提升师范院校和师范专业办学水平、保障办学质量，强化培养卓越中学教师的力度，发挥师范院校的“师范”优势，强化师范院校主体地位和关键作用。

在郑军看来，与医学、工学等学科加大投入能够立即产生大量回报不同，教师教育需要长期投入而且很难产生短期回报，这也是师范院校“钱袋子”吃紧的原因。

为此，郑军建议师范院校的教师教育投入经费应该每年进行专项督查，确保教师教育投入不打折扣、不缩水。

除了“钱袋子”问题，郑军认为，师范院校失去“师范味”还跟有偏差的高等教育评价观和社会机构推崇的高校排名制度有关。“重振师范院校教师教育主体地位，改革师范院校评价刻不容缓。”郑军说。

郑军举例，比如受科研考核和科研排名的影响，各师范院校忽略了教师教育“理论＋实践双结合”的独特性，采取的招聘模式还是重研究而轻实践。这会导致各师范类专业缺乏有从事一线教育教学经验的教师，导致师范生在校教育空洞，实践性弱化，毕业后站不稳讲台。

郑军建议，首先要严格界定“双师型”，必须是在中小学一线从事过至少五年以上教育教学并且取得优秀成绩的教师。其次，向全社会公开各师范专业的双师型教师，接受全社会监督。最后，还要面向中小学一线特级教师和优秀教师招聘，建立专项的准入、晋升和考核标准，确保师范院校师范类专业双师型教师达标。

针对师范院校专业技能训练师资缺乏的问题，郑军建议，师范类院校要配备齐专业技能训练教师和实验员，严格师范生教师基本技能训练制度，确保训练时间要达标，质量要达标。严格考核和认证制度，利用大数据平台，建立师范生教师技能展示平台，确保师范生教师技能训练过程可追溯，结果可查证。

（原载于《中国教育报》2021 年 3 月 7 日）

全国政协委员郑军：做优做强长江中游油菜产业

张 辉

"今年中央一号文件在谈到加快推进农业现代化时提出，稳定大豆生产，多措并举发展油菜、花生等油料作物。"住鄂全国政协委员、湖北第二师范学院院长郑军兴奋地说，这次专门带了提案"关于做优做强长江中游油菜产业的建议"，为湖北、湖南、江西、安徽等省油菜产业加速发展鼓与呼。

郑军介绍说，长江中游油菜产业发展潜力大。"十三五"时期，四省油菜种植面积和总产，分别占全国的55%和51%，其中"两湖"面积占全国的1/3。此外，长江流域约有1亿亩冬闲耕地和滩涂，其中三分之二可以利用种植油菜。长江中游油菜产业发展，在生产、科技、区位三个方面优势明显。为保障我国食用油供给安全，郑军建议从以下几个方面大力促进长江中游油菜产业发展——

加大力度，推进双低优质油菜保护区建设，实现以油促粮、粮油兼丰。中央财政统筹安排优质油菜产业发展资金，集中用于油菜统一供种、技术示范以及良种繁育。

狠抓创新，把科技优势转化为产业优势。组建高端育种团队，建立和完善油菜原种繁育基地、种质资源保存基地，培育中国油菜种业航母；加快研制具有自主知识产权的油菜多用途种肥同播机械装备；加快多功能利用、种子包衣、缓（控）释肥、新型农机等油菜绿色高产高效关键新技术的集成组装。

出台油菜籽收购、加工扶持政策。加大对粮油加工企业贷款支持，推进"金种子"公司上市。

支持国产菜籽油品牌做大做强。打造小榨菜籽油等特色品牌。加快制定优质菜籽油国家标准、地方标准，引导企业执行功能性菜籽油团体标准。加强植物油标识管理和监督。加强对进口菜籽油的转基因标识管理。

积极创建长江流域油菜综合示范区。

（原载于《湖北日报》2021 年 3 月 8 日）

郑军委员：制定全民终身学习总体规划　构建“学习型社会”

胡　俊

随着终身教育、终身学习理念于20世纪70年代在国际上兴起，我国也逐步重视全民终身学习。全国“两会”期间，全国政协委员、民革中央委员、湖北第二师范学院院长郑军在《关于加快推进建设全民终身学习体系的提案》中向大会建言，成立国家全民终身学习领导小组，制定全民终身学习总体规划，构建学习型城市和学习型社会，加快推进建设全民终身学习体系。

2020年9月22日，习近平总书记主持召开教育文化卫生体育领域专家代表座谈会时指出：“要完善全民终身学习推进机制，构建方式更加灵活、资源更加丰富、学习更加便捷的终身学习体系。”郑军表示，多年来的教育法律、发展规划纲要、教育振兴计划以及几次党代会的文件均提出要建成服务全民终身学习的现代教育体系。完善全民终身学习推进机制，构建服务全民的终身学习体系，形成人人皆学、处处可学、时时能学的学习型社会，是提高全民素质、推进继续教育、提升国家发展能力和水平的必然要求。

郑军认为，从学校教育看，任何人都不可能在学校学习一辈子，学校只是人们终身学习的一个阶段，学校教育也就不能等同于全民终身教育。全体公民学习就成为一个问题，终其一生学习也成为难题。因此，仅凭在校学习难以达到全覆盖，离开学校的人群的学习成为体制性障碍和机制性梗阻，导致全民终身学习体系难以建立。

在郑军看来，全民终身学习体系涉及两个核心内涵：一是全体国民，包括每一个公民；二是终身学习，持续一生。截至“十三五”时期，从学前教育、义务教育、高中教育、高等教育等阶段入学率数据上看，中国教育总体发展水平进入世界中上行列，但没有达到完全普及，特别是高等教育毛入学率只是过半，意味着每个阶段总会有一定的人群流失。

为此，郑军建议：

一、成立国家全民终身学习领导小组，建立部门间横向协调的联席会议制度国家和省市县乡村纵向管理体制。成立的领导小组制定全民终身学习规划，协调拓展全民终身学习的空间，开发学习渠道。业务上设立全民终身学习指导委员会，制定学习体系与框架。具体可由相关业务比较成熟的国家开放大学组织实施，统筹各方面教育资源，构建全民终身学习网络，做好各类学习统计、考核、论证和信息发布等工作。最终形成党政主导、教育部门和人社部门牵头协调、多部门合作、社会力量参与的全民终身学习格局。

二、制定全民终身学习总体规划。国家层面制定相应的发展规划，相关部门根据职责制定相应规划，省市县乡根据本地的实际出台地方性指导意见。规划可根据全民终身学习体系，分别按学校教育、继续教育、社区教育、老年教育和家庭教育等板块形成的协同育人机制制定。

三、构建学习型城市和学习型社会，营造全民终身学习氛围。推进学习型城市建设，构建国家和省市县乡五个层级和学校、行业、家庭、社会和网络五大系统组成的“五纵五横”终身学习“立交桥”体系。构建由有条件的普通高校、职业院校、基础教学、特殊学校、开放大学、成人学校、社区学校、老年大学、科普学校和其他社会教育机构等全社会参与的学习型社会。

四、建立健全全民终身学习机制。培育全民终身学习文化，协调开发各类资源、发挥网络教育和人工智能优势创新更加便捷的教育和学习方式，打造终身学习综合平台，推行终身学习资助计划，建立终身学习激励机制，建立全民终身学习监测、积分与考核评估机制，组织开展全民阅读“书香”活动等。

（原载于《中国网》2021 年 3 月 8 日）

坚决打赢长江“十年禁渔”持久战

韩　超　缪　翼　吴砾星

为全局计，为子孙谋。实施长江流域重点水域禁捕，引导渔民退捕转产，是以习近平同志为核心的党中央从中华民族长远利益出发作出的重大决策，是扭转长江生态环境恶化趋势的关键之举。今年1月1日零时起，长江流域“一江两湖七河”等重点水域开始实行为期十年的禁捕。

抓好“大保护”重在“久”

“鼓励渔民从事养殖业，地方政府可以支持退捕渔民加入或成立渔业养殖专业合作社，依靠产业更大程度上给上岸渔民提供转业机会；在不违背保护长江水域生态环境的前提下，沿江地方可以规范引导渔民开办渔家乐、垂钓等休闲产业。”全国政协委员、民革中央委员、湖北第二师范学院院长郑军表示。

禁渔执法监管必须“严”

记者了解到，在长江流域一线的禁渔执法工作中，目前仍面临着较多的困难：长江岸线长，禁渔范围广，执法难度大。沿江部分地区的执法力量有限，“一江两湖七河”涉及的227个重点县市，拥有独立渔政执法机构的尚不足100个，推进以长江为重点的渔政执法能力建设迫在眉睫。

郑军在关于加快推进长江流域退渔禁捕工作的提案中建议：“要加强渔政执法队伍建设，成立相对独立的渔政执法机构，配备更多人员力量从事渔政执法工作。同时加强渔政执法的基础设施建设，建造执法码头趸船，配备执法船艇、无人机、远距离监控系统，提升执法能力和装备保障水平，‘人防’‘物防’‘技防’形成合力。”

“有些渔民或许一时间难以改变原来以船为家、以水而生的习惯，铤而走险进行违法捕捞，无疑增加了渔政部门的执法压力。可以吸纳部分上岸渔民参与到巡护队伍中来，从捕鱼人转变为护鱼人。既能解决他们的生计问题，又能补充巡护力量，协助执法监管。”郑军说。

（原载于《农民日报》2021 年 3 月 8 日）

全国政协委员郑军谈履职体会：“做好是必须，做不好就是失职”

张喜斌

郑军，全国政协委员、民革中央委员、湖北第二师范学院院长。据了解，郑军已连续担任两届委员，今年是他第 9 次出席全国两会。今年，郑军共带来了 12 份提案，内容涉及完善高质量教育体系、全民终身学习等多个领域。3 月 7 日，郑军接受了时代封面的专访。在谈到履职的体会时，郑军说：“作为全国政协委员，做好是必须，做不好就是失职。”

带来 12 份提案，内容涉多个领域

据了解，郑军今年共带来了 12 份提案，内容涉及完善高质量教育体系、全民终身学习、长江流域禁捕工作、志愿服务、师范院校评价改革、医学规范化培训、公共卫生应急管理、降低中小微企业融资成本等多个领域。

具体包括《关于完善高质量教育体系提升教育治理效能的提案》《关于加快推进建设全民终身学习体系的提案》《关于制定标准评价国家治理体系及治理能力现代化的提案》《关于加快推进长江流域禁捕工作的提案》《关于完善志愿服务机制的提案》《关于做优做强长江中游油菜产业的提案》《关于完善师范院校评价改革的提案》《关于完善医学规范化培训制度的提案》《关于将兽医卫生纳入公共卫生应急管理体系的提案》《关于规范承兑汇票使用范围降低中小微企业融资成本的提案》《关于将荆州纳入国家“十四五”重大煤化工产业布局的提案》《关于利用智慧灯杆搭载 5G 基站，减少重复投资扩大应用领域的提案》。

其中，在《关于加快推进建设全民终身学习体系的提案》中，郑军认为，从学校教育看，任何人都不可能在学校学习一辈子，学校只是人们终身学习的

一个阶段，学校教育也就不能等同于全民终身教育。

为此，其建议要成立国家全民终身学习领导小组，建立部门间横向协调的联席会议制度、国家和省市县乡村纵向管理体制；要制定全民终身学习总体规划；要构建学习型城市和学习型社会，营造全民终身学习氛围；要建立健全全民终身学习机制。

在《关于规范承兑汇票使用范围降低中小微企业融资成本的提案》中，郑军介绍，目前，许多国有企业、上市公司凭借其“市场地位”优势，在与中小微企业发生业务往来时，习惯于使用银行承兑汇票和商业承兑汇票结算。中小微企业由于在市场中处于弱势，不得不接受，还由此带来资金周转的压力。

为此，郑军建议有关部门应结合实际情况进行政策创新，规范承兑汇票使用范围，严格执行《保障中小企业款项支付条例》相关规定，进一步改善中小微企业融资环境。对于中小微企业收到的合法真实的承兑汇票，达到一定的条件，税务部门在收取各种税费时应该予以认同，缓解中小微企业压力。

“做好是必须，做不好就是失职”

据了解，从学院院长，到学校副校长，再到校长，一步步走来，郑军陆续向全国政协、统战部门和所在党派等提交提案和信息 130 余件，许多提案得到办理和采纳。

其中有多篇更是与国家改革发展不谋而合，如在 2014 年 3 月向全国政协提交的关于加强国家治理架构设置监察委员会的提案，与 2018 年国家监察体制改革相符合。此外，2017 年 3 月《关于提高农民法律意识，加强依法治村的提案》还被评为全国政协十二届全国委员会优秀提案。2017 年，郑军被评为民革中央参政议政先进个人并作典型发言。其还连续 11 年获得民革省委会参政议政先进个人一等奖（含特等奖）。

值得注意的是，作为来自高校的全国政协委员，近年来，郑军还接连为中西部高等教育崛起、科技成果转化、就业创业、提升教育治理体系和治理能力现代化奔走呼吁，建言献策。

郑军说：“我参政议政的选题主要来自四个方面：一是关注党和国家战略需求导向，二是关注国家政策的落实和推进，三是深入基层调研发现问题，四是围绕本职工作提出问题。”

在谈到履职的体会时，郑军认为，作为全国政协委员，一头肩负着为国建言献策的重任，另一头肩负着人民群众的期盼，“做好是必须，做不好就是失职”。

“作为全国政协委员，还要从一线获取的繁杂数据中进行理性分析，结合国情和政策找到解决问题的办法，成为具有可行性的提案和信息；更要像马拉松选手，要有耐力，要持续不断地深入了解社情民意。”郑军说。

郑军说：“我是政协委员，又是民主党派成员，要切实履行好参政议政职责，必须加强学习，不断增强创新发展的内生动力，夯实过硬的政治素质；必须围绕中心工作，聚焦社会问题和民生，坚持以人民为中心参政议政；必须深入调查研究，做到提案建议扎实可行接地气。”

“战疫一线最美统战人”

新冠肺炎疫情发生以来，郑军创新性开展疫情期间学校停课不停学、科学研究以及日常管理的同时，郑军利用网络直联基层，深入开展线上调研、履职尽职、建言资政，通过献策建言、捐款捐物、发挥自身专业特长等途径，积极主动参与疫情防控，在打赢疫情防控阻击战中践行初心使命。

在疫情期间，郑军向全国政协、民革中央提交社情民意信息13件，内容涉及抓紧抓好大学生就业工作、规范研究成果国外发表、加强疫情防控工作摸排帮扶贫困村户、疫情期启动高等教育资源、统一捐赠渠道、统一疫情信息报送口径和渠道、加强疫情期信息监管、指导市民正确防疫、加快归整新冠肺炎病毒工作档案资料、优化营商环境增强疫情后经济增长信心、强化社区境外输入性疫情防控等多个方面。

值得注意的是，疫情之下，全国就业形势将异常严峻。作为高校校长，他在2020年2月初向全国政协、民革中央提交了《关于抓紧抓好大学生就业工作的建议》。

他建议增加今年研究生扩招比例，扩大专升本招生规模；对正常经营的中小企业在招收应届毕业生方面给予一定优惠政策。同时，应延迟办理今年毕业生离校手续，推迟到今年年底就业的，仍然按应届毕业生对待等。

去年2月25日，国务院常务会议发布了扩大硕士研究生招生和专升本规模的消息。

看到新闻后郑军委员特别激动。“政策与我的建议有许多重合，虽然不一定是我的提案，但我仍然特别高兴，我深深感受到了建言献策的意义。疫情期间，政协委员更应发挥好在各自领域的洞察力，为国履职、为民尽责，认真画好政协委员履职尽责的‘同心圆’”。

学校一直保持无疫情校园记录

据了解，新冠肺炎疫情发生后，郑军第一时间与学校党委书记一起研究学校的疫情防控方案，共同担任学校疫情防控指挥长部署单位的防控工作。从疫情发生后，湖北第二师范学院一直保持着无疫情校园记录，学校有关工作也有序推进。

郑军说，世纪疫情席卷全国，给学校的教育教学和内涵建设带来极大考验。疫情期间，湖北第二师范学院根据国家和省“停课不停学”总体部署，提前谋划在线教学，平稳过渡线上线下教学。所有教师依托在线平台，有序推进在线教学工作，课程开课率达96%。

在就业方面，湖北第二师范学院也全力做好特殊时期毕业生就业指导与服务，全面提升学生就业创业服务质量。

比如，与对口支援我校的华南师范大学开展多层次全方位对接活动。通过持续举办线上招聘会、企业招聘宣讲会、发布招聘公告、开展校园秋季网络专场招聘会、现场大型招聘会，为毕业生提供充足的就业选择岗位，开展线上一对一职业咨询服务，帮助学生充分就业、高质量就业。落实精准就业帮扶各项措施，发放一次性求职创业补贴545万元等。

郑军说：“国务院‘六稳六保’就业督查组对我校疫情防控形势下就业工作给予高度评价。”为此，郑军还代表学校在全省高校毕业生就业创业工作会上作经验交流。

值得一提的是，在向国家建言献策的同时，湖北第二师范学院早在2020年2月1日（正月初八），学校就分别向用人单位、2020届全体毕业生致信，正式启动线上就业服务工作。

（原载于《人民网》2021年3月8日）

告别“江湖”，重新出发

郭　帅

三月的武汉，春意盎然，长江畔成为很多人踏青休闲的好去处。

“您好，现在不允许钓鱼了，请您自觉遵守，也希望您转告身边的亲朋好友。”武汉市江夏区金口街长江边的一处码头，长江护鱼员老王像往常一样劝离前来垂钓的市民。

为挽救长江水生生物多样性，根据中央部署，自 1 月 1 日起，长江流域重点水域 10 年禁渔。和此前一年一度的春季禁渔期相比，10 年禁渔力度之大，前所未有。

3 月 1 日，《中华人民共和国长江保护法》正式实施，这是我国首部有关流域保护的专门法律，为打击非法捕捞提供了强有力的法律支撑。

不久以前，59 岁的护鱼员老王还是一个以捕鱼为生的渔民。“我家三代都是渔民，捕鱼有 40 多年喽！觉得现在这样更好，不用总在船上摇摇晃晃。”老王笑着说。

像老王一样，昔日以船为家、以水为生的近 30 万渔民如今彻底告别“江湖”，回到岸上重新出发。

位于长江之滨的湖北省荆州石首市，是全国政协委员、湖北第二师范学院院长郑军从小生长的地方。这些年，长江的变化，郑军看在眼里，“禁渔的效果已经开始显现，水清鱼丰，好像又回到了小时候。”

“禁渔令是利国利民的好事，应加快推进。但也应重视部分渔民‘上岸难’问题。”郑军说。

今年两会，郑军带来相关提案，为退捕渔民安居乐业支招。“禁渔令对捕鱼为生的渔民而言，是生产生活方式的革命性巨变。需要寻求多元途径、多管齐下为渔民寻找出路。”

为此，郑军建议：由相关机构研制培育出鱼种进行养殖，鼓励渔民从事养殖业；在不违背长江生态保护的前提下，鼓励渔民发展农家乐等休闲旅游服务业；补充长江巡护队伍；加强对渔民转业培训力度，鼓励渔民学习其他手艺或技术，增强其自主创业或就业能力。

对于退捕渔民返贫风险，郑军表示，应继续加强兜底帮扶和社会救助，推动享受相关政策，确保渔民退得出、稳得住、能致富。

“退捕渔民安居乐业，是禁渔令有力度、富温度执行的基础。期待十年后鱼翔浅底、白鹭齐飞的长江新画卷。”郑军说。

（原载于《人民政协报》2021 年 3 月 8 日）

郑军：确保师范院校不失“师范性”

刘晓丽

“目前，许多师范院校教师教育萎缩，专业教育教学地位下降，高质量教师教育受到冲击。”2021 年全国两会期间，全国政协委员、湖北第二师范学院院长郑军接受新华网连线采访时表示。

郑军说，许多师范院校师范生招生比例在下降，师范生已成为师范院校的“少数”部分，部分师范院校成为事实上的综合类高校。尤其教师资格证实施以后，师范教育的专业性更淡化，教师教育的专业性受到冲击。

郑军认为，师范院校对教师教育的投入不足，科研考核和科研排名等高等教育评价观是师范院校教师教育萎缩的主要原因。与理工科专业加大投入能够短期内产生现时效果不同，教师教育需要长期投入且很难产生短期回报。因此，有些师范院校对教师教育的投入不足，影响师范生培养质量。此外，受学校对教师考核评价导向的影响，部分师范师资将更多精力投入科研，缺乏实践锻炼和中小学讲台经验，在教学中忽略了教师教育“理论 + 实践双结合”的特性，导致师范类专业缺乏从事一线教育教学经验的教师，学生毕业时站不稳讲台，影响了师范院校师范生人才培养质量。

郑军表示，湖北第二师范学院注意到这个问题，十年前就进行专项投入，开办了“行知实验班”，加强师范生师德修为和教师基本技能修炼，打造了一批高质量师范生，获得了社会广泛认可。

郑军提交的《关于完善师范院校评价改革的提案》称，要确保师范院校“教师教育”投入专属使用，加强师范院校教育经费投入专项督查；提高师范院校教师“双师型”比例，增强教师教育实效；加强师范技能基础训练，确保师范生教师技能训练过程可追溯、结果可查证。

“确保师范院校‘师范性不失’，重振师范院校教师教育主体地位，改革师范院校评价刻不容缓。”郑军说。

（原载于《新华网》2021年3月8日）

规范承兑汇票使用范围，降低中小微企业融资成本

杨文君

长期以来，中小微企业融资贵的问题一直备受关注。今年两会，全国政协委员、民革中央委员、湖北第二师范学院院长郑军着眼于这一问题，从规范承兑汇票使用范围的角度，提出了有关建议。

据郑军介绍，目前，许多国有企业、上市公司凭借其“市场地位”优势，在与中小微企业发生业务往来时，习惯于使用银行承兑汇票和商业承兑汇票结算。中小微企业由于在市场中处于弱势，不得不接受，还由此带来资金周转的压力。中小微企业在销售环节收到承兑汇票，而在购买原材料、购置设备、支付员工工资和缴纳社保时又只能支付货币资金，并且在向政府缴纳各种税费时政府部门又不接受承兑汇票。中小微企业因资金周转之需，只能付出5%左右的财务成本来进行票据贴现，甚至有中小微企业找小额贷款公司高息贷款去支付上述各项支出，加重了中小微企业负担。

郑军分析，中小微企业在各类市场主体中处于弱势地位，在结算方式上没有选择的空间，使用承兑汇票一方面增加了中小微企业财务成本，一方面加剧了利润由实体经济向金融行业的转移，各类大型集团公司内部成立的财务公司也偏离了原有职能，行使了银行部分职能，甚至变成靠获取中小微企业合理利润来盈利的金融机构，加大了风险。

郑军还说，以一家央企为例，中小微企业从供货到办理完各种手续后结算的时间一般为1年左右，而结算完拿到手的是这家央企财务公司开具的1年期承兑汇票，这种银行承兑汇票，上游企业都不认可。如需使用资金只能贴现，一般按这家央企“约定”只能找出具承兑汇票的财务公司贴现。由此，企业从向这家央企供货到最后拿到货币资金需要2年左右时间，财务成本就在10%

以上，严重侵蚀了中小微企业的合理利润，轻则令企业资金周转不畅，严重者甚至会危及中小微企业生存。而作为吸纳社会就业非常广泛的市场主体，一旦生存困难，则带来就业或失业等社会问题。

对此，郑军建议，有关部门应结合实际情况进行政策创新，规范承兑汇票使用范围，严格执行《保障中小企业款项支付条例》相关规定，进一步改善中小微企业融资环境。对于中小微企业收到的合法真实的承兑汇票，达到一定的条件，税务部门在收取各种税费时应该予以认同，缓解中小微企业压力。

（原载于《中国政府采购报》2021 年 3 月 9 日）

郑军：制定5G智慧灯杆建设规划　扩大应用领域

王薛淄

在智慧城市、新基建和5G技术的三轮驱动下，全国5G智慧路杆建设全面提速，广泛应用于城建、公安、市政、气象、环保、通信等多个行业，预计未来五年可以跨入千亿产业行列。同时作为5G时代车联网建设、云网建设以及通信网络建设的重要组成部分，智慧灯杆也将得以广泛应用，可以解决传统基站建设模式投资大成本高、重复建设、资源浪费等诸多问题。

目前通过近几年的探索，智慧灯杆已经进入标准建立阶段。今年两会，全国政协委员、民革中央委员、湖北第二师范学院院长郑军在关于利用智慧灯杆搭载5G基站，减少重复投资扩大应用领域的提案建议：

一、编制“智慧灯杆+5G基站建设规划”。按照4G/5G并行原则，将“智慧灯杆+5G基站建设”规划纳入国土空间规划和城市通信基础设施专项规划。

二、由政府有关部门编制全国统一的智慧城市5G灯杆建设标准。组织相关单位共同制定《中国桥梁、码头、隧道5G智慧灯杆建设标准》。

三、扩大5G智慧灯杆的应用领域。由于道路、桥梁、码头、隧道建设的自然环境、气象环境以及互联网、物联网、车联网环境比较特殊，建设5G智慧灯杆桥梁、5G智慧灯杆码头、5G智慧灯杆隧道，可提前预报、防范自然灾害、气象灾害，便捷物联、车联与互联。

四、探索“智慧灯杆+5G基站”“多杆合一”试点示范，实现社会资源共享。完善设计规范，研究制定集市政照明、城市监控、交通信号、通信基站等功能于一体的综合杆设计标准和管理办法，实现“多杆合一”，加强资源共享，突破原有多方管理的藩篱，进行建设和运维的优化配置。

五、以国企为主体，引进社会资本，联合建设5G智慧灯杆项目。对社会资本开放经营权，探索多杆合一、共建共享、规范运营、信息安全的集约化、节约化路径。鼓励政府、国有企事业单位、重要交通设施等社会公共基础设施资源向“智慧灯杆 +5G 基站”“多杆合一”建设开放，减少政府财政支出，降低部门运营成本。

（原载于《消费日报》2021 年 3 月 11 日）

加快做好疫情防控档案资料的收集整理工作

——访全国政协委员、民革中央委员、湖北第二师范学院院长郑军

王春燕

疫情防控档案是党领导人民群众抗击疫情的真实记录，是党团结带领全国各族人民攻坚克难的历史见证，是党和国家的宝贵财富。其收集工作是疫情防控档案工作的前提和基础，收集越及时、越全面、越丰富，越有利于保存伟大抗疫精神，越有利于展现中国共产党领导和我国社会主义制度的显著优势，越有利于集中体现中国人民万众一心、同甘共苦的团结伟力。

“在疫情防控这场人民战争、总体战、阻击战中，习近平总书记作出的重要批示、发表的重要讲话和重大决策部署，党和国家有关部门出台的相关政策文件和会议纪要，制定的协调机制和防控方案与措施等，都是有价值的档案资料。”全国政协委员、民革中央委员、湖北第二师范学院院长郑军在今年全国两会期间接受本报记者采访时说。这些档案资料是见证以习近平同志为核心的党中央领导全党全国各族人民众志成城抗击疫情的重要历史记录，在疫情防控工作中发挥着重要作用。加快做好疫情防控档案资料的收集整理工作，对于记录历史、总结经验、认识规律，以及对重大疫情和突发公共卫生事件的防治与研究具有重要参考价值。他说：“比如，火神山医院和雷神山医院的火速建成就离不开档案的帮助。国家电网公司、中国建筑集团等第一时间调阅相关图纸档案，这些档案为医院的设计、施工提供了参考，为医院快速建成节约了宝贵时间，为武汉疫情防控作出了巨大贡献。”郑军说：“2020 年 10 月，湖北省举办的‘人民至上、生命至上’抗击新冠肺炎疫情专题展览，各级档案部门为展览提供照片档案 1100 余张、实物档案 1000 余件（套）、音像档案 45 件，各类展览要素总计 6000 项。一张张珍贵照片，一件件珍贵档案，深刻反映了武

汉和湖北这个抗疫主战场为全国抗疫作出的巨大牺牲和重大贡献，生动再现了党中央团结带领全国人民砥砺前行、披荆斩棘、共克时艰的抗疫历程，全面展示了抗疫斗争创造的伟大奇迹，为弘扬伟大抗疫精神贡献了档案力量。”

郑军提出，要从政治和历史的高度深刻认识加快做好疫情防控档案工作的重要意义；提高政治站位，深刻认识疫情防控档案工作的必要性和重要性，把疫情防控档案作为一项重要政治任务做实做细做到位；强化统筹谋划，明确主体责任，加强分工协作，将疫情防控档案工作与疫情防控工作同部署、同检查、同考核，及时制定疫情防控档案收集整理方案和制度，确保把疫情防控档案收集好、整理好；抓好档案收集工作，在及时跟进、收集疫情防控期间形成的文字、照片、录音、视频、实物等档案的同时，主动征集反映本地区、本部门、本行业在疫情防控工作中可歌可泣事迹的各类档案，并按照有关标准做好档案整理及数字化等工作；做好档案的开发利用，在做好日常的档案查阅利用服务的同时，还应选取部分档案编制专题档案目录和档案文献汇编，编报资政报告，制作档案纪录片、微视频，举办档案专题展览等，以便社会各界查阅利用，更好地发挥档案存凭、留史、资政、育人的重要作用。

（原载于《中国社会报》2021年3月16日）

交好教育脱贫攻坚与乡村振兴的“接力棒”

王弘扬

2月25日，习近平总书记在全国脱贫攻坚总结表彰大会上庄严宣告：“我国脱贫攻坚战取得了全面胜利，现行标准下9899万农村贫困人口全部脱贫，832个贫困县全部摘帽，12.8万个贫困村全部出列，区域性整体贫困得到解决，完成了消除绝对贫困的艰巨任务，创造了又一个彪炳史册的人间奇迹！”

在这场波澜壮阔、举世瞩目的脱贫攻坚战中，高等教育战线坚持以习近平新时代中国特色社会主义思想为指导，积极发挥教育的基础性、先导性和全局性作用，推动贫困地区教育面貌发生格局性变化，奠定了阻断贫困代际传递的坚实基础，为全面建成小康社会作出了历史性贡献。当前，在脱贫攻坚的基础上接续乡村振兴战略已经成为高等教育战线的新使命新任务，如何巩固拓展教育脱贫攻坚成果，推动与乡村振兴战略有效衔接，成为“两会”期间高教界代表委员热议的话题。

主动谋划，让脱贫基础更加稳固、成效更可持续

“贫困之冰，非一日之寒；破冰之功，非一春之暖。”对于高校而言，助力贫困地区脱贫摘帽不是终点，而是深度提质量、做增量，与对口帮扶地区共同巩固拓展教育脱贫攻坚成果的新起点。

全国政协委员、湖北第二师范学院院长郑军认为，高校要进一步强化扶志扶智，鼓励高校人才服务乡村和基层，鼓励优秀毕业生前往西部就业，鼓励高校教师开展乡村巡回讲学。师范类院校要彰显自身特色，加强乡村教师队伍建设，为相对贫困地区打造一支“留得住、教得好”的教师队伍。

调整重心，把脱贫攻坚和乡村振兴有效衔接

2021 年，是“十四五”规划的开局之年，乡村振兴战略将进入全面实施阶段。3 月 5 日，李克强总理在政府工作报告中明确提出“做好巩固拓展脱贫攻坚成果同乡村振兴有效衔接”。高教战线开启了助力乡村全面振兴的新征程。

怎样把工作重心转移到防返贫和解决相对贫困上来，实现扶贫工作从短期向长效、从治标向治本、从摘帽向振兴转变，备受高教界代表委员们关注。

如何认识脱贫攻坚与乡村振兴两者的关系，进而实现“有效衔接”？

在郑军委员看来，实现有效衔接的关键是对现有的帮扶政策逐项分类，优化调整，合理调整节奏、力度、时限，不断助力激发产业、市场、教育、文化的内生动力。高校需要立足自身实际，在内涵建设上下功夫，把服务乡村振兴战略纳入学校“十四五”规划，在财力、人力、政策上予以倾斜，统筹好服务乡村振兴战略与学校其他各项工作，以服务促发展。

（原载于《中国高等教育》2021 年 3 月 12 日）

实现破立并举　加快教育评价改革

明海英

党的十九届五中全会提出，要建设高质量教育体系。2021 年全国“两会”期间，建设高质量教育体系也成为代表委员热议的焦点之一。

“目前，从整个教育体系的整体性、系统性和协调性来看，还存在教育评价改革评价标准急需建设，高校各类评估指标不能满足新形势下教育评价改革要求等短板；也存在中央提出的建设全民终身学习体系没有建成，安全教育体系没有形成统一规范，区域战略教育缺乏规范性指导，教育评价改革只‘破’不‘立’，乡村教育不足以支撑乡村振兴等弱项。”全国政协委员、湖北第二师范学院院长郑军表示，教育治理效能还有待提高，教育现代化水平有待提升。

郑军建议，其一，加快制定安全教育规划。教育部门应统筹其他部门制定安全教育规划，建立安全教育体系。制定安全教育管理体系，创建安全教育综合平台，统计安全数据发布信息，研究培训知识、课程内容和教材建设体系，统筹安全教育资源，增加信息技术手段，加强安全理念宣传教育，丰富安全教育资源，明确安全教育责任。根据不同安全建立分类教育体系，包括国家安全、生命安全、公共卫生安全、财产安全、交通安全、消防安全、网络安全、数据信息安全等安全体系。成立安全教育协调机构，统筹各方资源，协调各类安全教育工作，实行全民安全教育。加强安全教育学科、师资队伍、教材和实践基地等建设，丰富安全教育资源，同时建立安全教育评价机制。

其二，加快推进建设全民终身学习体系。多年来，教育法律、发展规划纲要、教育振兴计划以及几次党代会文件均提出建成服务全民终身学习的现代教育体系。可以成立国家全民终身学习领导小组，建立部门间横向协调的联席会议制度、国家和省市县乡纵向管理体制，制定全民终身学习总体规划，建立健全全民终身学习机制。

其三，加强区域战略教育规划指导。近年来，国家为实现经济社会发展实施了较多国家战略。这些战略制定了发展规划或纲要，其中包含有教育合作机制等内容。教育部门应进一步调研区域规模、规划导向和区域教育资源，为建立区域性教育协作机制提供指导意见。

其四，完善教育项目建设标准和评价体系。根据教育评价改革总体方案，目前中央文件已经下达并即将展开督导检查，但各类主体的评价标准没有完成，急需加强调研，尽快出台标准，便于各类各级主体有标可对。可以结合目前教育评价改革，梳理评估现有各类建设和评估指标，清理与改革不相符合的内容，注重各项评估体系与评估指标的协调性、一致性和系统性；对尚缺建设标准和评估体系的项目应补充完善。

其五，将高校智库建设纳入教育“十四五”规划。中央高度重视中国特色哲学社会科学，教育部也将推动高校加快构建学科体系、学术体系、话语体系，研制面向 2035 高校哲学社会科学行动计划等纳入今年重点工作内容。在教育评价改革破“五唯”背景下，突出高校智库在繁荣哲学社会科学方面发挥的重要作用，将高校智库建设纳入教育规划。

其六，加快在教育评价改革中实现破立并举。中央决定实行教育评价改革，国家及有关部委发布了改革文件，包括破“五唯”要求。目前各类教育机构和办学主体均在自主探索，办学主体一方面坚决支持“破”的决策，一方面在“立”的方面又无所适从。建议教育部门协调科技、人社等部门发布指导意见。

（原载于《中国社会科学网》2021 年 3 月 13 日）

郑军建议：完善志愿服务机制

明海英

志愿者、志愿服务组织在各类志愿活动中发挥了重要作用，特别是在新冠肺炎疫情防控工作中，志愿者无私奉献、主动作为，为打赢疫情防控保卫战取得决定性成果作出了积极贡献。2021年全国“两会”期间，全国政协委员、湖北第二师范学院院长郑军建议，完善志愿服务机制。

“目前，志愿服务组织1.4万多家，通过全国志愿服务信息系统发布的志愿服务项目近450万个，记录志愿服务时间超25亿小时。”郑军表示，目前，存在志愿服务资源整合不够，例如管理多部门、注册多平台等；志愿服务水平有待提升；志愿服务投入保障不足等问题。

为完善志愿服务机制，郑军建议：

其一，推进志愿服务制度化。一是完善激励保障机制。建立志愿者星级认定制度、激励奖励制度和服务反馈机制。二是加快推进志愿服务信息系统建设。实现“一个平台注册”“一个工作机制”和“一个考评体系”，实行全国志愿者和志愿服务组织信息互联互通，实行民生诉求与市民需求等服务项目与志愿服务精准对接，提高志愿服务的效能。三是建立志愿服务信息报告制度和监督制度。四是成立志愿服务基金会。以社会募资为主，财政提供启动资金并逐年适当支持，建立多元化募集资金机制，为志愿服务工作提供长效资金保障。

其二，推进志愿服务专业化。一是建设专业化培训平台，保障志愿者培训经费，积极开展各类志愿者培训活动。二是优化志愿者培训机制。建立培训师资队伍、课程体系、课时分布、线上线下结合培训模式以及培训结业考核等制度，切实提升志愿服务专业化水平。三是健全培训工作体系。分领域构建覆盖创新理论宣讲、脱贫攻坚、文化服务、医疗卫生、科学普及、法律援助、应急救援、疫情防控等领域的专业化志愿服务工作体系。

其三，培育壮大志愿服务队伍。挖掘企事业单位志愿服务队伍。充分挖掘辖区人才资源，吸纳党员和“两代表一委员”等人员加入志愿者队伍。建立离退休人员志愿服务队伍。广泛吸引专业特长突出、身体条件较好的离退休人员参与到志愿服务行动中。培养大学生志愿服务队伍。引导大学生利用寒暑假和平时时间参与志愿服务，发挥大学生不同专业的优势，培育他们成为志愿服务队伍的主力军。

（原载于《中国社会科学网》2021 年 3 月 13 日）

两会委员郑军建议：培育专业人才队伍　进一步完善志愿服务机制

郑　超

近年来，我国志愿服务事业蓬勃发展："十三五"时期注册志愿者数量已超过1.9亿，培育发展志愿服务组织1.4万多家，在全国志愿服务信息系统上发布的志愿服务项目近450万个，记录的志愿服务时间达25亿小时之多。特别是在新冠肺炎疫情防控工作中，志愿者、志愿服务组织的无私奉献和主动作为，为打赢疫情防控保卫战取得决定性成果作出了积极贡献。

全国两会委员郑军认为，尽管发展态势迅猛且发挥作用巨大，但是我国志愿服务在机制建立和人才队伍建设方面仍然存在着一些不可忽视的问题。他在提案中指出，当前志愿服务资源整合力度不够，存在管理多部门、注册多平台和规范登记少等现象。"越来越多的部门、行业、群团组织参与志愿服务工作，但是分属不同部门管理，而且各层级各地方均有志愿者注册平台，数据和系统普遍不能共享兼容缺乏整合。大多数志愿服务组织也没有在民政部门登记注册，没有办公场所，打游击式地开展活动，缺乏规范化的组织和管理。"郑军告诉记者。

此外，志愿服务水平较低和投入保障力度不够等问题也制约着我国志愿服务事业的长远发展。例如，志愿者群体中非专业人士多专业人员少，队伍结构不够优化；缺少专业培训，不能提供对专业技能和知识水平要求较高的志愿服务项目；志愿服务活动内容和形式较为单一，无法满足群众和社会的多样化、个性化需求；对志愿者的激励保障政策较少，人身安全等合法权益缺乏保护。

"进一步完善我国志愿服务机制，重视人才队伍建设和开展活动的专业化规范程度，是促进志愿服务事业健康持续发展的有益之策。"郑军提出了三点建议，一是推进志愿服务制度化。完善激励保障机制，加快推进志愿服务信息系统建设，建立志愿服务信息报告制度和监督制度。建立志愿者星级认定制度、激励奖励制度和服务反馈机制。推行“一个平台注册”“一个工作机制”和“一个考评体系”，实行全国志愿者和志愿服务组织信息互联互通，促进民生需求与志愿服务项目精准对接，提高服务效能。二是推进志愿服务专业化。建设培训平台，优化培训机制，健全培训工作体系，保障培训经费，积极开展各类志愿者培训活动。建立培训师资队伍、课程体系、线上线下结合模式以及培训结业考核等制度，切实提升志愿服务专业化水平。三是培育壮大志愿服务队伍。挖掘培育企事业单位志愿服务队伍，开发辖区人才资源，吸纳党员和“两代表一委员”等人员加入志愿者队伍；发挥在校大学生的不同专业优势，培育其成为志愿服务的主力军。

（原载于《中国社会报》2021 年 3 月 15 日）

全国政协委员郑军：完善机制，让志愿服务“活起来”

郭　帅

“我已经到社区报到了！”“我也在学习强国报名了。”“老师，党支部有捐款渠道吗？”……2020年初，新冠肺炎疫情暴发的消息一经传出，湖北第二师范学院志愿者协会微信群中就“炸开了锅”，志愿者们纷纷用自己的方式支持一线战“疫”。

在湖北第二师范学院，志愿服务已经成为学校的传统，阳光义卖、西部支教、盲校关爱儿童、敬老院关爱老人……学生们在校志愿者协会的组织下，活跃在各类志愿服务一线。

每次看到学生们穿上“红马甲”，走出校园体验助人为乐时，全国政协委员、湖北第二师范学院院长郑军总是深感欣慰：“志愿服务能够很好地引导学生融入社会、关注社会现状尤其是困难群体的生存状态，这是激发孩子们社会责任感的有效方式。我们希望培育更多大学生成为志愿服务的主力军。”

郑军介绍，“十三五”时期，我国注册志愿者已超过1.9亿人，培育发展志愿服务组织1.4万多家，通过全国志愿服务信息系统发布的志愿服务项目近450万个，记录志愿服务时间超25亿小时。

“志愿者、志愿服务组织在各类志愿活动中发挥了重要作用，特别是在新冠肺炎疫情防控工作中，志愿者无私奉献、主动作为，为抗疫作出了积极贡献。”郑军表示：“因此要大力发展志愿服务事业。”

经过详细调研，今年全国两会上，郑军带来了《关于完善志愿服务机制的提案》。

在调研中，郑军发现，志愿服务仍存在一些亟待解决的问题。“志愿服务资源整合不够，存在多部门管理、多平台注册等情况，志愿者注册人数虽多，但活跃数仍然不够。”郑军认为，应加快推进志愿服务信息系统建设，实行全国志愿者和志愿服务组织信息互联互通，提高志愿服务的效能。

在志愿者队伍中，“本领恐慌”也并不少见。“很多志愿者满腔热情地奔赴服务一线，却发现自己不知道应该做些什么。”郑军认为，要尽快建设专业化培训平台，保障志愿者培训经费，积极开展各类志愿者培训活动，通过细分领域构建专业化志愿服务工作体系。

“调研中我也发现，长期以来，志愿服务存在一定的风险且保障不足，这一点在疫情防控期间表现得尤为突出。因此，有必要完善志愿服务机制，补齐这方面的短板。”郑军说。

“为志愿者购买保险等做法可进一步加以完善。例如，可以通过商业保险、社会专项捐助等市场机制与政策补贴、政府购买、政府兜底等行政机制相结合，分担、转移和降低参与志愿服务的特殊风险与损失，从而进一步完善应急志愿服务保险机制。”郑军说，还应该尽快建立志愿者星级认定制度、激励奖励制度和服务反馈机制，让志愿者有更多获得感。

（原载于《人民政协报》2021 年 3 月 16 日）

遇到问题就会往一线跑

吴　君

"全民终身学习体系，涉及两个核心内涵：一是全体国民，包括每一个公民；二是终身学习，持续一生。"今年 3 月，在湖北省武汉市举办的一个座谈会上，全国政协委员、湖北第二师范学院院长郑军就建立全民终身教育体系分享了自己的思考。在教育一线领域深耕多年，郑军不仅思考着如何教育好学生，也一直关注终身学习体系的建设。

履职全国政协委员以来，郑军常常走出校园，深入社区、农村，了解基层群众终身学习的相关情况。郑军曾多次召集中小学班主任座谈，通过班主任了解家庭对全民终身教育的想法，还利用参与学术交流的机会，与各地一线教师交流探讨。

完善全民终身学习机制需要全社会共同参与。郑军建议，构建方式更加灵活、资源更加丰富、学习更加便捷的终身学习体系，构建国家和省市县乡五个层级和学校、行业、家庭、社会和网络五大系统组成的"五纵五横"终身学习"立交桥"体系。"教育不能单打独斗，我们在建立高质量教育体系时，需要和很多其他部门、社会要素联动。"郑军说。

学习需要良好的社会氛围，全民终身学习需要健全的终身学习机制。"我发现一些省份的开放大学已经建立线上学习监测、积分与考核评估机制，这有利于促进全民终身学习。应该进一步协调开发各类资源，发挥网络教育和人工智能优势，为全民终身学习服务。"郑军说。

除了全民终身学习，郑军还关注乡村教育。去年下半年，针对乡村教师的传承与发展问题，郑军分别针对幼儿园、义务教育、高中教育三个不同阶段进行问卷调查。"教育是乡村振兴的重要支撑，建设高质量的教育体系，要把农村教育这块‘短板’补齐。”郑军说。

履职政协委员以来，郑军每次“遇到问题就会往一线跑”。“作为一名政协委员，要切实履行好参政议政职责，凝心聚力、深入调查研究，使自己的提案扎实可行接地气。”郑军说。

（原载于《人民日报》2021 年 7 月 22 日）

调研在脚下，提案就在身边

——访全国政协委员、湖北第二师范学院院长郑军

杨文君

参政议政 9 年来，全国政协委员郑军向全国政协、统战、党派和有关智库平台提交大会发言、提案和信息 140 余件，获得相关媒体报道 240 余次。这样一位“高产作家”是如何每年带来数量颇多、内容丰富、质量过硬提案的？郑军对记者说：“调研在脚下，提案就在身边。”

了解郑军的人都知道，他一直践行着“从群众中来，到群众中去”。早年间，郑军受聘为湖北省纠风办督查员和省监察厅特邀监察员，并多年担任督查组组长。在这期间，他投入了大量时间到基层明察暗访，探寻一手资料，也常与老百姓打交道。这样的工作，郑军一做就是 10 年。

“除了监督职责外，我还要为政府和老百姓之间架起一座沟通的桥梁，把老百姓不理解的政策解释清楚，把老百姓对政府的建议反映上去，并解疑释惑、化解矛盾。”郑军说。多年来，他的办公桌上堆起了十几本厚厚的工作日记，上面记录着他在基层调研的点点滴滴。

十年磨一剑。早期形成的工作作风为郑军后来的政协委员履职奠定了基础。郑军回忆，2016 年 5 月的一天，他和同事到外地调研“三农”问题，在一个村子里，3 名小组长“找上门来”，反映村支部“存在的问题”。为了求证这一问题的真实性，郑军决定实地深入调研。在与当地村民们的聊天谈论中，起初气氛融洽，但当问到“村干部干得咋样”“对村干部履职满不满意”之类的问题时，村民们欲言又止。

调研期间，郑军走村串户，获得了很多一手资料和信息。他找了一些来自农村的学生，利用寒暑假时间带着议定的问题清单回乡调研，开学后进行汇

总，并邀请法学、社会学等方面的专家和学生们一同座谈交流。在各方努力下，最后形成了《关于提高农民法律意识加强依法治村的建议》，并由郑军于2017年3月提交至全国政协。这件提案被评为第十二届全国政协优秀提案。

对于郑军来说，这样的基层调研堪称“家常便饭”。2017年，郑军在调研时听到某部门反映，其单位的督查科只有一名工作人员，经费、人员、编制、装备都很缺乏，这引起了他的关注。他奔赴多个省份实地考察，并通过电话交流、现场咨询等方式作深入剖析，经过一番“调研—座谈—再调研—再座谈”，《完善综合行政执法改革促进社会治理现代化》提案最终“出炉”，并于2018年3月以大会发言的形式提交至全国政协。

没有调查就没有发言权。对于这些带有“乡土气息”的提案，郑军有着自己的体会。他说：“我作为大学教授，工作在学校，生活在城里，即使有好的选题，如果没有机会到乡村实地调研，就不知道具体情况。如果只是选择一个村子去了解情况，以点带面、以偏概全，就不能掌握整体情况。”

其实，郑军每年都会在基层召开多次座谈会，有些参会人员提出的突出问题也就成了他提案的选题线索。“无论是在基层调研，还是在工作中与同事交流，或在生活中与朋友谈心，其间谈及的很多内容都可以作为提案选题。只要留心观察，掌握方法，提案就在身边。”郑军再次强调说。

今年全国两会期间，郑军提交的提案多达12件，其中包括《关于完善高质量教育体系提升教育治理效能的提案》《关于加快推进建设全民终身学习体系的提案》《关于制定标准评价国家治理体系及治理能力现代化的提案》《关于规范承兑汇票使用范围降低中小微企业融资成本的提案》等。

“9年履职的提案和信息，看似涉及方方面面，但其实都是围绕一条主线，即国家治理。”郑军告诉记者，这一系列提案的思路主要来自十八届三中全会提出的“将推进国家治理体系和治理能力现代化作为全面深化改革的总目标”。

履职期间，郑军对国家治理、教育治理、城市治理、社会组织治理、社区治理、乡村治理、环境治理等多方面进行分类研究和调研，并由此形成了一系列关于国家治理的调研成果。

“既要上接天线，也要下接地气；既要仰望星空，也要脚踏实地。”这可能是对郑军履职实践最好的概括。

政协是委员参政议政的大舞台，也是国家智库建设的大平台。郑军表示，他将把责任扛在肩上，继续前进，在履职路上为国家发展和改革大局贡献力量。

（原载于《中国财经报》2021 年 8 月 16 日）

全国政协委员郑军心系乡土，5年提交100余篇相关建言材料

——奔走田野带回“乡土气息”

张　辉　周婧怡

“‘身入’基层，‘心到’基层，听真话、察真情，是形成高质量有价值有针对性提案的关键。”近日，住鄂全国政协委员、湖北第二师范学院院长郑军回顾5年履职历程时，对湖北日报全媒记者这样说。

深入乡村调查研究

自2018年以来，无论是在甘肃挂职，还是在教育岗位，农业、农村一直是郑军的关注重点。他经常利用返乡探亲、课题研究或出差等机会，深入乡村进行调查研究。

2021年，他进行乡村教师队伍调查、乡村治理建设调研时，发现发展不平衡不充分问题在乡村还较为突出。

乡村基础相对较差，底子相对较薄，怎么办？于是，郑军开始深度思考“如何在乡村振兴中履行好委员职责”。

“我认为，实施一项国家战略，需要靠全社会的共同力量、凝心聚力。”郑军说。

经过调研、分析、思考，2022年初，郑军有了实施“乡村振兴委员助力工程”的基本思路和相关建议：由住鄂全国政协委员、省政协委员、市（州）政协委员和县政协委员四级委员组建若干个委员助力乡村振兴团队，每个团队约8人左右，对口帮扶1个至2个乡村。

郑军说，可以先期进行选村试点。选择脱贫县的脱贫村进行帮扶，巩固脱

贫攻坚成果，实现与乡村振兴有效衔接；选择条件好的乡村予以助力，打造湖北乡村振兴促进共同富裕的样板。

四级政协委员积极参与

建议是否可行？还有哪些方面要完善？

今年省政协十二届五次会议上，作为列席人员，郑军就实施“乡村振兴委员助力工程”的可行性与多名省政协委员进行探讨，引起委员们的强烈兴趣。

委员们讨论后认为，实施这一委员履职工程，有助于为对口帮扶点乡村振兴把脉问诊，有助于动态监测预警返贫状况，有助于充分了解和反映群众的所思所想、所盼所愿，有助于委员提出更高质量的提案和社情民意信息、发挥民主监督作用，有助于推动中央决策部署和文件精神在乡村落实到位、落地生根，很有必要。

暮色深沉，郑军和几名委员还在热烈商讨，讨论实施这一工程的总体设计、具体措施、预期效果等。

参加讨论的委员们现场表示，将积极参与这一工程。

“从我做起”干起来

今年春节前后，郑军与荆州、孝感、恩施等地的农业农村部门和乡镇、村委会有关同志交流了这一思路与想法，得到大家的支持和欢迎。

“作为委员，很有信心，决定从我做起。”郑军邀请了多名全国政协、省政协、市政协、县政协四级委员，分别组建起了两支乡村振兴助力团队，计划对口联系两县四村。目前，团队的前期工作已经展开。

前不久，郑军向省政协提交了《关于湖北省率先实施“乡村振兴委员助力工程”的建议》，得到省政协领导的高度重视。目前，省政协有关专委会正在落实中。

“遇到问题就会往一线跑”，成为郑军 5 年来履职的特色；“乡土气息”，成为他提交的 100 余件（篇）提案、社情民意信息、发言材料的底色。

回顾提案办理落实情况，郑军举例说，2021 年提出关于加快推进建设全民终身学习体系的提案后，教育部成立专门机构、起草文件、启动立法调研，并在湖北召开专题座谈会。

郑军2020年提交的关于建立统一的应急采购管理体系和采购管理制度的提案，得到了财政部、应急管理部的高度重视，《经济日报》《中国应急管理报》《中国政府采购报》等媒体对此作了深度报道。今年，他将提出相关联的提案《关于加强招标代理机构规范管理的建议》，同时还准备了教育改革、国家治理以及乡村振兴等方面的多件提案。

郑军表示，肩扛责任，继续前行，对履职尽责充满信心。

（原载于《湖北日报》2022年2月28日）

全国政协委员郑军：建议出台公办幼儿园教职工编制国家标准

胡闲鹤

郑军建议，应出台公办园教职工编制国家标准，保障公办园教师队伍建设。同时还应创新公办幼儿园教职工编制补充机制，多途径解决编制核定、补充问题。

当前，我国学前教育事业快速发展，但师资紧缺的问题仍较为突出。在今年的全国两会上，全国政协委员、湖北第二师范学院院长郑军带来一份关于国家层面出台公办幼儿园教职工编制标准的提案。

郑军表示，教师是教育质量的关键因素。当前，教师编制严重不足，成为制约公办幼儿园高质量发展的“卡脖子”问题。对此，他建议，应出台公办园教职工编制国家标准，保障公办园教师队伍建设。同时还应创新公办幼儿园教职工编制补充机制，多途径解决编制核定、补充问题。

建议出台公办幼儿园教职工编制国家标准

3 月 4 日，郑军向记者介绍了教育部提供的一组数据：2020 年全国共有公办园长和专任教师 140.3 万人，其中 72.9 万人没有编制，占比达 52%。

在关于国家层面出台公办幼儿园教职工编制标准的提案中，郑军表示，教师是教育质量的关键因素。当前，教师编制严重不足，成为制约公办园高质量发展的“卡脖子”问题。

郑军指出，编制短缺会导致教师补给困难、数量不足、质量不高、稳定性较差等问题。他解释，由于缺少编制保障，难以吸引优秀人才加入幼儿园教师队伍，每年开学季就会出现“用工荒”；又由于编制不足，导致同一公办园中的教师“两种身份、两种待遇”，同岗不同酬问题突出，有的地方非在编教师收入甚至不到在编教师的一半，严重影响工作积极性；非在编教师难以形成职业归属感，临聘教师容易出现非正常流动或向其他行业流失，直接影响教师队伍的稳定性。

此外，郑军还指出，由于教师数量不足，还会导致快速增长的公办园非正常运行。“新建公办园在急缺教师的情况下，要按时开园、运转，只能违背《幼儿园教职工配备标准（暂行）》（2013）的要求，采取‘一教一保’的班级人员配置，甚至违规扩大班额，导致人民群众渴盼的公办园教育出现明显的办园行为不规范问题，从而进一步阻碍了学前教育向更高质量发展的步伐。”

对此，郑军建议，应出台公办园教职工编制国家标准，大力保障公办园教师队伍建设。建议国家编制管理部门牵头，会同人社、教育、财政等部门，明确核定标准、提供核定依据，出台国家标准，保障公办园班级规模达标、师幼比例合理、教职工配备适宜，实现科学有序地发展。

郑军也提出了教育部此前总结的编制补充机制。他表示，应创新公办幼儿园教职工编制补充机制，多途径解决编制核定、补充问题。“综合考虑各地现实条件和发展水平，在公办园教师编制核定中兼顾增编因素，依据教师脱产进修、产假，特殊儿童随班就读，以及农村边远地区等实际情况，按照3%—10%的比例进行附加编制增补，满足学前教育发展的多种需求。”

已有部分省份出台了编制标准，教育部曾总结经验

2018年，中共中央、国务院发布的《关于学前教育深化改革规范发展的若干意见》提出，编制部门要结合实际合理核定公办园教职工编制。发展改革部门要把学前教育纳入当地经济社会发展规划，支持幼儿园建设发展。

据教育部统计，截至2020年底，全国已经有19个省份出台了《公办园教师职工编制标准》。

2017年，教育部办公厅曾发布关于各地出台公办幼儿园教职工编制标准情况的通报，梳理归纳了北京、天津、黑龙江、上海、江苏、浙江、安徽、福建、山东、广东、广西、陕西、甘肃、新疆等15个省份出台公办幼儿园教职工编制标准的经验做法。

通报提到的首条经验是，明确基本标准，提供核定依据。具体来说，一是明确幼儿园班级规模。各地幼儿园规模基本控制在小班20—25人，中班26—30人，大班31—35人。二是明确编制核定比例。多数地方对教职工编制按照教职工与幼儿的一定比例核定，比例从1∶5—1∶10不等。

此外，多数省份考虑了因教师脱产进修、产假、支教，招收特殊需要儿童，对农村边远地区及寄宿制幼儿园实行倾斜等增编因素，按照教职工编制总量的一定比例核增附加编制，以满足学前教育发展的多种需求。

郑军表示，由于没有国家层面的标准依据，地方标准在推进实施中难以执行到位，大批新建公办园仍然没有专门的编制，而原有老牌公办园因部分编制名额被输出到新建公办园中，编制率出现下降。

（原载于《新京报》2022年3月4日）

全国政协委员郑军：健全种业振兴投入保障机制

方　桐

“政府工作报告提出，加快推进种业振兴。建议针对我国种业发展存在的问题，优化各类要素投入的政策环境，加强种业财税政策支持力度，建立种业产学研联盟，加大种质资源保护力度。”3 月 6 日，全国政协委员、湖北第二师范学院院长郑军接受采访时表示。

“缺少动力、合力和财力，制约我国种业发展。”郑军说，新品种培育投入大、周期长、知识产权保护难，许多种企倾向于购买国外新品种。国内一些育种科研单位习惯单打独斗，没有形成合力，成果同质化。科研单位与企业间没有形成良性互动，缺乏优势互补、利益共享的产学研联结。

郑军建议，围绕保护补贴、关键共性技术攻关奖励、重点品种培育支持、企业融资保障、制（扩）繁种基地补助、优异品种推广后补助等方面，采取财税优惠支持政策，健全持续稳定的种业振兴投入保障机制；以品种分类招标形成科研联合体，以企业为核心建立产学研育种联盟，开展区域性联合育种；加大本土种质资源保护和开发力度，建立健全国家农业种质资源数据库。

（原载于《湖北日报》2022 年 3 月 8 日）

“双减”之后，教育如何轻松行

晋浩天　李丹阳

教育是国之大计，党之大计。习近平总书记指出，义务教育是国民教育的重中之重，要全面贯彻党的教育方针，落实立德树人根本任务，充分发挥学校教书育人主体功能，强化线上线下校外培训机构规范管理。

去年 7 月，中办、国办印发《关于进一步减轻义务教育阶段学生作业负担和校外培训负担的意见》（以下简称“双减”），今年的政府工作报告指出，继续做好义务教育阶段减负工作。

湖北第二师范学院院长郑军委员：补数量调结构　优化师资配置

“双减”政策实施以来，教育回归校内主阵地，过去由培训机构占用的学生时间，需要通过课后托管、延时服务等方式弥补，这使得原本数量不足、结构不平衡的中小学师资队伍，在工作量和工作压力上出现双重增加。我建议，要从年龄、学历、职称和编制等方面优化师资队伍结构，合理配置各类学科教师，满足学生多样化发展需求。

同时，要重能力、强联合，完善教师培养方式，拓展专业宽度，加强音体美艺术技能、信息技术应用等能力提升，为农村地区储备更多“一专多能”的教师资源。

此外，要深化教师工作评价改革，全面考察教师在教育教学中的情感投入、知识管理、智慧支持等，改变单纯以学生学业成绩评定教师工作的评价方式，综合考量教师工作的贡献度和贡献水平，激励教师潜心教书育人。

（原载于《光明日报》2022 年 3 月 8 日）

全国政协委员郑军：实施乡村振兴委员助力工程

张　辉　周婧怡

“四级政协委员走进乡村，劲往一处使，就能更好推动广大农民过上更加美好的生活。”3月初，住鄂全国政协委员、湖北第二师范学院院长郑军对湖北日报全媒记者说。

今年，他在全国政协十三届五次会议上提交了提案《关于实施乡村振兴委员助力工程的建议》。

他建议，助力工程由全国政协农业和农村委员会和国家乡村振兴局以及相关部门搭建平台并负责组织实施，制定实施方案，就帮扶任务、实施方案、总结评估、激励机制和宣传引导等方面作出规定，推动委员在巩固脱贫攻坚成果同乡村振兴有效衔接中发挥更大作用，持续巩固拓展脱贫攻坚成果，接续推进脱贫地区乡村振兴。

助力工程如何具体实施？他建议，由全国政协委员、省政协委员、市（州）政协委员和县政协委员四级委员组建若干个委员助力乡村振兴团队，每个团队约8人左右，对口帮扶1—2个乡村。鉴于全国乡村体量大、发展不平衡，可以先期进行选村试点，选择脱贫摘帽县的贫困出列村进行帮扶，巩固脱贫攻坚成果，实现与乡村振兴有效衔接；选择条件好的乡村予以助力，打造乡村振兴促进共同富裕的样板工程。

他表示，助力工程一旦实施，就能让更多的委员“身入”基层、“心到”基层，提高村民政治素质；宣讲党中央关于“三农”的文件精神，以及省委省政府关于农村工作的部署安排等，推动在乡村落地生根。同时，政协委员协助党和政府解疑释惑、理顺情绪、化解矛盾、凝聚共识，也多了一个推动落地落细的平台。

（原载于《湖北日报》2022年3月8日）

推动师范院校美育教学改革

郑　军

目前，在中央关于美育工作的精神和部委文件的指导下，大中小学已在形成“一校一品”“一校多品”等美育特色方面开创了新局面，但依然存在以下问题。一是“双减”政策之后，各校现有专职教师无法应对大量开设的艺术实践活动，高校尤其对美育教师“源头”的培养相对滞后。二是美育工作依然存在城乡和区域差距，许多乡村中小学没有美育专业教师，缺乏系统科学的美育课程，课外艺术实践活动也无法有效开展。三是学校与地方政府、企业和艺术展演场馆的协同育人机制需要进一步改革和创新，各类美育社会优势资源与校园融合度不够。

为此建议：

一是支持师范院校开展大中小幼美育一体化教学研究，实现美育课程共建、团队互融、资源共享。将《大学美育》列入高校必修学分课程，同时针对师范生广泛开设以技能掌握为目标的艺术实践选修课程，积极在师范生培养体系中探索进阶式艺术实践教学模式、艺术活动课外活动课程化管理模式的改革与创新，培养一专多能的中小学基础学科教师。

二是鼓励师范院校结合中小学美术、音乐课堂教学，探索多元化美育教学改革模式。以全国普通高等学校音乐教育、美术教育专业学生和教师基本功展示活动为抓手，组织包括中小学艺术教育名师在内的优秀教师和学生组建稳定的教学团队，在中小学名师和专业教师“双师”引领下，开展直播教学和线下定期互动。

三是设立美育教学研究示范学校，打造大中小幼“一体化”美育教育品牌。以师范院校为主体，联合艺术展演场馆、各级非物质文化遗产大师工作室，建设一批美育一体化教学与研究示范学校，深入推进美育浸润行动计划。

（原载于《中国教师报》2022 年 3 月 9 日）

全国政协委员郑军：让招标代理机构“保质保量”地发展

杨文君

招标代理资质的取消，使得招标代理机构数量急剧增长。这一现象引起了全国政协委员、湖北第二师范学院院长郑军的关注。今年两会，郑军带来了一份关于规范招标代理机构健康发展的提案。

据了解，随着“放管服”改革的深入推进，2014 年财政、住建、商务、工信及发改等部门陆续取消了各行业招标代理机构的资质行政审批，招标代理行业门槛大幅降低，招标代理机构数量急剧增加。

“招标代理行业蓬勃发展的同时，也出现了诸多问题，例如，招标代理机构及其从业人员业务能力良莠不齐、招标代理服务费收取标准混乱等。”郑军对记者说。他认为，首先要从法律制度上想办法。目前，招标投标法、政府采购法以及配套法规对招标行为有规定，但对于操作的细节及标准并未规定到位。招标人监管意识薄弱、手段缺乏，过度依靠行政部门监管，造成实际监督工作效果不明显。因此，有必要建立事前审查、事中监督及事后监管的全流程监督管理法律体系。

除了顶层设计外，郑军还建议，建立健全招标代理机构信用评价管理体系。代理机构资质要求取消之后，对其信用评价管理成为监管主要方式之一。“主管部门应建立全国统一的招标代理机构信用评价管理体系，科学制定评价标准，评价结果全国共享互认。建立全国信用信息公示及查询平台一体化系统，改变多平台‘各自为政’的局面。对从业人员建立相应的信用评价体系，将招标代理行业从上至下、分层监管，形成个体与企业互相成就、互相促进的联动机制。”郑军说。

“信用评价体系不能‘一建了之’，还要用起来。”郑军表示，建立信用评价一体化平台，加大审查招标代理机构的频次及违法违规惩戒力度，对招投标活动各方主体违规违法行为形成有力震慑，切实有效规范招投标行为。

打铁还需自身硬，代理机构也要修炼好“内功”。对此，郑军建议，要加强对代理机构及其从业人员的培养及考核。在高等院校开设招投标专业，或在相关专业建立并开设相应课程体系，提高招标代理行业人才队伍建设基础水平。建立招标从业人员从业资格认证及培训考核管理制度，从业人员通过职业考核后方可上岗。

（原载于《中国政府采购报》2022 年 3 月 9 日）

全国政协委员郑军在界别协商会议上作交流发言

张　辉

在民革小组会议上，民革中央委员、湖北第二师范学院院长郑军委员作了题为“综合施策，多管齐下，防止耕地‘非粮化’”的发言。他建议——

加强高水平农田建设、改善基础设施，大力发展农业装备、农产品加工业、农产品仓储物流业，适当提高粮食最低收购价，加大粮食生产技术推广力度，强化粮食生产的社会化服务体系建设，压实主产区、主销区、产销平衡区均要保面积、保产量的共同责任。

完善粮食生产保险、信贷与补贴政策，实现粮食作物完全成本保险和种植收入保险主产省产粮大县全覆盖，积极发展农业保险和再保险，强化涉农信贷风险市场化分担和补偿，优化粮食补贴政策，完善主产区利益补偿机制，加大对粮食主产区、产粮大县的财政转移支付和奖补力度。

发展适度规模经营，鼓励和引导工商资本到农村从事粮食生产、加工、流通和良种繁育，加强耕地流转监管，建立健全工商资本流转农村土地审查审核和风险防范制度。

严格耕地用途管制，建立巡视制度，加强监管，实现严格考核制度，加大农业工作考核分值权重，建立预警机制，探索加强耕地数据要素管理。

成立国家粮食安全局。

（原载于《湖北日报》2022 年 3 月 9 日）

继续创造令人刮目相看的新的奇迹

曹树林 等

习近平总书记在参加十三届全国人大五次会议内蒙古代表团审议时强调，团结奋斗是中国人民创造历史伟业的必由之路。只要在党的领导下全国各族人民团结一心、众志成城，敢于斗争、善于斗争，我们就一定能够战胜前进道路上的一切困难挑战，继续创造令人刮目相看的新的奇迹。

一百年来，党和人民取得的一切成就都是团结奋斗的结果，团结奋斗是中国共产党和中国人民最显著的精神标识。代表委员们表示，团结就是力量，奋斗开创未来，我们靠团结奋斗创造了辉煌历史，还要靠团结奋斗开辟美好未来。走好全面建设社会主义现代化国家新的赶考之路，要更好团结起来、凝聚起来，心往一处想、劲往一处使，凝聚万众一心的伟力，保持勇毅笃行的坚定，更加信心满怀地奋进新征程、建功新时代。

中国经济是一片大海，稳中向好、长期向好的基本面不会改变，具有强大的韧性和活力。

“要充分发挥我国超大规模市场优势和内需潜力，构建国内国际双循环相互促进的新发展格局。”湖北第二师范学院院长郑军委员认为，要实施好扩大内需战略，通过建设统一开放竞争有序的国内市场，把我国“超大规模市场”做得更大。同时坚持高水平开放，加强全球化经营能力和全球产业链供应链建设，实现国内循环和国际循环相互促进。

（原载于《人民日报》2022 年 3 月 10 日）

郑军委员建言体教融合：建立“一条龙”培养体系

胡　俊

百年大计，教育为本。全国“两会”期间，代表委员们围绕教育提出了诸多意见建议，为国家教育事业发展积极建言献策。全国政协委员、湖北第二师范学院院长郑军长期关注教育问题，今年他带来了一份关于“一体化”深入推进体教融合的提案，从宣传、机制、师资、竞赛等六方面建议深入推进体教融合。

体教融合是立足于国家发展、民族振兴高度促进青少年健康发展，对新时代我国体育和教育工作进行的全面部署和顶层设计。近年来，青少年体质健康和竞技体育后备人才培养问题备受关注。2020 年 9 月，国家体育总局和教育部联合印发《关于深化体教融合　促进青少年健康发展的意见》，对推进体教融合提出了 8 个方面 37 项具体措施。

郑军认为，从本质而言，体教融合以教育为本，将竞技体育人才培养融合到国民教育体系之中，推动文化学习和体育锻炼协调发展，实现青少年健康促进与体育后备人才的目标。近些年国家出台了一系列政策，明确了体教融合的理念、目标和实施路径，为推进新时代学校体育工作提供了政策依据，取得了一定成效，但也面临一些亟待解决的困难。

“比如在融合理念上，存在体育系统瞄准竞技体育奖牌目标，教育系统瞄准学科高分和升学率的藩篱。”郑军表示，基层一线中小学教师对体教融合理念、政策不甚了解，导致工作推进目标任务不明确，贯彻落实不到位、融合成效不佳。此外，在融合机制上，体育和教育存在条块分割体制性障碍；在融合措施上，体教融合仍处于低水平结合状态；在融合成效上，科学和完善的青少年体育健康促进评价体系、体教融合工作绩效考核评价体系尚不健全。

为此，郑军建议：

1. 加强宣传引导，形成社会共识。通过全媒体平台开展体教融合、青少年健康发展等相关主题的科普宣传教育、系列健康促进活动，通过多层次、多渠道的舆论引导，促进政府、学校、社会、家庭等多元主体树立“健康第一、全面发展”教育指导思想。广泛传播相关工作的重要性，形成全社会共识，有助于体教融合工作推进落实。

2. 构建协同机制，共促融合发展。由政府主导成立省市县体教融合工作领导小组，建立教育和体育部门、学校、社会互动的长效机制。充分融合体育、教育、社会各方资源，“一体化设计”“一体化推进”体教融合专项工作，解决好条块分割、职能交叉、多头管理等融合体制障碍。

3. 完善和健全青少年体育竞赛体系。构建“以赛促学、以赛促训、以赛促育、以赛选才”的人才培养模式，建立校内、校际联赛、冬夏令营，以及四级联赛体系，促进青少年文化学习与体育锻炼协调发展，课内外与校内外贯通、体育项目普及与提高有机衔接，在均衡发展的基础上形成高水平学生运动员选拔集训、参赛、评价、激励等机制。

4. 构建分层分类体育人才招生录取机制。建立小学、初中、高中运动项目贯通一致的“一条龙”培养体系，解决体育人才升学断档问题。研究制定体育特长生的招生比例、学业评价、升学保障等政策，探索灵活学籍制度，多措并举为体育特长生创造发展空间，解除后顾之忧。加强学生体育综合素质评价档案使用。

5. 多渠道配齐配强体育师资队伍。通过公开招聘、体育专业特岗教师设置、体育教育专业大学生支教计划等方式，弥补学校体育师资力量不足。引入社会体育组织力量、体育系统教练员和运动员，补齐学校体育师资短板。设置体育教师提质培优专项行动计划，定期开展体育教师职后培训、专业技能和教学技能评比活动，持续提升教师综合素质。

6. 强化体教融合工作考核督查。整合学校体育工作评价、青少年体质健康测试与评价，建立科学的体教融合工作考核评价体系。将体教融合工作细化落实到对地方政府工作考核、学校办学质量考核等指标体系中，设立青少年体教融合工作专项督查组或引入第三方评价，对体教融合工作进行督促检查。

（原载于《中国网》2022 年 3 月 10 日）

让乡村教师下得去　留得住　教得好　有发展

郑　军

乡村教师是促进发展更加公平、更有质量乡村教育的重要支撑，是推进乡村振兴、实现教育现代化的重要力量。一直以来，党中央、国务院高度重视乡村教师建设，2015 年 4 月，中央全面深化改革委员会第十一次会议审议通过《乡村教师支持计划（2015—2020 年）》，针对乡村教师发展面临的困难和问题，制定一系列措施，为乡村教师发展提供了制度支撑。

这些文件精神大力促进了我国乡村教师建设发展，但还存在短板，乡村教师结构性有待改善、综合素质和发展通道有待提升、整体素质有待提高、培训机制有待完善，为此建议：

进一步发挥地方师范院校的作用

地方师范院校在建设乡村教师队伍中发挥着重要作用。但地方师范院校综合实力不强、核心竞争力不足，在学科专业、队伍、科研、办学条件、经费投入、就业等方面存在一定短板。根据中共中央、国务院《关于全面深化新时代教师队伍建设改革的意见》提出“加大对师范院校支持力度”的要求，加强乡村教师建设以助推实现乡村振兴战略，建议出台《支持地方师范院校发展五年规划》，中央设立专项资金，引导地方师范院校改善办学条件和提高办学水平，支持地方师范院校加强学科建设，教育硕士、教育博士学位授权点向地方师范院校倾斜。

借“优师计划”保持乡村教师队伍稳定持久

我国公费师范生政策已实施 15 年，累计招收免费师范生 10.1 万人，一定程度上充实了乡村师资，但未能很好解决乡村教师补充难问题。2021 年教育部启动“优师计划”，从“优师计划”计划编制、招生录取、培养院校与区县主管部门联动情况来看，达到了初步预期效果，该计划将成为解决乡村教师队伍“下得去、留得住、教得好、会发展”的有效路径。建议扩大“优师计划”招生规模，建立以“部属师范大学为引领、地方师范院校为主体的乡村教师定向培养、教师资格准入、校地联合培养、定向就业”机制。

以精准培训提升乡村教师整体素质

中小学教师国家级培训计划实施十二年来，对提高乡村教师的教学能力和专业水平起到了巨大推动作用。但各地还不同程度地存在着教师培训体系不完善、培训经费不落实、培训针对性不强、培训效果不佳等问题。为此建议：

加强乡村教师培训基地建设。发挥师范院校在中小学教师培训体系中的主阵地作用，鼓励师范院校积极承担“国培”和省级培训任务，建强教师培训基地、配置优质资源、配备高素质培训者，将承担教师培训工作纳入师范专业认证、本科教学审核评估等指标体系。

实施乡村教师精准培训。在“国培计划”、省级培训等项目实施中，应注重学员选派、培训目标、培训课程、培训师资和考核评价等方面精准，切实提高培训科学性、针对性和实效性。建设好国家级教师培训资源平台，为乡村教师培训提供数量足够、内容丰富、优质高效的培训资源。

督促各地落实教师培训经费。落实“市县按照不低于当地教师工资总额的1.5%—2.5%安排教师培训经费、中小学幼儿园按照年度公用经费预算总额的5%安排教师培训经费”要求，将本地中小学教师培训经费列入政府预算，并纳入政府教育督导重要内容。

继续实施乡村教师教育信息化应用能力提升全员培训。2013年以来，通过实施两轮全国中小学教师信息技术应用能力提升工程，校长信息化领导力、教师信息化教学能力、培训团队信息化指导能力显著提升，建议继续实施乡村教师教育信息化应用能力提升全员培训，以信息技术与教育教学深度融合为重点，主动应用现代信息技术，探索跨学科教学、智能化教育等新模式，充分利用人工智能等新技术助推教师教育。

（原载于《人民政协报》2022年3月16日）